W0075498

Mosaik bei
GOLDMANN

Buch

Manchmal hat man das Gefühl, dass sich die ganze Welt gegen einen verschworen hat. Der Bus fährt einem vor der Nase weg, die schlecht gelaunte Kollegin muffelt einen an, und auf der Nase wächst ein riesiger Pickel, obwohl man doch heute verabredet ist … An manchen Menschen perlen solche Erlebnisse ganz einfach ab, andere leiden unter ihrer Dünnhäutigkeit und lassen sich von großen und kleinen Ärgernissen den Tag vermiesen.

Die Welt kann man nicht ändern, den eigenen Umgang damit aber sehr wohl. Irene Becker hat ein Programm entwickelt, mit dem man lernen kann, mit unangenehmen Vorkommnissen konstruktiv umzugehen. Anschaulich und humorvoll zeigt die Autorin, wie man mithilfe leicht umsetzbarer Strategien und zahlreicher Übungen der Grübelspirale entkommt, einen Perspektivenwechsel einübt und nicht immer alles Negative sofort auf sich bezieht. Mit einem gestärkten emotionalen Immunsystem geht man als Rose statt Mimose stressfreier und gelassener durchs Leben.

Autorin

Irene Becker ist seit über zehn Jahren selbstständig als Managementtrainerin für Großunternehmen tätig. Sie führt außerdem regelmäßig Seminare und Coachings zum Thema Selbstbehauptung durch.

Von Irene Becker außerdem bei Mosaik bei Goldmann
Lieber schlampig glücklich als ordentlich gestresst (17051)
Everybody's Darling, Everybody's Depp (17066)

Irene Becker

Endlich Rose statt Mimose

Wie Sie lernen, nicht alles so schwer zu nehmen

Mit Illustrationen von Wolfgang Buechs

Mosaik bei
GOLDMANN

Für Papa – ich bin sicher,
du hättest an einigen Stellen verschmitzt geschmunzelt und
mit hochgezogener Augenbraue dein rosiges Haupt gewiegt.

Alle Ratschläge in diesem Buch wurden von der Autorin und vom Verlag sorgfältig erwogen und geprüft. Eine Garantie kann dennoch nicht übernommen werden. Eine Haftung der Autorin beziehungsweise des Verlags und seiner Beauftragten für Personen-, Sach- und Vermögensschäden ist daher ausgeschlossen.

FSC
Mix
Produktgruppe aus vorbildlich
bewirtschafteten Wäldern und
anderen kontrollierten Herkünften

Zert.-Nr. SGS-COC-1940
www.fsc.org
© 1996 Forest Stewardship Council

Verlagsgruppe Random House FSC-DEU-0100
Das für dieses Buch verwendete FSC-zertifizierte Papier *Pamo Sky*
liefert Arctic Paper Mochenwangen GmbH.

1. Auflage
Vollständige Taschenbuchausgabe November 2009
Wilhelm Goldmann Verlag, München,
in der Verlagsgruppe Random House GmbH
© 2007 Campus Verlag GmbH, Frankfurt am Main
Umschlaggestaltung: Uno Werbeagentur, München, unter Verwendung
einer Vorlage von R. M. E. Roland Eschlbeck und Ruth Botzenhardt
Umschlagillustration: Wolfgang Buechs
Illustrationen: Wolfgang Buechs, www.wbworks.de
Satz: Buch-Werkstatt GmbH, Bad Aibling
Druck und Bindung: GGP Media GmbH, Pößneck
CB · Herstellung: IH
Printed in Germany
ISBN 978-3-442-17065-4

www.mosaik-goldmann.de

Inhalt

1. Einleitung

Die perfide Schlange im Garten Eden war der Bösewicht. Laut der Bibel wurden die Menschen vor einigen tausend Jahren aus dem Paradies vertrieben und müssen sich seitdem mühselig auf der Erde abplagen. Wenn man an einem beliebigen Tag den Fernseher einschaltet und die Nachrichten verfolgt, könnte man fast glauben, dass es stimmt und unsere Welt wahrlich kein paradiesischer Ort ist: Flutwellen überrollen ganze Landstriche, an einem anderen Ort der Erde wiederum leiden die Menschen unter einer schon lang anhaltenden Dürre; die Arbeitslosenzahlen sinken trotz aller Maßnahmen und flehentlichen Beschwörungen nicht; die Wale sind nach wie vor vom Aussterben bedroht; die Erwärmung der Erdatmosphäre kündet weiter von einer drohenden Klimakatastrophe; jeden Moment kann uns ein Meteorit aus dem All treffen und die Menschheit ebenso auslöschen wie einst die Dinosaurier; das Benzin wird immer teurer – und dann haben Sie da auch noch diesen leuchtend roten Pickel auf der Nase, ausgerechnet vor dem ersten Rendezvous mit diesem tollen Typen aus Ihrem Lieblingsitaliener. Ihr Fazit: Die Welt muss wohl ein eher schrecklicher Ort sein. Zumindest denken das etliche Menschen, die sich von solchen Nachrichten emotional sehr beeindrucken lassen und schnell in einer düsteren Stimmung versinken.

Aber nicht nur die großen Katastrophen belasten Sie womöglich über Gebühr, auch die kleinen Schrecken des Alltags machen Ihrer dünnen Haut schwer zu schaffen: Neben dem Pickel, den alle anderen natürlich wie durch ein Vergrößerungsglas wahrnehmen und gehässig registrieren werden, sind es auch die verpasste U-Bahn oder der misslungene Braten, die bei Ihnen übergroße schlechte Gefühle erzeugen und Sie in Verzweiflung stürzen.

Ihre Freundin war am Telefon kurz angebunden, Ihr Chef hat in einer E-Mail ein paar Punkte in Ihrem Projektbericht kritisiert, der Hund Ihres Nachbarn wurde überfahren, bei der Damenwahl haben Sie einen Korb bekommen, der Lavendel auf Ihrem Balkon ist trotz liebevollster Pflege eingegangen, das Geburtstagsgeschenk für Ihre Schwiegermutter hat keine euphorischen Dankesbezeugungen ausgelöst – sind Sie auch ein Mensch, den solche Dinge stark mitnehmen? Sie sind empfindlich berührt, fangen an zu grübeln und fühlen sich am Ende deprimiert?

Einen kleinen Misserfolg sehen Sie gleich als Beweis für Ihre absolute Unfähigkeit: Ihr Versprecher beim Vortrag bedeutet »Hab ich's doch gewusst, dass ich nicht reden kann und es auch nie lernen werde!«. Ein harmloses Missgeschick wie das umgeworfene Glas Rotwein stürzt Sie in Verzweiflung: »Na klar, das kann auch nur mir Trottel passieren …« Und das übliche kleine Pech des Alltags (Sie haben bei Aldi schon wieder keines dieser supergünstigen Tickets erwischt) führt zu der Gewissheit, dass Sie eben immer bei allem eine Pechsträhne haben und das Schicksal es leider gar nicht gut mit Ihnen meint. Typisch Mimose.

Offensichtlich zwei Universen

Aber dann gibt es da anscheinend noch dieses Paralleluniversum, in dem der Garten Eden doch nicht komplett verschwunden zu sein scheint. Auch dort gibt es Flutkatastrophen, Ozonlöcher und steigende Benzinpreise, aber sie scheinen kein Grund zu sein, nicht trotzdem auch die schönen Seiten des Lebens wahrzunehmen.

Ein Versprecher ist nichts anderes als eben ein kleiner Versprecher und löst keine allumfassenden Zweifel an der eigenen Kompetenz aus, sondern höchstens die Motivation, es beim nächsten Mal besser zu machen und ein wenig zu üben. Ein Pickel ist etwas, auf das man einen Tupfer Abdeckcreme aufträgt und ansonsten fröhlich davon ausgeht, dass ihn außer einem selbst wahrscheinlich sowieso keiner bemerken wird – und wenn doch, dann allenfalls mit Mitgefühl. Und beim nächsten Mal wird man bei Aldi schon eines der begehrten Tickets ergattern können – »Neues Spiel, neues Glück!« ist die Devise.

Flutkatastrophen und Dürren gehören in diesem Universum zum kompletten Spektrum der Natur und sind kein Grund, sich deshalb dauerhaft schlecht und ängstlich zu fühlen, sondern eher ein Anlass, sich mitfühlend zu überlegen, wie man aktiv werden und den Betroffenen helfen kann. Denn es hilft weder Ihnen noch den Opfern, wenn Sie nun auch noch weinend und mitleidend, aber wie gelähmt handlungsunfähig in der Ecke sitzen. Sich genauso schlecht zu fühlen, mag ja sehr solidarisch sein – hilfreich ist es nicht.

Das Leben präsentiert nun einmal das, was es will, aber für Menschen mit einem gesunden dicken Fell bedeutet das nicht, dass sie hilflose Opfer des Schicksals sind, sondern dass sie halt immer wieder mit frischer Energie und neuem Optimismus die Wechselfälle des Lebens meistern können – wie die Stehaufmännchen zwar auch hinfallen, aber sich schnell wieder aufrappeln und weitermachen. Ähnlich der Rose haben sie neben grünen Blättern und duftenden Blüten auch ein paar wehrhafte Dornen, die ihnen helfen, negative Ereignisse angemessen zu beurteilen, abzuwehren und konstruktiv damit umzugehen – was der empfindlichen Mimose leider oft nicht so gut gelingt.

Mimose trifft Rose

Wie zum Beispiel Iris. Iris ist ein empfindsamer, ja empfindlicher Mensch – was man ihr äußerlich gar nicht einmal ansieht; sie ist ziemlich groß, attraktiv und macht einen eher widerstandsfähigen, selbstbewussten Eindruck. Aber leider täuscht dieser Eindruck, denn sie hat eine sehr dünne Haut und reagiert auf die kleinsten Kleinigkeiten manchmal doch überraschend heftig.

Gerade ist sie von einer Geburtstagsfeier im Freundeskreis nach Hause gekommen und ist leider in gar keiner fröhlichen Stimmung. Sie hatte nämlich dem Gastgeber Peter, in den sie ein winziges bisschen verliebt ist, bei ihrem Eintreffen angeboten, ihm bei der Versorgung der Gäste behilflich zu sein und sich um Getränke, das Einsammeln leerer Gläser und dergleichen zu kümmern, doch er hatte nur abgewinkt und ihr gesagt, das habe er schon anderweitig geregelt, und sie solle sich einfach nur gut amüsieren.

Was ihr nun leider nicht mehr gelang, denn sofort hatte sie sich gefragt, ob Peter sie für ungeeignet halten und ihre Hilfe sowieso eher als Störfaktor betrachten würde. In Wirklichkeit hatte er über den Studentendienst ein paar Aushilfskräfte engagiert, damit sich auch wirklich alle Gäste unbeschwert amüsieren könnten. Aha, sie war also zu nichts zu gebrauchen, und eine Romanze mit ihm kann sie sich gleich völlig aus dem Kopf schlagen – ein Fazit, zu dem sie schnell gelangte.

Und als dann auch noch ihre beste Freundin Felicitas nicht sofort bei ihrer Ankunft zu Iris stürzte, sondern ihr nur fröhlich eine Kusshand zuwarf und sich dann erst einmal langsam durch den Raum arbeitete und dabei hier und da mit einigen anderen Leuten unterhielt, war es für sie klar: Keiner hielt ernsthaft etwas von ihr oder mochte sie wirklich; sie war eben ein unfähiger Langweiler, mit dem sich die anderen allenfalls aus Mitleid abgaben! Denn es war ja mal wieder typisch für sie, dass sie sich von einer Kleinigkeit so aus der Fassung hat bringen lassen – aber was soll sie machen, sie fühlt sich einfach so schlecht.

Tatsächlich haben ihre Freunde ihr schon den durchaus liebevoll gemeinten Spitznamen Mimose verpasst; aber sie finden es mittlerweile manchmal etwas schwierig, mit Iris umzugehen. Einerseits schätzen sie ihre Empfindsamkeit sehr; man kann sich gut mit Iris unterhalten und sie kann sich schnell in die Probleme anderer einfühlen, ohne gleich Ratschläge oder

Lösungen aus dem Ärmel zu schütteln. Andererseits ist sie aber auch sehr verletzlich. »Bei Iris weiß man leider nie, womit man ihr womöglich unabsichtlich auf die Zehen tritt und sie dann gekränkt oder verletzt reagiert«, hat Peter einmal Felicitas gegenüber geäußert. »Ich habe mir schon angewöhnt, jedes Wort auf die Goldwaage zu legen, denn schließlich habe ich sie sehr gern und will sie ja gar nicht kränken. Aber etwas anstrengend ist es schon.«

Auch im Beruf kommt ihr ihre dünne Haut leider manchmal in die Quere. Sie ist für die externe Unternehmenskommunikation eines Softwareunternehmens zuständig, so eine Art Ansprechpartnerin für Kunden und die Öffentlichkeit. Sie hat viel mit internationalen Gesprächspartnern zu tun, die sie regelmäßig über die neuesten Entwicklungen ihrer Firma informiert, aber auch viel mit internen Abteilungen, von denen sie ihre Informationen bekommt.

Ein kleiner Fehler oder Misserfolg nimmt sie ziemlich schwer mit, wenn andere ihn auch noch bemerken und gar kommentieren – umso schlimmer! Zudem leitet sie häufig daraus ab, dass sie es wohl nie lernen und richtig machen wird, fühlt sich dann ganz generell unfähig und inkompetent und braucht einige Zeit, um ihr Selbstvertrauen in ihre Fähigkeiten wieder aufzubauen. Dabei ist sie sehr gut und zählt zu den besten Mitarbeitern der Abteilung. Ihr Chef meint immer, sie könne doch wunderbar mit den verschiedensten Menschen und Kulturen umgehen – die dabei manchmal notwendige Geduld und das Gespür für Untertöne bringe er selbst nur sehr schwer auf.

Ihr fällt es schwer, diese positive Einschätzung anzunehmen – ihr Kollege Mark zum Beispiel verunsichert sie immer wieder, weil sie seine ironischen Bemerkungen oft ernst nimmt und sich dann persönlich getroffen fühlt, obwohl er ihr schon oft gesagt hat, dass er es nicht so meint und einfach einen etwas schrägen Sinn für Humor hat. So viel zu ihrem angeblich so tollen Gespür für Untertöne, meint sie! Und die nötige Schlagfertigkeit, um seinen Scherzen zu begegnen, ist Iris auch nicht angeboren. Leider lässt sie sich viel eher davon überzeugen, dass sie etwas falsch gemacht hat, als dass sie etwas gut kann – da glaubt sie eher ihrer eigenen negativen Einschätzung.

Aber auch der Alltag ist für Iris voller Tücken, die sie viel Energie kosten. Sie sorgt sich schon vor dem Einkauf, dass bestimmt ihr Lieblingsolivenöl mal wieder ausverkauft ist; der übellaunige Nachbar, der ihre Musik zu laut fand und dies etwas ruppig äußerte, stürzt sie in deprimiertes Grübeln über ihre Rücksichtslosigkeit und mangelnde Höflichkeit; der viel zitierte »Bad-Hair-Day« führt bei ihr tatsächlich dazu, dass sie sich den ganzen Tag unattraktiv und hässlich fühlt. Die Suche nach einem Parkplatz in ihrem Wohnviertel ist für sie Stress pur, und selbst das Wetter kann ihr übermäßig aufs Gemüt schlagen und sie daran hindern, den Tag trotzdem zu genießen. Das Warten in der Kassenschlange oder beim Arzt, die Blase am Fuß, der gerissene Handtaschenhenkel, die Nachrichten über die neuesten Kriegsgeschehen irgendwo in der Welt, der verwelkte Lavendel, die Verspätung durch die blockierte S-Bahn, die verfärbte Wäsche – die Liste der großen und kleinen Dinge, die ihr unter die Haut gehen und sie belasten können, ist ziemlich lang.

Ihre beste Freundin Felicitas hingegen hat eher ein gesundes dickes Fell und lässt sich auch von tatsächlich schlimmen Ereignissen nicht so leicht unterkriegen, geschweige denn von den kleinen Alltagsärgernissen. Wenn ihr die kleinen und größeren Missgeschicke des ganz normalen Lebens begegnen, schafft sie es oft, das Witzige oder Lächerliche daran wahrzunehmen und ihnen mit einer guten Prise Humor zu Leibe zu rücken, ohne sie sich so stark zu Herzen zu nehmen. Dabei kann sie ebenso auch einmal über sich selbst lachen wie über die Situation.

Natürlich erlebt auch Felicitas Dinge, die sie wirklich emotional erschüttern, aber irgendwoher nimmt sie die Kraft, sich nach dem ersten Schock wieder aufzurappeln und zu überlegen, wie sie konstruktiv mit der Situation umgehen und das Beste daraus machen kann. So hat auch sie nach einem heftigen Streit mit ihrem Freund weinend bei Iris auf dem Sofa gesessen und sich erst einmal trösten lassen, aber nach einer recht kurzen Zeit hat sie angefangen zu überlegen, wie sie das Problem mit ihrem Freund lösen kann und gleich ein paar Ideen entwickelt, die sie ausprobieren könnte, statt weiter wie ein Häufchen Elend schluchzend auf die Rettung durch das Schicksal zu warten.

Auch mit Kritik und kleinen verbalen Tiefschlägen schlecht gelaunter Mitmenschen scheint sie recht gut umgehen zu können. Es gelingt ihr meistens, zu erkennen, ob in der Kritik ein wahrer, ernst zu nehmender Kern steckt, der hilfreich für sie ist, oder ob jemand bloß etwas unbeherrscht seine aktuelle Laune an ihr auslässt – dann kann sie solche Bemerkungen innerlich an sich abperlen lassen oder ihnen mit netter Ironie die Spitze nehmen.

Ihr Alltag verläuft nicht anders als der von Iris – aber für sie ist ein verregneter Tag eine gute Gelegenheit, endlich den neuen Blockbuster im Kino anzuschauen. Eine Warteschlange nutzt sie als Gelegenheit, im Kopf ihre Planung für den nächsten Tag durchzugehen, denn an der Länge der Schlange kann sie auch durch Ärger oder Ungeduld ohnehin nichts ändern. An einem »Bad-Hair-Day« zieht sie als Ausgleich besonders schicke Schuhe an; auch von einem übellaunigen Nachbarn lässt sie sich so schnell die Laune nicht verderben – und nicht sie ist unhöflich, sondern er, wenn er sein Ansinnen in dermaßen knurrigem Ton vorbringt.

Ein Misserfolg bedeutet für sie genau dies: einen Misserfolg. Sie fragt sich, wie es dazu kam und was sie in Zukunft besser machen muss; aber sie folgert nicht daraus, dass sie unfähig ist und es nie lernen wird. Aus einem Fehler leitet sie keine generelle Prognose für vorprogrammiertes Scheitern ab, sondern sie glaubt, dass man jedes Mal eine neue Chance bekommt, etwas besser zu machen. Natürlich ärgert sie sich im ersten Moment ein bisschen über den Fehler, andererseits ist er auch wieder kein Anlass für sie, sich übertrieben lange übermäßig schlecht zu fühlen. Alles in allem geht sie mit den Widrigkeiten des Lebens bemerkenswert gelassen um.

Die Wurzeln des Übels

Iris und Felicitas – sind nur die unterschiedlichen Gene schuld daran, dass die eine etwas zu dünnhäutig ist, während die andere offensichtlich eine gesunde, robuste Haut hat? Gibt es tatsächlich Mimosen- und Rosengene? In der Botanik natürlich schon, aber bezogen auf die menschliche Empfindsamkeit wohl eher nicht. Je weiter die Erforschung der menschlichen Gene sowie des menschlichen Geistes fortschreitet, desto klarer scheint der Schluss zu sein: Disposition angeboren, konkrete Ausprägung im Lauf des Lebens erlernt.

Mimosen- oder Rosengene?

Das soll heißen: Sie können sehr wohl eine erhöhte Disposition zum Sonnenbrand genetisch erben, aber ob Sie tatsächlich einen bekommen, hängt davon ab, wo Sie leben, wie oft die Sonne scheint und wie oft Sie mit oder ohne Sonnenschutz in die Sonne gehen. Sie können also auch mit einer genetischen Disposition zu erhöhter gefühlsmäßiger Empfindlichkeit geboren werden, aber wie dünn Ihre emotionale und mentale Haut wirklich bleibt, ist eine Frage des Lernens und Erlebens und hängt von vielen Faktoren ab.

Ein ganz wichtiger Faktor ist sicher die Disposition beziehungsweise das Vorbild der Eltern – denn wir Menschen lernen viel von Modellen. Waren Ihre Mutter oder Ihr Vater eher aus dem Lager der Dünnhäutigen, die auch Kleinigkeiten ziemlich schwernehmen, dann haben Sie es schon als Kind vielleicht einfach nur gemacht wie die »Großen«. Mami seufzte häufig über die Widrigkeiten des Alltags und schien ihnen kaum gewachsen, oder Papi kam abends geschafft heim und berichtete gekränkt, dass der Chef den Monatsbericht des Kollegen gelobt hatte, aber nicht den seinen. Die Oma, bei der Sie nach der Schule häufig waren, klagte immer über den Verfall der modernen Welt, die genervte und überforderte Geschichtslehrerin lamentierte über die Ungerechtigkeit ihres harten Schicksals – Kinder haben viele Modelle, an denen sie sich orientieren und von denen sie lernen. Solche früh gelernten Verhaltensweisen sind zum einen oft unbewusst und zum anderen ziemlich stabil – und so werden schon Kinder zu Mimosen herangepflegt.

Erlebnisse aus der Vergangenheit

Aber auch spezifische Erlebnisse der Vergangenheit können sich wie ein Klotz an Ihr Bein hängen, immer wieder ihre negative Gefühlswirkung entfalten und Ihnen dabei übermäßig unter die Haut gehen. Nehmen wir an, Sie haben in der Geografiestunde in der vierten Klasse tatsächlich einmal auf eine entsprechende Frage hin selbstbewusst und voller Überzeugung kundgetan, dass Brasilien am Südzipfel Afrikas liegt, was von Ihren Klassenkameraden und dem Lehrer mit schallendem Gelächter und ein paar ziemlich höhnischen Bemerkungen des Klassenclowns quittiert wurde. Zudem hat Ihnen diese intellektuelle Glanzleistung auch noch den Spitznamen »Geo-

Genie« eingetragen, der Sie den Rest Ihrer schulischen Laufbahn begleitete und immer wieder zuverlässig an dieses peinliche Erlebnis erinnerte.

So eine emotional intensive Erfahrung wird höchstwahrscheinlich dazu führen, dass Sie das Erlebnis unbewusst generalisieren und den Schluss daraus ziehen, dass jeder Fehler immer zu solch katastrophalen Ergebnissen und Reaktionen führt – unabhängig von den aktuellen tatsächlichen Gegebenheiten. Also fühlen Sie sich bei einem kleinen Lapsus sicherheitshalber und gewohnheitsmäßig schon einmal genauso schlecht wie damals in der Schule, ohne die konkreten Reaktionen Ihrer Mitmenschen abzuwarten.

Diese generalisierten negativen Lernerfahrungen können unterschiedlichste Themen betreffen: Sie sind einmal einer Freundin unabsichtlich auf den Schlips getreten und diese hat sehr aggressiv reagiert – Sie lernen flugs daraus, dass die emotionalen Reaktionen Ihrer Mitmenschen immer etwas mit Ihrem Verhalten zu tun haben. Sie haben in der Tanzstunde vor versammelter Mannschaft einen Korb bekommen – Sie folgern daraus, dass Sie auf immer und ewig unattraktiv und langweilig sind. Ihnen ist bei Tante Susis 60. Geburtstag die Kaffeekanne des guten Geschirrs aus der Hand gerutscht und zerbrochen – seitdem glauben Sie ebenso wie Ihre Familie, dass Sie Ihr Lebtag lang ein ungeschicktes Trampeltier bleiben werden.

Zudem entwickelten Sie womöglich noch diffuse Ängste bezüglich ähnlicher Situationen: In Mathe haben Sie sich vorsichtshalber nie mehr gemeldet, auch wenn Sie absolut sicher waren, dass zwei und zwei tatsächlich vier ist; nie haben Sie von sich aus ein Gespräch mit einem netten Herrn angefangen, Ihnen zittern ein wenig die Hände, wenn Sie bei einer Besprechung dem Kunden ein Glas Wasser einschenken.

Selbsterfüllende Prophezeiung

Diese vagen Befürchtungen eines erneuten Scheiterns untergraben dann Ihr Selbstbewusstsein und aktivieren eine Art selbsterfüllende Prophezeiung. Sie fühlen sich von vornherein ängstlich und unsicher, deshalb verhalten Sie sich auch genauso, stottern und stammeln ein wenig herum, machen daraufhin wirklich einen kleinen Fehler und kommen daher nicht so kompetent rüber, wie Sie es könnten – und schwupps, schon hat sich Ihre Einschätzung wieder einmal bestätigt und Ihre Angst ihre Berechtigung erwiesen: Sie können nichts, machen immer Fehler, sind langweilig und werden deshalb von anderen belächelt und nicht ernst genommen.

Damit einher geht oft eine dazu passende Wahrnehmungsstrategie: Aus Angst vor einem Fehler oder Misserfolg achten Sie besonders auf die Dinge, die potenziell schiefgehen könnten – und nehmen das, was gut klappt und positiv ist, gar nicht mehr wahr. Bei einem Reisebericht über Ihr nächstes Urlaubsziel bleiben bei Ihnen die Anzahl der Handtaschendiebstähle, die Regendauer und die Horden von ekelhaften Kakerlaken im Hotel im Gedächtnis hängen, nicht jedoch die Freundlichkeit der Landesbevölkerung, die wunderbare Landschaft und die interessanten Kulturschätze.

Opfermentalität

Ein weiterer Faktor beeinflusst ebenfalls ziemlich stark die Entwicklung einer dicken oder eben zu dünnen Haut: War ein Mensch in seiner Kindheit oder Jugend öfter einmal negativen Situationen ausgesetzt, in denen er das Gefühl hatte, die Ereignisse nicht kontrollieren oder beeinflussen zu können, so können daraus eine gelernte Hilflosigkeit und eine sogenannte »Opfermentalität« oder Schicksalsergebenheit resultieren.

Sie wollten Ihren Spitznamen »Geo-Genie« wahrlich nicht jahrelang mit sich herumschleppen, aber Sie konnten tun, was Sie wollten, er gefiel Ihren Klassenkameraden so gut, dass Sie sie nicht davon abbringen konnten und Sie sich irgendwann resignierend in Ihr Schicksal ergeben mussten. »Egal, was passiert und was ich tue, ich kann ja sowieso nichts daran ändern und bin ein hilfloses Opfer des Schicksals!«, könnte Ihre gelernte Schlussfolgerung lauten. Generalisiert führt diese leider dann dazu, dass Sie auch in anderen Situationen, in denen Sie mittlerweile sehr wohl etwas unternehmen könnten, hilflos und passiv leidend verharren.

Womöglich haben Sie aber auch einen etwas unseligen Hang zum Grübeln entwickelt, der Sie bei unangenehmen Erlebnissen leider dazu verführt, in langes, intensives und eher deprimierendes Nachdenken zu verfallen. Wenn Sie zudem noch dazu neigen, die Ursachen für diese unangenehmen Ereignisse zuallererst und überwiegend ausschließlich bei sich selbst zu suchen, haben Sie sich eine hübsche, negative Gefühle erzeugende Grübelfalle gebaut, die zuverlässig zuschnappt: etwas geht schief – es liegt sowieso nur an Ihnen – Sie fühlen sich schlecht.

Diese Art der Hypothesenbildung ist nicht nur deprimierend, sondern im Normalfall auch ziemlich unrealistisch – was können Sie für die schlechte Laune Ihres Chefs, wenn Sie ihm morgens auf dem Gang begegnen? Aber wenn Sie dann auch noch diese Vermutung für sich behalten und nicht einmal durch Nachfragen überprüfen, ob es wirklich so ist, wie Sie denken, sondern Ihre Interpretation dann als gegebene Tatsache für Ihre weiteren Reaktionen voraussetzen, haben Sie eine perfekte Strategie gefunden, sich wirksam in einen ziemlich schlechten Zustand zu bringen. Jeder Mensch kommt natürlich immer wieder einmal ins Grübeln, wenn unangenehme Dinge vorfallen. In diesen Fällen kommt ein weiterer Aspekt ins Spiel, der entscheidenden Einfluss in Richtung dickes Fell oder zu dünne Haut ausübt: die geistige Selbstdisziplin. Menschen mit dem gesunden dicken Fell haben offensichtlich diese Disziplin schon entwickelt und können ihre negativen Grübelgedanken stoppen, wenn sie merken, dass sie unrealistisch sind und zudem zu nichts Gutem führen. Die empfindsamen Zeitgenossen hingegen verfallen immer wieder aufs Neue in unproduktive, Angst und schlechte Gefühle erzeugende Denkspiralen und schaffen es nicht so leicht, sie einfach abzustellen.

Frust und Stress

Eine andere Ursache für eine zu hohe Empfindlichkeit kann auch in einer zu niedrigen Frust- und Stresstoleranzschwelle liegen. Wahrscheinlich haben Sie auch schon öfter einmal registriert, dass Dinge, die Sie selbst belasten und aufregen, ein anderes Gemüt nicht so zu beeindrucken scheinen und es ganz andere Kaliber braucht, um solche Menschen zu stressen oder zu frustrieren.

Sie grübeln wochenlang, ob ein vergessener Geburtstagsanruf bedeutet, dass Ihre beste Freundin sauer auf Sie ist – ein weniger empfindlicher Mensch zuckt einfach mit den Schultern und sagt, das sei ihm schließlich auch schon einmal passiert und habe nichts zu bedeuten. Sie haben unglaubliches Lampenfieber vor einer wichtigen Präsentation und schlafen wochenlang schlecht – Ihre Kollegin ist keinen Deut kompetenter als Sie, aber sie geht das Thema nach der Devise »Bange machen gilt nicht« deutlich gelassener an. Auch dieser Unterschied ist wohl auf verschiedene Lernerfahrungen zurückzuführen – eine frohe Nachricht, denn dass man etwas noch nicht gelernt hat, heißt, dass man es noch lernen kann.

Selbstbewusstsein

Zu den Ursachen für eine erhöhte und übertriebene Empfindlichkeit zählt zu guter Letzt auch noch ein zu geringes Selbstbewusstsein im Verbund mit innerer Unsicherheit und Schüchternheit. Zu wenig Bestätigung und Erfolgserlebnisse in der Kindheit, zu viel harte Kritik, zu wenig Ermutigung nach einem Fehler, zu hohe und unrealistische Erwartungen – all das hindert den heranwachsenden Menschen, ein stabiles Selbstbewusstsein aufzubauen. Wenn Sie aber – als Ergebnis einer solchen Entwicklung – sich Ihres Wertes und Ihrer Fähigkeiten selbst nicht ganz sicher sind, sind Sie natürlich übermäßig empfänglich für negative Rückmeldungen von außen, die Ihre Kompetenz oder Ihre Verhaltensweisen anzuzweifeln scheinen, da Sie ihnen keine feste innere Überzeugung über Ihr Können und Ihren Wert entgegensetzen können.

Im Laufe Ihrer Kindheit und Jugend, aber auch im weiteren Leben beeinflussen also viele Faktoren immer wieder die Entwicklung eines gesunden dicken Fells – Grund genug, diesen negativen Faktoren allmählich ein paar wirksame Abwehrmittel entgegenzusetzen! Aber zuvor gilt es noch, sich auch der Vorzüge der Empfindlichkeit bewusst zu werden – die hat sie nämlich durchaus und die sollten bei einer Veränderung natürlich auch erhalten bleiben.

Erwünschte Wirkungen und unerwünschte Nebenwirkungen

Felicitas hat auf der Party trotz allen Trubels natürlich bemerkt, dass Iris wie ein welkendes Blümchen mit hängendem Kopf dasaß und die Party ziemlich früh verlassen hat.

Empfindsamkeit und Mitgefühl

Felicitas schätzt Iris sehr und hat sie schon oft für ihre Empfindsamkeit und das damit verbundene intuitive Gespür für Menschen und ihre Stimmungen bewundert. Manchmal erahnt Iris eher als sie selbst, was sie bedrückt; sie hat die Fähigkeit, auch aus winzigen Kleinigkeiten, die andere gar nicht bemerken, auf die emotionale Befindlichkeit des anderen zu schließen. Was sie durch diese sensible und genaue Wahrnehmung selbst bei fremden Personen in kürzester Zeit mitbekommt, erstaunt Felicitas immer wieder aufs Neue.

Auch ihre Umgebung nimmt Iris aufmerksam wahr, achtet auf Kleinigkeiten und reagiert entsprechend schnell. In der U-Bahn ist Iris immer schon längst aufgesprungen, um einer alten Dame ihren Platz anzubieten, ehe Felicitas die Dame überhaupt bemerkt hat. Sie hat meist die besten Ideen für ein passendes Geschenk, weil sie so aufmerksam zuhört oder in den Wohnungen ihrer Freunde hinsieht und daher weiß, was sie brauchen oder worüber sie sich freuen würden.

Zudem ist Iris sehr verständnisvoll und kann sich äußerst gut in die Lage eines anderen hineinversetzen. Weil sie den Gesprächspartner dabei nicht verurteilt, sondern einfach nur zuhört, beobachtet und versucht nachzuvollziehen, wie es in ihm aussieht, erzählt Felicitas ihr bereitwilliger und leichter als anderen Freunden auch von ihren Problemen, Ängsten, kleinen Fehltritten und Missgeschicken.

Sie war zum Beispiel einmal fürchterlich sauer auf einen Ex-Freund, der sie schmählich betrogen und verlassen hatte, und hatte eine kleine Racheaktion mit nächtlichen Telefonanrufen gestartet. Leider ging es ihr dadurch keinen Deut besser, im Gegenteil, und eines Abends gestand sie Iris weinend und mit schlechtem Gewissen ihre Aktion. Iris hörte nur zu, hob auch nicht den moralischen Zeigefinger und schimpfte sie ob ihres perfiden Verhaltens aus, sondern half ihr durch ihre mitfühlende Reaktion, die Fakten zu akzeptieren und ihren Rachedurst abzulegen. Aufgrund dieses Vertrauens- und verständnisvollen Mitgefühls sind Iris' Kommentare und Ratschläge meistens passend und hilfreich.

Felicitas liebt an Iris außerdem ihre rege Anteilnahme am Schicksal oder Wohlergehen anderer. Sie ist nicht so von der vielbeklagten herrschenden Gleichgültigkeit angesteckt, sondern ist bei vielen Themen ehrlich betroffen und überlegt oft engagiert, wie sie helfen kann.

So hat sie mitbekommen, dass die Töchter ihrer türkischen Nachbarn ein wenig Schwierigkeiten im Deutschunterricht hatten, und der Familie spontan angeboten, den beiden Mädchen regelmäßig Nachhilfeunterricht zu geben. Sie hat sich dann genauso wie die Familie gefreut, als die beiden zum ersten Mal mit sehr guten Zensuren nach Hause kamen. Felicitas muss etwas verschämt eingestehen, dass sie selbst – wohl aus Bequemlichkeit und zu wenig Nachdenken – nicht so schnell auf diese Idee gekommen wäre. Da kann sie von Iris noch eine Menge lernen!

Kränkung und Kritik

Aber auch Iris hat erkannt, dass sie noch eine Menge von Felicitas lernen kann und will. Sie ist es leid, mit ihrer dünnen Haut durchs Leben zu gehen und macht sich auch die Schattenseiten ihrer Empfindsamkeit konsequent klar, die zutage treten, wenn sie es übertreibt. Unglücklicherweise geht sie nämlich mit sich selbst oft nicht so verständnis- und liebevoll um wie mit anderen Menschen, sondern nimmt sich Dinge zu sehr zu Herzen. Ihre Sensibilität schlägt um in übermäßige Empfindlichkeit, wenn es um sie selbst geht. Was könnten die anderen denken, von ihr erwarten, welche negativen Reaktionen hat sie womöglich zu verantworten, für welche Gefühle anderer ist sie verantwortlich ... Das ist die eine Art, in der Iris sich selbst blockiert und einschränkt.

Zum anderen tut sie in Bezug auf das Verhalten ihr gegenüber genau das, was sie – wenn es um das Verhalten anderer gegenüber geht – sonst nicht tut: Sie interpretiert alles und jedes in Bezug auf sich selbst meistens negativ. Bei einer hochgezogenen Augenbraue zu ihrer Idee einer neuen Unternehmensbroschüre während einer Besprechung bildet sie die überzogensten Hypothesen: Der Kollege ist offensichtlich der Meinung, dass sie sich gerade total lächerlich gemacht hat. Sie legt jede Silbe auf die Goldwaage und ist gekränkt, wenn der Nachbar nicht fröhlich »Guten Morgen!« trällert, sondern nur mit einem knurrigen »Tach« an ihr vorbeigeht.

Einen kleinen Scherz nimmt sie häufig für bare Münze: Der ja durchaus liebevoll von ihren Freunden benutzte Spitzname

Mimose versetzt ihr trotzdem jedes Mal einen kleinen Stich. Sie wertet eine eher harmlose Randbemerkung (»Ich habe mich schon immer gefragt, wie ihr Frauen in den Dingern auch noch laufen könnt!«) als harsche Kritik (»Ha, Peter findet also, dass meine Schuhe unmöglich sind und mir nicht stehen!«). Die Urlaubskarte von Uschi mit dem langweiligen Text (»Viel Sonne, gutes Essen und ein toller Strand, Bussi Uschi«) dient als Beweis dafür, dass ihrer Freundin wohl doch nichts an ihr liegt, sonst hätte sie sich ja wohl mehr Mühe gegeben. Auch war sie sehr verletzt, als ihre Freunde einmal ohne sie zu fragen ins Kino gingen – dass sie bei dem letzten Treffen erwähnt hatte, dass dieser spezielle Film sie gar nicht interessiert, hatte sie wohl vergessen.

Selbstmitleid und passives Erdulden

Leider hat sie dann auch noch einen Hang, sich ob dieser Schicksalsschläge zu bedauern und ein tüchtiges Bad im Selbstmitleid zu nehmen. Fast schon masochistisch-genüsslich lässt sie die Szenen und Bemerkungen immer wieder vor ihrem geistigen Auge ablaufen und durchleidet sie noch einmal. Sie fühlt sich als hilfloses Opfer des Schicksals, statt gegen die tatsächlichen oder von ihr so wahrgenommenen Widrigkeiten etwas zu unternehmen. Ihre kreative Hilfe, die sie bezüglich anderer ja durchaus hat, versagt bei ihr selbst. Dabei nimmt sie die vielen Ansatzpunkte zum konstruktiven Umgang mit unangenehmen Situationen gar nicht mehr wahr; ihre Opfermentalität hat ihr ein bisschen den Blick verstellt.

Und so gut und hilfreich ihre Betroffenheit in Alltagsthemen ist, auf die sie direkten Einfluss nehmen kann (wie bei der türkischen Nachbarsfamilie), so belastend wird sie, wenn alle schlimmen Ereignisse in der Welt sie ähnlich betroffen machen und übermäßig mitnehmen. Sie kann kaum die Nachrichten anschauen, denn jeder gestrandete Wal nimmt sie fürchterlich mit, die Korruption bei Politikern macht sie ganz fertig, aber auch die Baustelle auf ihrem Weg zur Arbeit treibt sie in Verzweiflung und stresst sie über Gebühr. Diese überzogene Betroffenheit hat bei ihr schon dazu geführt, dass sie die schönen Seiten des Lebens gar nicht mehr so recht genießen kann und es ihr zunehmend an Entschlusskraft und Orientierung mangelt.

Wenn sie sich dann doch einmal aufrafft, an einer unangenehmen Situation etwas zu ändern, ist sie leider schnell entmutigt. Sie hatte einmal einen Rhetorikkurs besucht, um ihr übermäßiges Lampenfieber bei Besprechungen und Präsentationen in den Griff zu bekommen. Im Kurs hatte es auch ganz gut geklappt, aber dann kam der Test in der Wirklichkeit. Da sie von sich selbst ja grundsätzlich nicht so viel hält, erwartete sie Misserfolge, die sich dann auch prompt einstellten. Tatsächlich verlor sie bei ihrem Vortrag vor der Abteilung den Faden und stolperte mit hochrotem Kopf durch den kläglichen Rest ihrer Präsentation. »Hab ich's doch gleich gewusst, das klappt bei mir doch nie!«, ist ihre Reaktion, und schnell wirft sie das Handtuch. Das trägt natürlich keinesfalls dazu bei, ihr eher geringes Selbstbewusstsein aufzubauen, sondern untergräbt es eher noch.

Übermäßige Empfindlichkeit, viel unnötiger Stress und Frust, Hilflosigkeit und mangelnde Übernahme von Selbstverantwortung, ein geringes Selbstbewusstsein, wenig Durchhaltevermögen, Selbstmitleid und passives Erdulden, Belastung ihrer Beziehungen durch häufiges Gekränktsein und Jammern – Iris ist ganz erschrocken, als sie diese Bilanz ziehen muss! Das will sie doch wirklich nicht!

Aber was dann? Ebenso wenig will sie sich wie ein stacheliger Kaktus durchs Leben pieksen, ohne Rücksicht auf Verluste, ohne Anteilnahme und Sensibilität gegenüber den Bedürfnissen und Gefühlen anderer! Andererseits geht es so wirklich nicht weiter ... sie braucht einfach ein etwas dickeres Fell und vielleicht ein paar Dornen, um sich besser wehren zu können.

Eine etwas robustere Haut ist das Ziel, nicht absolute Unempfindlichkeit wie ein Betonklotz. Empfindsamkeit und Mitfühlen sind natürlich zwei der wichtigsten Eigenschaften menschlicher Wesen, die aufgrund des modernen Egoismus leider allzu oft nicht genügend aktiviert werden – aber sie sind auch nur dann hilfreich, solange sie der Situation angemessen sind und zu den passenden Handlungen führen.

Natürlich ist ein Pickel nicht erfreulich, aber es ist auch nicht wirklich angemessen, übersteigert darunter zu leiden und ihn emotional übertrieben als eine Katastrophe wahrzunehmen, die er nun einmal nicht ist. Natürlich ist es erschütternd und schlimm, wenn Menschen von Naturkatastrophen heimgesucht werden; und zu Recht sollten wir unser Mitgefühl für sie aktivieren – allerdings eher in Form tätiger Hilfe statt in mutloser, passiver Verzweiflung. Und trotz aller negativen Ereignisse hat auch das Leben eine zweite, positive Seite zu bieten. Sich nur auf die schlechte zu konzentrieren und seine Lebensfreude stark zu reduzieren, hilft auch niemandem weiter und ist der Realität nicht angemessen. Also auf zu neuen Ufern!

2. Die nützlichen Dornen der Rose

Was genau haben denn nun die Menschen mit einem gesunden dicken Fell; die Menschen, die wie eine Rose nicht nur über Blüten und Blätter verfügen, sondern auch über ein paar sehr nützliche Dornen, die sie schützen und widerstandsfähiger machen als die empfindlichen Mimosen? Die wie Felicitas auch mal mit einem Lächeln über ärgerliche Vorfälle hinweggehen können, einen realistischen Blick auf die Welt haben statt eines übermäßig pessimistischen, die einen gesunden Selbstschutz aktiviert haben, ohne andere unterzubuttern. Schauen wir uns die Hauptfaktoren ein wenig näher an!

Eine Fülle an Blüten, Trieben und auch Dornen

Wenn Sie auf eine Gartenschau gehen, so können Sie dort Rosen von perfektem Wuchs, Duft und Farbe mit wunderschön klingenden Namen finden. Tun wir einmal so, als gäbe es auch perfekte menschliche Rosen, winterhart und mit der perfekten Widerstandskraft. Was genau zeichnet sie aus?

Die Denkgewohnheiten der Rosen

Ein hypothetischer Blick in ihren Kopf zeigt ein paar nützliche Denkgewohnheiten auf. Grundsätzlich glauben sie, dass die Menschen schon in Ordnung sind, so wie sie sind – sie selbst genauso wie die anderen; keiner ist besser oder schlechter, mehr oder weniger wert. Das heißt nicht, dass man sich nicht immer noch persönlich verbessern könnte, aber sie akzeptieren, dass keiner perfekt ist und immer perfekt agiert.

Sie glauben, dass jeder Mensch im Prinzip alles in sich hat, um sich zu entwickeln und ein erfüllendes Leben zu führen; manchmal muss man nur nach der ein oder anderen Eigenschaft oder Fähigkeit ein wenig graben, da sie im Lauf des Lebens verschüttet worden ist. Aber im Ansatz sind alle Möglichkeiten zur Weiterentwicklung und persönlichen Entfaltung in jedem Menschen angelegt.

Diese Möglichkeiten setzen die Menschen ein, um für sich nach Glück, Zufriedenheit, Wohlergehen und neuer Blüte zu

streben. Die Rosen glauben daher, dass hinter jedem Verhalten, sei es auch auf den ersten Blick noch so absurd oder tückisch, nur der manchmal unglückselige Versuch eines Menschen steht, die für ihn dahinterstehende positive Absicht zu erreichen. Wenn jemand lügt, dann ist seine für ihn positive Absicht wahrscheinlich, Bloßstellung und Scham zu vermeiden, die Angst vor den Konsequenzen zu dämpfen und ein negatives Bild von sich zu verhindern – alles Motive, die man grundsätzlich gut nachvollziehen kann. Nur die Methoden zur Erreichung dieser positiven Absicht sind natürlich nicht immer akzeptabel und müssen manchmal unterbunden werden!

Allerdings sind sie auch der Meinung, dass jeder Mensch in einer gegebenen Situation das ihm Bestmögliche tut (auch wenn es ziemlich dämlich erscheint), denn könnte er schon etwas Besseres tun, dann hätte er sich auch dafür entschieden.

Normale Menschen tun nicht absichtlich blödsinnige oder gar bösartige Dinge, die ihnen oder anderen schaden, sondern sie haben in der Situation einfach noch keine besseren Strategien zur Verfügung und müssen diese erst noch lernen. Diese Einstellung hilft den Rosen, nicht jedes Wort oder jede unglückselige Verhaltensweise bei sich oder anderen auf die Goldwaage zu legen und übelzunehmen, sondern mit ein wenig Nachsicht sich selbst und ihren Mitmenschen kleine Ausrutscher zu verzeihen.

Iris ist eben nicht absichtlich so überempfindlich und leicht eingeschnappt, im Gegenteil, sie weiß bisher nur noch nicht, wie man etwas gelassener mit belastenden Situationen umgehen kann. Also kein Grund, sich oder seine Mitmenschen zu geißeln, wenn sie einmal etwas sonderbar reagieren – sie meinen es im Normalfall nicht böse, sie haben nur noch kein anderes Verhalten zur Verfügung.

Zudem besteht ein Mensch ja nicht nur aus seinem aktuellen Verhalten, sondern ist eine komplexe Persönlichkeit, die man nicht nur aufgrund einer einzigen Verhaltensweise vorschnell abwerten sollte. Denken Sie noch einmal an das Thema Lügen: Sicher haben auch Sie schon einmal geschwindelt und sind dabei erwischt worden? Peinlich, peinlich! Nun, Sie waren ja wahrscheinlich auch so froh wie ich, wenn man Sie nicht gleich komplett zur notorischen Schwindlerin und moralisch wertlosen Unperson abgestempelt hat, der man grundsätzlich nicht vertrauen sollte gemäß dem alten Sprichwort »Wer einmal lügt, dem glaubt man nicht, und wenn er auch die Wahrheit spricht«.

Reichlich überzogen und hart – vielleicht hat es Ihnen wie mir einfach nur an Mut gefehlt, die Wahrheit zu gestehen, und das hat mit moralischer Verwerflichkeit nicht viel zu tun. Natürlich sollten Sie lernen, mutig zu sein und zu Ihren kleinen Schandtaten zu stehen, aber trotzdem sind Sie deshalb kein völliger charakterlicher Versager. Die menschlichen Rosen sind also imstande, das Verhalten von der Person und ihrer Absicht zu trennen, und sie können daher mit etwas sonderbaren Verhaltensweisen ihrer Mitmenschen gelassener umgehen, weil sie nicht gleich die ganze Person und ihre Beziehung zu ihr infrage stellen und verurteilen.

Genauso wie ein Mensch nicht nur durch eine Verhaltensweise charakterisiert wird, besteht er auch aus mehr als seinem aktuellen Gefühl. Ein Gefühl ist ein temporärer Prozess und kein ewiger und ausschließlicher Zustand, der nie vorübergeht. Diese Erkenntnis hilft den menschlichen Rosen sehr, nicht in Selbstmitleid zu versinken und ihre negativen Gefühle in der richtigen Relation zu sehen – von einem Misserfolg geht die Welt nicht unter, auch wenn man sich deshalb schlecht fühlt, und das Leben kann trotzdem noch Spaß machen!

Die Eigenschaften der Rosen

Neben ihren nützlichen Denkgewohnheiten verfügen die voll erblühten Rosen noch über ein weiteres hilfreiches Repertoire an Eigenschaften und Verhaltensweisen. Sie sind neugierig, fantasievoll und immer bereit, etwas Neues zu lernen und auszuprobieren. Dabei wagen sie auch einmal etwas ohne Erfolgsgarantie, sind entschlussfreudig und ergreifen selbst die Initiative. Mit viel Kreativität und Humor gehen sie den Alltag an, lassen sich nicht so schnell frustrieren oder stressen und sind emotional recht belastbar.

Ihr Selbstwertgefühl ist ziemlich stabil, und sie sind geistig unabhängig. Trotzdem haben sie eine hohe soziale Kompetenz und gehen mit ihren Mitmenschen empathisch und einfühlsam um. Ihr soziales Netz ist gut entwickelt und gepflegt, sodass sie immer auf Hilfe und Unterstützung zurückgreifen können, wenn es nötig ist – viele Probleme lassen sich gemeinsam besser lösen.

Sie haben eine gesunde Selbstdisziplin und sind immer willens, an sich zu arbeiten, auch wenn es etwas Mühe kostet. Flexibilität und Toleranz helfen ihnen, mit unerwarteten und unangenehmen Situationen ziemlich gelassen und entspannt umzugehen. Und ein realistischer Optimismus hilft ihnen, die Welt so zu sehen, wie sie ist – nicht besser, aber auch nicht schlechter.

»Mann, das klingt ja wie ein mehrfach erleuchteter Buddha!«, denken Sie jetzt vielleicht. Sie haben Recht, da kann einem schon ganz schwummrig werden … wo soll man da bloß anfangen? Nun, so wie eine Rose auch nur üppig blühen kann, wenn sie gesunde Wurzeln hat, so beruhen auch die Eigenschaften der menschlichen Rosen auf einigen Hauptfaktoren. Wenn Sie diese Wurzeln erst einmal entwickelt haben, dann kommen die prächtigen Blüten, die glänzenden Blätter und die nützlichen Dornen ganz von allein.

Gut verwurzelt –
die Erfolgsfaktoren der Rose

Psychologen, Mediziner, Philosophen, Pädagogen, Therapeuten, Neurobiologen, Anthroposophen, Kommunikationsforscher, Priester und Pfarrer, Lehrer und Sozialhelfer – alle, die sich um das Wohl und Wehe der Menschen kümmern, sind lange Zeit dem negativen Fokus gefolgt und wollten herausfinden, warum Menschen krank werden und etwas nicht richtig funktioniert. Wie entstehen Krankheiten körperlicher und geistiger Natur und was kann man dagegen tun, wie entstehen Mutationen und wie kann man sie verhindern, warum funktionieren soziale Systeme nicht und welche Interventionen sind notwendig, warum werden Menschen kriminell und wie kann man gegensteuern? Krankheiten, Fehlentwicklungen und Probleme sind gründlichst erforscht, in ellenlangen Katalogen erfasst und mit differenzierten Diagnosen genau eingekreist. Behoben waren sie dadurch leider noch nicht, geschweige denn im Vorfeld verhindert. Also sollten bei diesem problemorientierten Ansatz Unterlassungsempfehlungen, Sündenregister, Diäten und Genussverbote, moralische Gebote und Strafregelwerke, Verhaltensverbote und Unterdrückung von sogenannten Schwächen die böse Flut eindämmen – mit mehr oder weniger großem Erfolg.

In der letzten Zeit haben sich aber nicht nur die geplagten Krankenkassen gefragt, ob Prophylaxe nicht ein elegantes und kostensparendes, sinnvolles Konzept ist. Die heutige zentrale Frage ist nunmehr lösungsorientiert: Wie entsteht Gesundheit? Welche Faktoren tragen dazu bei, dass ein System (ob Individuum oder Gesellschaft) funktioniert? Wie kann man dieses positive Potenzial fördern, anstatt abzuwarten, bis das Kind in den Brunnen gefallen ist?

So hat auch die Psychologie den neuen positiven Forschungsansatz seit einiger Zeit entdeckt und begonnen, die Faktoren einer gesunden, robusten, vitalen und lebensfrohen Persönlichkeit zu identifizieren. Wenn man Menschen dabei unterstützt, diese förderlichen Faktoren bei sich zu stärken, muss man sich um die Behandlung irgendwelcher Störungen kaum noch Gedanken machen, weil sie viel seltener überhaupt erst auftreten. Eine Rose, die gesund und widerstandsfähig ist, bekommt erst gar keine Blattläuse, beziehungsweise kann sie allein sehr gut abwehren, ohne dass man sie mit giftigem Zeug besprühen müsste.

Die verschiedenen Disziplinen sind sich mittlerweile mehr oder weniger einig, welche persönlichen Faktoren hauptsächlich zu einer stabilen Persönlichkeit beitragen, die sich erfolgreich, überwiegend glücklich und zufrieden durchs Leben wurschtelt.

Die Faktoren der Rose

Der Aufbau des Buches soll im Weiteren in einzelnen Kapiteln den Faktoren der Rose folgen. Schauen wir uns an, welche Faktoren die Rosen zu selbstbewussten und energischen Persönlichkeiten machen.

R wie Realismus. Ein Blick auf die Welt und das Leben, so wie sie sind, weder beschönigend noch pessimistisch übertreibend, mit Objektivität, aber auch einem gewissen positiven Grundvertrauen. Weder leben wir in der Hölle noch im Paradies – und es ist auch sehr unwahrscheinlich, dass das jemals zu unseren Lebzeiten der Fall sein wird; da werden wir wohl auf das Jenseits warten müssen.

Um das Gute zu erkennen und zu würdigen, muss man auch das Schlechte sehen und akzeptieren. Hadern mit der Welt und ihren Schattenseiten führt nur zu Hoffnungslosigkeit und Frust; einfach ändern wird sie sich deshalb ohnehin nicht. Sie ist, wie sie ist, und nun mal nicht, wie wir sie wollen oder wie sie unserer Meinung nach sein sollte. Trainieren Sie also in Kapitel 3 Ihre Fähigkeit, die Welt realistisch ohne überzogene Erwartungen zu sehen, aber auch nicht mit Abneigung oder Verzweiflung. Lernen Sie vielmehr, sie so zu akzeptieren, wie sie ist.

O wie Optimismus. Übertriebener Optimismus, also sich die Welt schöner zu reden, als sie ist, ist einer der Auswüchse der modernen Spaßgesellschaft, in der möglichst gar nichts Negatives vorkommen soll. Ein gesunder Optimismus sieht sehr wohl auch die negativen Seiten und verdrängt nichts, aber fragt dann sofort danach, wie man aus diesen das Beste machen oder sie dauerhaft zum Guten verändern kann.

Übertriebener Pessimismus ist natürlich ebenfalls nicht angebracht – immerhin hat die Menschheit trotz aller gegenseitigen Ausrottungsversuche seit Jahrtausenden immer wieder die Kurve gekriegt und bewiesen, dass es selbst in völlig verfahren scheinenden Situationen doch noch einen Ausweg gibt. Stärken Sie in Kapitel 4 Ihren Optimismus bei gleichzeitig realistischem Blick auf das Leben. Und lernen Sie auch, nicht nur in kniffligen Situationen ein allzeit bereites Lachen genießen zu können.

S wie Selbstverantwortung und Selbstschutz. Den realistisch-optimistischen Blick sollten Sie sich auch bei sich selbst gönnen, wenn Sie Ihren eigenen Beitrag zu einer Situation unter die Lupe nehmen. Gott sei Dank sind Sie nicht perfekt und müssen es auch gar nicht sein. Liebevolle Akzeptanz der eigenen kleinen Schwächen, aber auch das Bewusstsein, dass Sie für Ihre Gefühle, Reaktionen und Verhaltensweisen selbst verantwortlich sind, helfen Ihnen, Ihr persönliches Potenzial gezielt zu entwickeln.

Der Selbstschutz dient natürlich der Vorbeugung. Warten Sie nicht mehr wie ein Opferlamm auf die Nackenschläge des Lebens, sondern beugen Sie ihnen gezielt vor. Kapitel 5 unterstützt Sie dabei, die nötige Selbstdisziplin zu entwickeln, sich von alten, hemmenden Klötzen am Bein zu befreien, und nach einem kleinen Sturz wieder aufzustehen und munter weiterzumachen. Lernen auch Sie von den Erfolgreichen, nutzen Sie Ihre Kreativität bei der Gestaltung Ihres mühseligen Alltags und der Lösung lästiger Probleme, entwerfen Sie für sich eine strahlende Zukunft und erhöhen Sie mental und praktisch die Wahrscheinlichkeit, dass sie wahr wird.

E wie Echte Freundschaften. Sie sind ja wahrlich nicht allein auf der Welt, warum sollten Sie sich dann allein mit der Bewältigung Ihrer Probleme und schlechten Gefühle abplagen? Echte Freunde sind nicht nur für fröhliches Amüsement da, sondern sie bieten auch wertvolle Unterstützung und Hilfe in den kleinen und größeren Krisen des Lebens. Man muss nur etwas gezielter wissen, wen man worum bitten und wem man selbst womit weiterhelfen kann. Schauen Sie in Kapitel 6, wie Sie die wirklich wertvollen Pflänzchen pflegen und nutzen können.

Welche Dornen haben Sie schon?

Damit Sie nicht das falsche Beet umgraben beziehungsweise den falschen Dünger einsetzen, ist es sinnvoll, mit einer kleinen Bestandsaufnahme in Ihr Wachstumsprogramm zu starten. Der Fragebogen hilft Ihnen herauszufinden, welche nützlichen Dornen Sie schon haben und wo es noch etwas Optimierungspotenzial gibt. Zücken Sie Ihren Stift und kreuzen Sie so spontan wie möglich an, wie es bei Ihnen so aussieht! Freundliche Ehrlichkeit Ihnen selbst gegenüber hilft hier enorm weiter – und die Kategorien richtig und falsch, gut oder schlecht haben hier nichts zu suchen. Sie sind schon toll, so wie Sie sind, Sie wollen nur noch etwas toller werden!

Kleine Bestandsaufnahme

	Frage	Ja	Nein
A	Das Leben hat neben den schlechten auch sehr viele gute Seiten.		
B	Auch in schwierigen Situationen denke ich, dass ich mich wieder aufrappeln werde.		
C	Es gelingt mir meistens, meine eigene Verantwortung an einer verfahrenen Situation zu erkennen und zu akzeptieren.		
D	Viele Dinge im Leben kann man gemeinsam besser bewältigen – kein Grund, sich zu schämen, wenn man es allein nicht so hinkriegt.		
A	Schon oft hat hinter etwas Negativem auf den zweiten Blick etwas Gutes gesteckt.		
B	So leicht gebe ich nicht auf – bei einem Fehler suche ich nach neuen Möglichkeiten, mich zu verbessern.		
C	Ich fühle mich in sehr wenigen Situationen vollkommen hilflos.		
D	Meine Freunde und meine Familie waren mir in Krisenzeiten oft schon eine große Hilfe.		
A	Ich habe eine gute Einschätzung meiner Fähigkeit, mit verschiedenen Menschen und Aufgaben klarzukommen.		
B	Wenn ich mich mit etwas Neuem beschäftigen muss, erwarte ich erst einmal, dass es schon irgendwie interessant sein wird.		
C	Auf absehbare Schwierigkeiten bereite ich mich vor, um nicht unliebsam kalt erwischt zu werden.		
D	Ich habe genug Personen, mit denen ich auch über intimere Probleme offen reden kann.		

	Frage	Ja	Nein
A	Wenn etwas nicht zu ändern ist, rege ich mich allenfalls kurz darüber auf – und dann versuche ich, das Beste daraus zu machen.		
B	Wenn etwas gut läuft, spricht für mich erst mal nichts dagegen, dass es so weitergeht.		
C	Die Ursachen von Problemen ergründe ich nur so lange, wie es nötig ist, um gute Ideen zur Lösung zu bekommen.		
D	Ich pflege meinen engsten Freundeskreis ganz bewusst.		
A	Ich glaube, dass meine Lebensziele ziemlich realistisch sind.		
B	»A bisserl was geht immer!«, könnte mein Wahlspruch sein.		
C	Bevor man wichtige Entscheidungen trifft, sollte man die Konsequenzen gut durchdenken – Spontaneität ist eher etwas für die nebensächlicheren Dinge des Lebens.		
D	Gegenseitige Unterstützung im Bedarfsfall ist für mich ein ganz wichtiger Faktor einer Freundschaft.		
A	Dass die Welt und die Menschen nicht perfekt sind, ist für mich in Ordnung.		
B	Sehr viel in meinem Alltag macht mir Spaß und erfreut mich.		
C	Passiv auf den Prinzen auf dem Schimmel zu warten, bringt nichts – ich glaube, man muss schon selber losziehen, um nicht selbst zu schimmeln.		
D	Es fällt mir leicht, mit meinen Freunden über Probleme zu sprechen und ihre Hilfe zu akzeptieren.		

	Frage	Ja	Nein
A	Jammern bringt außer verquollenen Augen nicht sonderlich viel – ein wenig schimpfen und dann tun, was möglich ist, liegt mir mehr.		
B	Depressive Durchhänger sind bei mir selten und eher kurz.		
C	Wenn ich etwas wirklich will, muss ich schon selbst dafür sorgen, dass ich es bekomme – auf den Zufall verlasse ich mich nicht als einzigen Faktor!		
D	Ich gehe mit meinen Problemen nicht bei jedem hausieren, aber meinen engsten Freunden erzähle ich davon.		
A	Abschätzige Bemerkungen können mich ärgern, aber nicht ernsthaft kränken – manchmal kann ich sie sogar großzügig übergehen.		
B	Mich interessieren mehr Lösungen als endlose Problemanalysen.		
C	Bei meinen Vorhaben betrachte ich Chancen und Risiken gleich ausführlich.		
D	Auf meine echten Freunde kann ich mich wirklich verlassen.		
A	Wenn man etwas verbockt hat, sollte man auch dazu stehen – auch wenn es manchmal ziemlichen Mut erfordert.		
B	Gedanken an meine Zukunft finde ich aufregend und erfreulich.		
C	Für meine wichtigen Lebensthemen habe ich ganz konkrete Pläne, die ich regelmäßig überprüfe und anpasse.		
D	Der starke, einsame Wolf ist nicht mein Idealbild – Menschen sind dazu da, sich gemeinsam Herausforderungen zu stellen.		

	Frage	Ja	Nein
A	Ich glaube, auf meinem Lebensschiff bin ich der Kapitän, auch wenn die Mannschaft manchmal meutert!		
B	Ich kenne viele Beispiele dafür, dass Menschen und gar Gesellschaften sich zum Positiven hin verändert haben.		
C	Ich bin davon überzeugt, dass ernsthaft verfolgte Ziele sehr zum Erfolg im Leben beitragen.		
D	Meine Freundschaften sind eher stabil und langjährig.		

Auswertung

Bitte geben Sie sich für jedes Ja einen Punkt und zählen Sie diese nach A, B, C und D sortiert zusammen.

A Realismus (Kapitel 3)

0–5 Punkte Sie tun sich ein wenig schwer damit, die Welt so zu sehen und zu akzeptieren, wie sie nun mal ist. Zu oft wünschen Sie sich, dass sie doch bitte anders wäre und reagieren dann entmutigt und getroffen, wenn sie sich wieder einmal nicht an Ihre Vorstellungen anpasst.

6–10 Punkte Sie sehen die Welt schon ziemlich realistisch, so wie sie ist: bunt und nicht schwarz oder weiß. Überprüfen Sie aber ruhig noch einmal Ihre Wahrnehmungs- und Interpretationsstrategien, um Ihren realistischen Blick noch besser einsetzen zu können.

B Optimismus (Kapitel 4)

0–5 Punkte Sie sehen die Welt ein bisschen schwärzer, als sie ist, und frustrieren sich dadurch unnötig. Lernen Sie wieder, auch die schönen Seiten des Lebens wahrzunehmen und Ihr Wohlfühlpotenzial besser auszunutzen, um sich so ein dickeres Fell zuzulegen.

6–10 Punkte Sie haben schon ein gesundes Maß an Optimismus, der Ihnen das Leben erleichtert. Stabilisieren Sie ihn noch ein wenig und überprüfen Sie, ob Sie die Kraft des Lachens noch stärker trainieren können.

C Übernahme von Selbstverantwortung und Selbstschutz (Kapitel 5)

0–5 Punkte Noch sind Sie auf Ihrem Lebensschiff der Passagier, der es vom Schicksal abhängig macht, wo er landet und von welchem Sturm er womöglich gebeutelt wird. Trainieren Sie, Situationen objektiv und nicht durch übermäßige Empfindlichkeit verzerrt einzuschätzen, Dinge aus der Vergangenheit auch dort zu lassen, wo sie hingehören, und sich der Verantwortung für Ihre Reaktionen bewusst zu werden. Ändern Sie Ihren Fokus vom Problem zur Lösung, vom Erdulden zum Handeln, und gestalten Sie Ihre Zukunft aktiv, statt passiv auf den Zufall zu hoffen.

6–10 Punkte Sie steuern Ihr Lebensschiff schon gut durch die Stromschnellen des Lebens, auch ein kleiner Sturm fegt Sie so schnell nicht von der Brücke. Sie schätzen Situationen und Ihren Beitrag dazu meist passend ein, lassen sich nicht über Gebühr davon belasten und sind sich Ihrer Verantwortung bewusst. Kontrollieren Sie noch einmal, ob Sie nicht noch überflüssigen Ballast aus der Vergangenheit mit sich schleppen, der Ihre Einschätzung verzerrt und erschwert. Stärken Sie Ihre Fähigkeit, zielorientiert und erfolgreich Probleme anzugehen und Misserfolge zu verhindern.

D Echte Freundschaften nutzen (Kapitel 6)

0–5 Punkte Sie sind sich des Potenzials Ihrer Freundschaften noch nicht ganz bewusst oder nutzen es vielleicht nicht genügend aus. Machen Sie aus Ihrem Freundeskreis ein unterstützendes Netzwerk und lernen Sie, nicht nur Hilfe zu geben, sondern auch anzunehmen. Entdecken Sie, dass Freunde ein exzellenter Dünger für eine gesunde schöne Rose sind.

6–10 Punkte Ihr Freundeskreis und Ihre Familie sind für Sie wertvolle Ressourcen bei der Bewältigung der großen und kleinen Krisen des Lebens und der Pflege Ihrer gesunden Haut. Machen Sie eine Bestandsaufnahme, wie Sie sich gegenseitig noch gezielter und effizienter unterstützen können.

Jetzt wird gedüngt –
ein Wachstumsprogramm

Nach Ihrer Bestandsaufnahme haben Sie nun einen ersten Überblick, wo Ihnen noch einige nützliche Dornen fehlen könnten. Legen Sie los, trennen Sie sich von einigen alten Gewohnheiten und legen Sie sich ein paar nützliche neue zu. Zugegebenermaßen ist das etwas leichter gesagt als getan. Es lauern ein paar Schädlinge in unserem Garten des Lernens, die wir etwas unter die Lupe nehmen sollten, damit Sie nicht auf halber Strecke blattlauszerfressen und mit zerrupften Blütenblättern aufgeben müssen.

Alte Gewohnheiten

Die allgegenwärtigen Gewohnheiten zum Beispiel sind leider nicht nur nützliche Tierchen. Sie sind uns aus verschiedenen Gründen lieb und teuer, dummerweise mögen wir jedoch auch die schlechten oft viel zu gern.

Der Vorteil einer langjährigen Gewohnheit ist, dass eine Verhaltens- oder Denkweise mehr oder weniger automatisiert abläuft und daher nicht viel bewusste Aufmerksamkeit, Konzentration oder Energie erfordert, wie zum Beispiel das Autofahren. Wenn Sie einige Fahrpraxis haben, müssen Sie nicht mehr bewusst über Innenspiegel, Außenspiegel, Verkehrszeichen, ruhenden und stehenden Verkehr, Ampeln, Gas und Bremse

nachdenken. Sie fahren einfach, unterhalten sich dabei mit Ihrem Beifahrer, ziehen sich die Lippen nach und machen im Geiste noch den Entwurf für Ihren neuen Bestseller, der Ihnen garantiert den Nobelpreis einbringen wird – und reagieren trotzdem meistens blitzschnell und angemessen, wenn etwas Unvorhergesehenes passiert.

Und da unser Geist zu Recht ein bisschen faul ist, hält er sich lieber an bewährte, energiesparende Routinen. Das Neue muss schon sehr spannend, absolut notwendig oder sehr vielversprechend sein, ehe er es ausprobiert – und selbst dann fällt er anfangs immer wieder einmal in den alten Trott zurück.

Es ist genau so, als führen Sie schon jahrelang immer dieselbe Strecke vom Büro nach Hause und sind nun seit neuestem in Ihre Traumwohnung umgezogen. In der Anfangszeit werden Sie sich wahrscheinlich immer wieder dabei ertappen, dass Ihr Autopilot der Gewohnheit Sie wieder zu Ihrer alten Wohnung bringen will – Sie müssen also in der ersten Phase vom Autopiloten wieder auf bewusste manuelle Steuerung umschalten, um an Ihrem neuen Luxusheim anzukommen.

Zudem fühlen sich alte Gewohnheiten so schön vertraut an wie ein eingelatschter Hausschuh – nichts drückt, er ist bequem und wärmt wunderbar; nur formschön ist er beileibe nicht mehr. Der neue Hausschuh sieht zwar toll aus, wird nicht von etlichen Löchern verunziert und hat auch nicht so eine rutschige Sohle, aber er fühlt sich noch sehr fremd an …

Bauch oder Kopf

Dieses wohlige Gefühl der Vertrautheit bei der alten (schädlichen) Gewohnheit und das unangenehm fremde Gefühl bei einer neuen (besseren) Gewohnheit ist ein weiterer Grund, warum sich Gewohnheiten so hartnäckig halten und es ein wenig Energie braucht, sie zu ändern.

Und dazu kommt eine hinderliche moderne Denkgewohnheit, die da lautet: Wer fühlt, hat Recht! Darum lassen Sie uns noch ein paar Überlegungen zum Thema Gefühle beim Lernen anstellen, damit Sie für diese madige »Gefühlsattacke« bei Ihrem Entwicklungsprogramm bestens gerüstet sind!

Der heutzutage so beliebte ganzheitliche Denkansatz hat – wie die meisten neuen Trends und Ideologien – leider mal wieder das Kind mit dem Bade ausgeschüttet: Gefühl ist in, Verstand ist out. Die fiese, kalte Logik, der eklige gesunde Menschenverstand, die altbackene Vernunft sind verpönt, es zählen nur noch Gefühle und Emotionen. Armes ausgeschüttetes Kind, armer Verstand – so verkehrt ist er nämlich gar nicht! Es ist unsinnig, von einem Extrem auf das andere umzuschwenken, denn wie immer liegt in der goldenen Mitte die Wahrheit.

Denn natürlich haben Gefühle nicht immer Recht: Der fettige ungesunde Hamburger fühlt sich leider gut und richtig an, die Angst vor Mäusen treibt uns auf den Stuhl, das bequeme Herumhängen auf der Couch fühlt sich besser an, als japsend durch den Park zu trotten, schnell eingeschnappt zu sein bei einer harmlosen Bemerkung ist auch ein sehr vertrautes, aber darum nicht zwingend angemessenes Gefühl …

Ein Gefühl ist einfach nur eine gelernte emotionale Reaktion auf einen Reiz – diese Reaktion kann angemessen sein (Aua, Feuer tut weh!) oder aber auch unangemessen (Die kleine Maus ist hochgefährlich!). Wir lernen eben auch im emotionalen Bereich leider eine Menge unsinniger Dinge!

Unsere gefühlsmäßigen Reaktionen sind oft irrational, subjektiv, schwankend, manchmal übertrieben und mit unseren Vorurteilen, Erfahrungen, Projektionen, Vorlieben und Abneigungen behaftet. Außerdem sind Emotionen stark von unserer Tagesform abhängig: Was uns an einem schlechten Tag auf die Palme bringt, entlockt uns an einem guten Tag ein mildes Lächeln der Gelassenheit.

Taugen also die Gefühle nichts? Natürlich sind Gefühle wichtig, sie können uns wie eine gute Freundin zur Seite stehen und uns wertvolle Hinweise geben. Aber auch eine gute Freundin fragen wir ja bei sonderbaren Reaktionen, wie sie darauf kommt und was dahintersteckt; wir glauben nicht automatisch und unbesehen, dass sie schon Recht haben wird. Wie Freundinnen sollten also Gefühl und Verstand zusammenhalten: sich gegenseitig unterstützen, aber auch einmal gegenseitig mit konstruktiver Kritik fördern.

Aus dieser Ansicht »Gefühle haben Recht« leiten viele Menschen daher folgerichtig einen weiteren blattfressenden Schädling ab: die Überzeugung »Wenn ich mich bei etwas schlecht fühle, dann muss es doch schlecht sein!«.

Beim Zahnarzt fühlen Sie sich wahrscheinlich auch nicht rundum wohl, aber trotzdem ist es sehr gut für Sie, wenn er Ihnen Ihren entzündeten Backenzahn behandelt. Und denken Sie an Ihre Besuche beim Frauenarzt. Das Leben besteht nicht nur aus euphorischen, positiven Gefühlen, die negativen gehören seit Anbeginn der Menschheit zum Lernen und zur Weiterentwicklung genauso dazu.

Neues Zulassen

Unser Hirn schleppt noch eine ganze Menge evolutionäres Urgestein mit sich herum, welches in der heutigen Zeit manchmal etwas hinderlich sein kann. In der Frühzeit des Menschen war es sehr wichtig, neue Situationen auch gefühlsmäßig schnell einschätzen zu können. Diese Beere kenne ich, die kann ich gefahrlos essen – angenehmes Gefühl der Vertrautheit und Sicherheit. Eine neue unbekannte Frucht: Achtung, Vorsicht, die könnte giftig sein – also unangenehmes Gefühl!

Dieses uralte Programm ist auch beim modernen Menschen

immer noch aktiv: Unser Gehirn ist auf Vertrautes und Bekanntes programmiert; Neues macht erst einmal ein bisschen Angst und ruft unangenehme Gefühle hervor. Es geht sogar, wie schon beschrieben, so weit, dass sich ein vertrautes Übel oder eine langjährige schlechte Gewohnheit besser anfühlen als eine neue, unvertraute Wohltat.

Deshalb fahren wir immer wieder an denselben Urlaubsort, bestellen stereotyp unser übliches Lieblingsgericht beim Standarditaliener, wechseln nicht so gern die Automarken, sträuben uns, auch einmal so neumodischen Kram wie Akupunktur auszuprobieren, verwerfen eine gute Verhaltensoption, nur weil sie neu ist.

Das Schöne ist, dass schon das Bewusstwerden einer Gewohnheit den automatischen Ablauf empfindlich stört. Wenn Sie jemals versucht haben, einem Kind das Binden einer Schleife beizubringen, werden Sie festgestellt haben, dass Sie – sobald Sie es bewusst vormachen wollten – kaum noch wussten, wie es geht. Sie mussten erst eine Pause machen, an etwas anderes denken und dann erneut automatisiert loslegen, damit Ihre Schleifenbinde-Gewohnheit wieder ungestört unbewusst ablaufen konnte. Die meisten Gewohnheiten fühlen sich auf dem Prüfstand der Beobachtung nicht so wohl und sind in ihrem automatischen Ablauf behindert oder gar gänzlich blockiert – und das ist Ihre Chance beim Abstellen negativer Gewohnheiten.

Nun können Sie beim Lernen und Neulernen von Verhaltensweisen und Denkmustern den damit verbundenen Gedanken- und Gefühlsmaden der Gewohnheit, die an Ihnen knabbern, mit einem größeren Kaliber zu Leibe rücken: Bewusstsein, Geduld, Übung und Hartnäckigkeit. Sie haben die Notwendigkeit des Lernens erkannt und Sie üben die neuen Reaktionen bewusst ein, aber Ihr Kopf hängt noch am Bewährten? Bleiben Sie am Ball, dann schaltet der Kopf bald um, wenn er zudem erkennt, dass die neue Reaktion wirklich besser, angenehmer oder nützlicher ist. Aber es kann sein, dass Ihr langsamerer Bauch immer noch Störsignale sendet: Halt, das Neue fühlt sich aber komisch an!

Was gestern gut war, muss aber nicht auch für morgen taugen. Nehmen Sie also in Kauf, dass Sie sich erst einmal unangenehm und unsicher fühlen werden, wenn Sie etwas Unbekanntes ausprobieren, Ihre schlechten Gewohnheiten zugunsten einer neuen ablegen wollen oder sich einer Herausforderung stellen. Keine Bange, mit zunehmender Vertrautheit vergehen auch die ungewohnten Gefühle des Neuen!

Deshalb hilft es nichts: Auch Ihr Bäuchlein muss da durch. Wenn Sie eine ausreichende Geduld und Hartnäckigkeit an den Tag legen, wird auch Ihr Bauch nachziehen und merken, dass er ja mit in die neue Traumwohnung umgezogen ist und es ihm eigentlich dort auch viel besser geht. Dann fühlen sich auf einmal die neuen Gewohnheiten schön vertraut und kuschlig und die alten ganz fremd an. Und zwischen Kopf und Bauch stimmt wieder alles …

So, nun ab in den Garten! In den folgenden Kapiteln finden Sie ein systematisches Wachstumsprogramm für die vier Faktoren der ROSE und für eine gesunde, robuste emotionale Haut.

Zu jedem der vier Hauptfaktoren finden Sie gezielte Übungen, um Ihr Potenzial zu entwickeln. Der Ansatz bei diesem Programm hat den positiven Fokus: Anstatt gelähmt und gefrustet auf Ihre Schwächen zu starren und sich zu fragen, wie viele Leben Sie wohl brauchen werden, um sie auszumerzen, und ob es Ihnen jemals gelingen wird, schauen Sie lieber auf Ihre Stärken. Wenn Sie diese ausbauen und noch ein paar nützliche Fähigkeiten dazugewinnen, sind Ihre Schwächen relativ belanglos. Also los, setzen Sie die ersten Pflänzchen!

3. Faktor Realismus: Es ist, wie es ist – aber besser, als Sie dachten

Realismus ist neben dem angemessenen Optimismus einer der Hauptfaktoren für ein gesundes dickes Fell – kein übertriebenes Katastrophendenken bei einem kleinen Missgeschick, sondern ein realitätsbezogener Blick auf die Welt mit ihren positiven und negativen Seiten ist angesagt. Selbstmitleid und Jammern als einzige Bewältigungsstrategie für echte oder eingebildete negative Ereignisse katapultieren Sie nur in einen welken Zustand, also trainieren Sie, wie Sie sich zuerst aus dem Tal der Tränen befreien und das Jammern ab sofort bezahlten Klageweibern überlassen können, einen realistischen Blick für die Welt entwickeln und die vielen bunten Töne statt des eintönigen Schwarz-Graus wieder wahrnehmen können.

Drei Strategien gegen welke Blätter

Iris ist fest entschlossen, sich ein paar Dornen zuzulegen – und will auch sofort damit anfangen. Sie erinnern sich, zuletzt saß sie zuerst wie ein Häufchen Elend nach ihrem verfrühten Aufbruch von der Party daheim auf ihrem Sofa, nahm ihr gewohntes Bad im Selbstmitleid und überlegte, wen sie anrufen könnte, um ihre Sorgen und ihr Leid zu klagen. Aber dann schoss ihr durch den Kopf, dass einige ihrer Freunde im Gegenzug schon über ihr Jammern gejammert hatten und sie sie damit wohl schon reichlich frustriert hatte ...

Iris hat daher die kluge Entscheidung getroffen, ab jetzt eine andere Lebensbewältigungsstrategie zu wählen. Im Grunde genommen gibt es nämlich nur drei sinnvolle Möglichkeiten, als erwachsener und verantwortungsvoller Mensch mit all den Überraschungen und Unwägbarkeiten des Lebens umzugehen: *love it, change it* oder *leave it* – aber nicht *suffer it*, erlei-

de es, wie Iris es bisher praktiziert hat. Märtyrer mit Opfermentalität sind mittlerweile nicht mehr so gefragt wie früher
einmal.

Strategien zur Lebensbewältigung

Love it: Akzeptiere das, was passiert ist, und arrangiere dich
innerlich so damit, dass es keine Magengeschwüre und Jam-
merattacken mehr verursacht. In Ihrem Unternehmen werden die männlichen Kollegen bei Beförderungen immer bevorzugt? *Love it* würde bedeuten, dass Sie sich damit abfinden, dass
die Unternehmenskultur nun eben so ist, und Sie sich dann
nicht mehr jedes Mal darüber aufregen, wenn wieder einmal
ein unfähiger, aber dafür eindeutig männlicher Kollege beför-
dert wird. Das erfordert sicher ein gerüttelt Maß an Abgeklärt-
heit – nicht aber endgültige traurige Resignation im Verbund
mit unendlichem Leiden; die ist eher etwas für Märtyrer und
kostet nichtsdestotrotz viel Energie.

Denn es hilft ja alles nichts: Auch wenn Sie einen noch so tollen Entwurf für eine ideale Welt haben, wird diese sich wenig
darum scheren. Es interessiert Ihre Umwelt erst einmal nicht,
wie sie Ihrer Meinung nach sein sollte – ungerührt bleibt sie
weiter, wie sie ist. Menschen treffen ihre eigenen Entschei-
dungen, wie sie sich Ihnen gegenüber verhalten, egal, was Herr
Knigge dazu sagen mag. Das Ozonloch wird sich Ihnen zuliebe auch nicht schließen, die Vulkane spucken weiter Lava
und Asche, die Flüsse treten unbekümmert über die Ufer. Also

setzen Sie die »Aber es sollte doch ... Es wäre doch nur fair, wenn ...«-Brille ab und setzen Sie die realistische auf: Es ist, wie es ist.

Natürlich heißt das nicht, fatalistisch alles Ungemach dieser Welt hinzunehmen. Sie sollten nur sorgfältig unterscheiden, ob Sie überhaupt auf Dinge Einfluss nehmen können (zum Beispiel die politische Landschaft) oder ob sich etwas Ihrem Einfluss entzieht (ein Hurrikan). Wenn Sie überzeugt sind, Sie können und möchten etwas ändern, dann wechseln Sie zur nächsten Strategie. Nur sollten Sie aufhören, den Istzustand jammernd mit Ihrem Idealbild zu vergleichen und darunter zu leiden.

Dann also change it: Das würde zum Beispiel bedeuten, Sie nehmen sich Alice Schwarzer zum Vorbild, gründen eine Initiative für mehr Chancengleichheit in Ihrem Unternehmen und versuchen, diese unhaltbaren Zustände zu ändern. Oder Sie werfen in einer spektakulären Aktion öffentlichkeitswirksam mit blutroten Farbbeuteln auf die größten Machos in den Chefetagen; was auch immer, Sie versuchen, die Situation zu ändern.

Und ändern kann man an vielen Stellen etwas, allerdings für den Preis des Engagements, der Energie und unter Umständen des heroischen Verzichts, selbst die Früchte zu ernten. Ob Sie in Ihrem beruflichen Umfeld etwas beeinflussen wollen, zur Entwicklung gesellschaftlicher Themen beitragen oder eine nicht zufriedenstellende Beziehung verbessern wollen – die Einfluss- und Handlungsmöglichkeiten sind oft vielfältiger, als man auf den ersten Blick glaubt. Bedenken Sie, wie jung das Wahlrecht für Frauen im Gegensatz zur jahrtausendealten entgegengesetzten Tradition ist. Nur dauert es eben manchmal einige Zeit, bis sich ein System oder eine schwerfällige Organisation auf neuen Gleisen bewegt. Deshalb brauchen Sie für Ihren Beitrag zur Veränderung größerer Themen Langmut und Geduld, Energie, Engagement, Optimismus und einen Schuss Idealismus. Und auch für die kleinen Themen braucht es Energie, Konsequenz und Disziplin – in den Schoß fallen einem nur die wenigsten Dinge.

Geht nicht? Ist nicht Ihr Stil? Ist Ihnen viel zu anstrengend? Nichts hat funktioniert oder ist auch nur ansatzweise erfolgversprechend?

Dann bleibt nur leave it: Das bedeutet, Sie verlassen die Situation, die Sie weder akzeptieren noch ändern können. Sie müssten also die Stellenanzeigen in Ihrer Tageszeitung und im Internet sorgfältig studieren, um sich nach einem Job in einem fortschrittlicheren Unternehmen umzusehen. Manchmal auch ein harter Schritt, aber unbedingt notwendig, wenn Sie für Ihr Leben Verantwortung übernehmen, es zufrieden leben und Ihre zu große Empfindsamkeit dämpfen wollen.

Denn was auf Dauer nicht geht, ist suffer it. Natürlich sollten Sie temporär auch einmal eine Situation ertragen, die nicht angenehm ist und Sie mitnimmt, bei der aber die Aussicht besteht, dass sie sich ändert oder ändern lässt. Zudem hat die Märtyrerstrategie ja auch unbestrittenerweise ihre Vorteile: Sie kostet erst einmal wenig aktive Energie und bringt zumindest am

Anfang viel Zuwendung, Aufmerksamkeit und Trost. Nicht umsonst war sie ein paar Jahrhunderte lang in gewissen Kreisen sehr beliebt, aber heutzutage werden Sie dafür nicht mehr heilig gesprochen.

Temporär ist also ein ganz wichtiges Schlüsselwort. Ist nämlich nicht absehbar, dass die Lage nach einer gewissen Zeit besser wird, dann sollten Sie wohl oder übel in den sauren Apfel beißen und sich entweder mit Idealismus auf eine langfristige Perspektive einlassen oder eine der anderen Strategien ergreifen – sozusagen die hässliche Kröte schlucken oder gehen.

Diese Prinzip gilt natürlich nicht nur für erzkonservative Chefs, sondern für alle Situationen im Leben, die Sie belasten oder die Sie unerträglich finden. Die Nachrichten über die Folgen der Globalisierung nehmen Sie jedes Mal fürchterlich mit? Das Ozonloch bereitet Ihnen schlaflose Nächte? Der verknöcherte Nachbar beschwert sich, wenn Sie mal wieder mit viel Knoblauch kochen, dass der Gestank auch seine ganze Wohnung verpestet? Bei jedem Thema, das Sie übermäßig belastet und herunterzieht, sollten Sie sich diese *drei grundlegenden Fragen* stellen:

Love it: Kann ich die Tatsachen akzeptieren im Sinne eines stressfreien emotionalen Arrangements? Die Globalisierung ist nicht aufzuhalten und Sie schütteln nur weise bedauernd Ihr Haupt; das Ozonloch ist da, ob Sie es nun wollen oder nicht; bei der nächsten Beschwerde Ihres Nachbarn lächeln Sie nur bezaubernd und schälen noch einige Knoblauchzehen extra –

stressfreie Akzeptanz. Diesen gelassenen Blick auf die sonnigen und die schattigen Seiten des Lebens werden Sie im Laufe Ihres Rosentrainings entwickeln können, um Ihre empfindliche Haut besser zu schützen.

Change it: Kann und will ich es ändern? Sie schließen sich einer Anti-Globalisierungsbewegung an, fordern George W. Bush brieflich auf, endlich das Kyoto-Protokoll zu unterschreiben, halten Ihrem Nachbarn einen Vortrag über gesunde und lebensverlängernde Ernährung und laden ihn zum Essen ein – aktive Veränderungsbemühungen.

Bei der Beantwortung dieser Frage ist es wichtig, sich auch nach den kleinen, aber wirksamen Ansätzen zur Veränderung umzusehen: Zwar können Sie nicht kurzfristig die komplette Unternehmenskultur umkrempeln, aber sehr wohl Ihren Chef davon überzeugen, dass Sie genauso kompetent sind wie die männlichen Kollegen. Und Sie allein werden, wenn Sie das wollten, die Globalisierung nicht aufhalten, könnten aber in einer kleinen Initiative lokal sehr wohl etliches in Ihrem Sinne bewegen.

Leave it: Kann ich die Situation verlassen? Schwierig beim Thema Globalisierung und Ozonloch, denkbar beim knoblauchhassenden Nachbarn. Leider gibt es einige Situationen, in der *Change it* oder *Leave it* dummerweise nicht funktionieren – also bleibt nur *Love it* im oben genannten Sinne einer realistischen, stressfreien Akzeptanz der gegebenen Tatsachen. Wenn es bei Ihrer Gartenparty regnet, dann regnet es eben –

ob Sie lieber Sonnenschein gehabt hätten, ist dem Wetter völlig egal. Und sich die Laune noch weiter durch den Regen verderben zu lassen, ist sicherlich dümmer, als zu überlegen, wie Sie auch bei Regen noch eine Menge Spaß haben könnten.

Aber wie kriegt man es hin, sich nicht mehr über womöglich Unabänderliches ungebührlich aufzuregen? Wie kommt man raus aus der *Suffer-it*-Falle? Noch fühlen Sie sich sehr gefrustet und kläglich angesichts all dieser schrecklichen Themen und Entwicklungen – daher empfiehlt die erfahrene Gärtnerin zuerst einmal einen Blick in die Anti-Frustabteilung mit Soforthilfen für welke Notfälle. Später gibt es dann noch etliche Ansätze, wie Sie die negativen Seiten des Lebens stressfrei akzeptieren, aber auch die schönen wieder vermehrt genießen können, trotz aller Ozonlöcher, knoblauchhassender Nachbarn und verregneter Gartenpartys.

Ein erfrischender Guss gegen das Welken

Eine Gärtnerin gießt auch erst einmal ihre Pflänzchen, wenn sie bemerkt, dass sie schon ganz angewelkt sind und geknickt die Köpfe hängen lassen. Der Dünger kommt dann später, nachdem sie sich ein wenig erholt haben.

Mit den Soforthilfen haben Sie natürlich noch nicht die Ursache behoben, aber Sie haben schon mal ein sehr störendes Symptom beseitigt, das Sie daran hindert, wieder mit vollem

Schwung die Ursachen angehen zu können. Sie nehmen doch schließlich auch Schmerztabletten, bis der Arzt endlich Ihren gebrochenen Fuß schienen kann, denn niemandem ist geholfen, wenn Sie bis dahin nur Schmerzensschreie ausstoßen, dauernd in Ohnmacht fallen und fürchterlich gepeinigt werden.

Nur wenn Sie sich erst einmal wieder halbwegs gut fühlen, kommen Ihnen gute Ideen und sind Sie in der Lage, Ihre weiteren Strategien zu entwickeln, den Blick für die schönen Seiten des Lebens zu schärfen und Ihr Trainingsprogramm energisch anzugehen.

Anti-Frust-Sofortmaßnahmen

Hier also ein paar bewährte Soforthilfen, die den tränenver-schleierten und frustrierten Blick wieder klären helfen und Sie aus einem welken Zustand in einen frischeren versetzen kön-nen. Iris auf ihrem Sofa ist bestimmt auch ganz dankbar für ein paar schnell wirkende Mittel, die sie aus ihrem Frust he-rausholen.

Seien Sie Ihr eigener Coach: Gefühle und Verhalten wahr-nehmen und beschreiben, aber nicht bewerten. Iris hat sich selbst schon tüchtig beschimpft, dass sie wieder einmal so empfindlich reagiert und deshalb eine vielversprechende Par-ty fluchtartig verlassen hat – und das hat wahrlich nicht dazu beigetragen, dass es ihr besser geht, im Gegenteil!

Also tut sie so, als sei sie ein hoch bezahlter Coach – die dür-fen ihre Klienten nämlich nicht beschimpfen und verurtei-len! – und die welke Iris die Klientin, und schaut aus dieser Perspektive einmal etwas genauer hin, was sie eigentlich so ne-gativ bewegt. Sie hat Peters Ablehnung ihrer Dienste sofort als Ablehnung ihres Angebots interpretiert und sich daraufhin ge-ärgert, aber auch gekränkt und missachtet gefühlt. Auch Feli-citas' Verhalten hat sie in die gleiche Kategorie gesteckt, aber da kam auch noch, wie sie zugeben muss, ein Quäntchen Eifer-sucht hinzu – ist sie nicht schließlich Felicitas' beste Freundin? Und muss sie sie dann nicht bevorzugt begrüßen, statt erst mit anderen zu plaudern?

Iris ist noch kein perfekter Coach, der nie bewertet, daher muss sie sogar ein wenig über ihre Klientin Iris grinsen, als ihr aufgeht, dass aus dieser Perspektive betrachtet ihre Interpretationen und ihr vielleicht gar etwas kindisches Verhalten gut in eine künstlerisch nicht ganz so hochwertige Seifenoper passen würden, aber mit dem echten Leben nicht so viel zu tun haben. Doch liebevolles Grinsen ist schon weitaus besser als selbstzerfleischendes Schimpfen und jammernder Frust, oder?

Außerdem macht sie ihrer Klientin klar, dass es zudem in Ordnung ist, wenn man einmal nicht ganz angemessen oder überzogen reagiert hat. Das passiert schließlich jedem mal. Kein Grund, sich deshalb stundenlang Vorwürfe zu machen, sondern nur einer, darüber nachzudenken, wie sie es in Zukunft besser machen kann.

Gewinnen Sie innerlich Distanz von Ihrem Frust, indem Sie gezielt an etwas Angenehmes denken. Ihre Anti-Frustapotheke ist mit Sicherheit reich bestückt: Ob es der romantische Abend mit Ihrem Liebsten ist, Ihr Megaerfolg beim Karaokesingen, der tolle Urlaub in der Karibik oder in der Uckermark, das leckere Rezept für Hähnchen in Brombeersoße, das erste Mal, als Ihr zauberhafter Sprössling verständlich »Mama« sagte, das Ende dieses einen Bollywoodfilms, das Ihnen immer so ein glückseliges Lächeln ins Gesicht zaubert ... Ihre Liste ist bestimmt noch viel länger.

»Wenn es doch so einfach wäre«!, schießt Ihnen vielleicht durch den Kopf. Nun, in der Tat ist es so einfach, erst einmal aus einem negativen Gefühlszustand zu kommen, um wieder einen klaren Kopf zu kriegen. Der Mensch kann nämlich nicht zwei sehr gegensätzliche Gefühle wie Frust oder Krän-

kung und zum Beispiel romantische Seligkeit gleichzeitig empfinden – das bekommt unser Gehirn weder geistig noch biolo-
gisch auf die Reihe. Zu jedem Gefühl gehört, wie man mittlerweile weiß, neurobiologisch bedingt auch ein ganz spezifischer
Hormoncocktail; und wenn Sie zwei Cocktails zusammenkip-
pen, kommt etwas ganz Neues dabei heraus – und der mit den
meisten Zutaten gewinnt geschmacklich.

Das heißt, dass Sie sich auf Ihre schönen Gedanken schon etwas konzentrieren sollten, um den negativen genug entgegenzusetzen. Lassen Sie den inneren Film in voller Farbenpracht
ablaufen, drehen Sie die dazugehörige Tonspur etwas lauter,
achten Sie bewusst auf die entsprechenden Gefühle.

Es kann sein, dass zu Beginn die störenden negativen Gedanken und Gefühle immer wieder dazwischenfunken wollen,
aber Sie sind die Herrin in Ihrem Kopf! Also müssen Sie sich
nur hartnäckig immer wieder auf Ihre positiven Erinnerungen konzentrieren und die ungebetenen Störenfriede aus Ihrem Kopfkino werfen. In erstaunlich kurzer Zeit bleiben dann
die negativen Emotionen im Hintergrund und verschwinden
schließlich ganz für den Moment. Und wenn Sie erst mal ein
bisschen geübt haben, geht es immer schneller, die nicht einge-
ladenen Zaungäste hinauszukomplimentieren und ungestört
Ihren Film anzusehen.

Tun Sie etwas Angenehmes oder geistig Anspruchsvolles.
Das Prinzip der temporären Ablenkung und somit Gewinnung
von Distanz funktioniert natürlich auch mit realen Tätigkeiten.
Ob es ein Lieblingsfilm ist, den Sie sich auf Ihrem DVD-Rekor-

der ansehen, Sie der neueste megaspannende Bestseller Ihres bevorzugten Autors in den Bann schlägt oder aber eine Kochorgie mit Ihrer wunderbaren neuen Pfanne Sie in kulinarische Paradiese entführt, der Sport Ihr Frustkiller ist oder ein langes Bad mit Kerzenschein und sanfter Musik – jede Tätigkeit, die Sie zuverlässig in bessere Stimmung bringt, ist bestens geeignet, Sie aus dem Jammertal zu retten.

Auch jede Tätigkeit, die Ihr hängendes Köpfchen zum Rauchen bringt, ist bestens geeignet, Sie von Ihrem jämmerlichen Zustand abzubringen, da der Mensch nicht wirklich an mehrere Dinge gleichzeitig denken kann. Greifen Sie also zum Stift und Ihrem Sudoku oder kniffligen Kreuzworträtsel, sagen Sie ein Gedicht auf, lösen Sie ein kleines Integral, sehen Sie sich im Zimmer um und finden Sie zwanzig grasgrüne Gegenstände, versuchen Sie, die Zehn Gebote fehlerfrei auf die Reihe zu kriegen, lesen Sie einen Zeitungsartikel auf dem Kopf, gehen Sie Ihr Bad putzen und kommentieren Sie laut und minutiös jeden kleinsten Handgriff, erfinden Sie eine laufmaschensichere Strumpfhose (oh, bitte bald!) … oder was auch immer sonst Ihren Kopf so richtig glühen lässt.

Sicherheitshalber sollten Sie in einem Ihrer lichten Momente eine Liste der Dinge und Tätigkeiten anlegen, die Ihnen sehr wohl Spaß machen, Sie intensiv geistig ablenken und die Sie zuverlässig in einen guten Zustand bringen. Und auch wenn Sie dann in Ihrem schlechten, frustrierten Zustand eigentlich keine Lust zu irgendetwas haben, fangen Sie einfach trotzdem an – der Spaß kommt beim Tun wie der Appetit beim Essen. Auch übermäßig langes Frustriertsein ist nichts anderes als eine liebe alte Gewohnheit und bedarf des hartnäckigen Dagegensetzens einer neuen, gesünderen und wohltuenderen Gewohnheit.

Nutzen Sie die Zauberkraft der Musik. Es gibt kaum einen Menschen, der nicht auf Musik reagiert – selbst taube Menschen werden über die Schwingungen von Musik ergriffen. Machen Sie doch einmal das Experiment, einen Ihrer Lieblingsfilme ohne Ton und somit ohne die unterstreichende Filmmusik anzusehen – die Szenen, die Sie bisher so berührt haben, sind auf einmal seltsam belanglos. Hirnforscher können mittlerweile sogar nachweisen, dass unterschiedliche Musikstücke unterschiedliche Gehirnregionen aktivieren und entsprechend andere Gefühle begünstigen oder gar erzeugen.

Und wie Sie wahrscheinlich aus eigener Erfahrung wissen, reagieren auch Sie auf verschiedene Musikstücke mit unterschiedlichen Emotionen. Manche Songs oder klassische Stücke machen Sie ganz nachdenklich und traurig, manche lassen Ihr Tanzbein zucken, bei wieder anderen müssen Sie lauthals mitsingen, egal, wie Ihre musikalische Darbietung klingt, aber auch angenehm beruhigende Musik haben Sie sicher schon erlebt, bei der Sie einer träumerischen Romantik erlagen.

Nutzen Sie also die enorme Wirkung der Musik und stellen Sie sich Ihre ganz persönliche Musikkur gegen deprimierte oder frustrierte Zustände zusammen, auf die Sie dann im Bedarfsfall zurückgreifen können.

Und wenn Sie bisher das Wundermittel Musik noch nicht so kennengelernt oder für sich entdeckt haben, dann verbringen Sie doch einmal einen sehr spannenden Nachmittag in einem guten CD-Laden – Sie werden staunen, dass es dort sogar CDs gibt für Menschen, die sich bisher als völlig unmusikalisch bezeichnet haben! Es kommt eben nur darauf an, mit ein wenig Neugier und Geduld das Richtige herauszufischen.

Überprüfen Sie die Relevanz des Vorfalls und relativieren Sie das Ereignis. Ich bin sicher, als Kind haben Sie sich darüber Sorgen gemacht, dass Ihr geliebter Teddy ein Bein verloren hat, als Teenager hat Sie die Befürchtung geschüttelt, dass Sie aufgrund eines leuchtend roten Pickels nie einen Freund finden werden. In Ihrer ersten Fahrstunde waren Sie absolut sicher, dass Sie Trottel die Fahrprüfung nicht schaffen würden, Sie haben frustriert und demotiviert in der Ecke gesessen, als Ihr Freund mit Ihnen Schluss gemacht hat – solche oder andere Sorgen und Ereignisse haben Sie im Lauf Ihres Lebens immer wieder berührt, erschüttert und gekränkt. Aber – wenn Sie jetzt eine Liste all Ihrer bisherigen Kümmernisse aufstellen sollten: Welche davon fallen Ihnen überhaupt noch ein – die Erfahrung zeigt: wenige, sehr wenige, die Dunkelziffer des Vergessens ist beeindruckend hoch –, und welche davon sind überhaupt noch relevant?

Genauso ist es mit Ihrem aktuellen Zustand: Solange wir drinstecken, glauben wir, er hielte ewig an und habe eine immense Bedeutung. Zudem ist ein Zustand nicht wirklich ein Zustand, sondern ein Prozess, der einen Anfang, aber auch ein Ende hat! Sich schlecht fühlen ist eine emotionale Handlung, die auch wieder aufhören wird – und Sie haben es durchaus in der Hand, wie lange Sie diese unangenehme Handlung weiter ausüben wollen. Und der Blick aus einer anderen Perspektive hilft Ihnen, schneller aus Ihrem Jammertal herauszukommen.

Ob Iris in fünf Jahren überhaupt noch weiß, wie schlecht sie sich wegen der Party gefühlt hat? Unwahrscheinlich. Wird es dann noch irgendeine Bedeutung für sie haben? Ebenso unwahrscheinlich. So wie Sie jetzt wegen des Teddys, des Pickels, Ihrer Angst in der Fahrstunde oder des unverschämten Jünglings schmunzeln können, so werden Sie auch über Ihr momentanes schlechtes Gefühl bald milde lächeln können.

Zusätzlich können Sie Ihr aktuelles Erlebnis mit bisherigen unangenehmen Erlebnissen in Relation setzen und es mit dem Blick und der Distanz des hoch bezahlten Coaches auf einer Skala von eins bis zehn einsortieren. Auch das zeigt in den meisten Fällen, dass Ihnen schon weit Schlimmeres widerfahren ist und sich die aktuelle Begebenheit eher in der Dimension der berühmten Peanuts bewegt.

Durch eine solche Betrachtungsweise machen Sie sich klar, dass die aktuelle Katastrophe in einem größeren Rahmen betrachtet gar keine Katastrophe ist, sondern nur ein kleiner, vielleicht ärgerlicher Vorfall in Ihrem Leben. Nur weil es bei Ihrer Party geregnet hat, geht doch die Welt nicht unter! So wichtig ist dieses Ereignis für den Rest der Menschheit auch nicht, und auch nicht für Sie, wenn Sie ehrlich sind. Also kein Grund, übermäßig lange den Kopf hängen zu lassen oder sich zu ärgern!

Werden Sie aktiv und suchen Sie nach Lösungen. Okay, Sie sitzen da, sind frustriert, erschüttert oder mitgenommen und spendieren eine Menge Energie dafür, sich zu bedauern. Statt das Schicksal anklagend zu fragen »Warum ich?« und sich über die Ungerechtigkeit der Welt zu beschweren, können Sie all diese schöne Energie genauso gut darauf verwenden, aktiv zu werden und nach Lösungen zu suchen. Wer nämlich handelt, hat kaum noch Energie übrig, sich schlecht zu fühlen.

Sie haben die U-Bahn verpasst und kommen jetzt zu spät zu einem wichtigen Termin? Statt sich zu ärgern oder sich schon einmal vorauseilend miserabel zu fühlen, überlegen Sie lieber, wie Sie Ihren Gesprächspartner rechtzeitig über Ihre Verspätung informieren können; denken Sie sich eine kreative Ausrede aus; entwerfen Sie einen Beschwerdebrief an die Stadtverwaltung, dass die U-Bahnen nie nach Fahrplan fahren; denken Sie darüber nach, wie Sie Ihr Zeitmanagement optimieren können, um in Zukunft rechtzeitig loszugehen. Alles ist nützlicher und produktiver und bringt Sie aus Ihrem negativen Gefühl, als sich mit destruktiven Gedanken noch weiter zu peinigen. Über Probleme macht man sich besser keine Sorgen, sondern Gedanken, wie man sie lösen kann.

Wenn Sie momentan gar nichts tun können, um das Problem anzugehen, dann machen Sie es wie mit einem guten Braten, den Sie zu früh aus dem Ofen genommen haben: Schieben Sie das Thema wieder hinein und lassen Sie es noch ein wenig schmoren.

Bestimmen Sie den Termin, zu dem Sie es angehen können, und bis dahin lassen Sie es ruhig vor sich hin köcheln. Solange Sie nicht aktiv daran arbeiten können, ist es gedanklich und emotional für Sie tabu. Sobald es sich vorwitzig wieder meldet, verweisen Sie innerlich auf den Termin und schieben es zurück ins Backrohr. Vorzeitiges Herausnehmen führt außer zu Magen- und Herzschmerzen zu gar nichts!

Gönnen Sie sich ein Trösterchen. Sie mögen Schokolade, versagen sie sich aber oft wegen Ihrer schlanken Linie? Ab und an ein Gläschen Wein mundet Ihnen? Ein kleiner Einkaufsbummel hat bei Ihnen schon Wunder gewirkt? Nun, natürlich sollten Sie all diese kleinen Freuden des Lebens nur in Maßen genießen, aber wenn Sie sich gerade so richtig schlecht fühlen, ist das vielleicht der richtige Zeitpunkt, sich ein wenig davon zu gönnen, damit es Ihnen erst mal besser geht. Heroische Askese können Sie sich besser dann antun, wenn Sie topfit sind.

Selbstverständlich sollte das nicht Ihre einzige Strategie werden, mit Ihren negativen Gefühlen umzugehen, aber genau wie ab und an eine Schmerztablette bei akuten Migränekopfschmerzen hilfreich sein kann, so kann auch ab und zu ein kleiner Genuss dazu beitragen, Ihr akutes emotionales Kopfweh zu lindern. Solange Sie den Beipackzettel beachten und die richtige Dosis beibehalten.

Iris auf ihrem Sofa gönnt sich zwei ihrer Lieblingspralinen, legt ihre Cher-CD auf und denkt darüber nach, wie sie morgen mit Peter und Felicitas über ihre heftige Reaktion sprechen wird. Sie atmet ein paarmal tief durch, summt sogar ein paar Takte mit und registriert, dass sie sich tatsächlich schon wieder bedeutend besser fühlt.

Sie hat in ihrer Rolle als ihr eigener Coach schon ansatzweise erkannt, dass ihre Reaktion überempfindlich und wohl nicht ganz angemessen war. Nun ist sie ganz neugierig zu lernen, wie sie in Zukunft vielleicht gar nicht mehr so empfindlich reagieren kann, auch um ihren Pralinenkonsum im Rahmen zu halten. Offensichtlich könnte es ganz nützlich und hilfreich sein, einmal ihre Sicht und Interpretation der Dinge näher unter die Lupe zu nehmen und sich endlich mit der Wirklichkeit anzufreunden. Die ist nämlich überraschenderweise oft viel freundlicher, als Sie vielleicht bisher gedacht haben.

Einstein für den Alltag – alles ist relativ

Iris ist ein bisschen durcheinander und möchte gerne etwas Ordnung in dieses Chaos bringen. Ihr schwirren die unterschiedlichsten Dinge durch den Kopf: ihre Erwartungen an eine Situation oder Menschen, ihre Interpretationen, ihre Be-

urteilungen, ihre Schlussfolgerungen, ihre Reaktionen und Gefühle auf Verhaltensweisen und Informationen. Das möchte sie erst einmal ein wenig sortieren und dann genauer betrachten und hinterfragen. Ein klarer Blick auf die Wirklichkeit ist angesagt!

Was passiert, wenn etwas passiert? Iris erscheint die Wirklichkeit wie ein zerkochter Eintopf, dessen Zutaten sie gar nicht mehr richtig erkennen kann – sie merkt nur, dass er nicht gut schmeckt und offensichtlich etwas viel Salz erwischt hat. Schauen wir uns also die Zutaten und den Prozess ein wenig genauer an: Was passiert denn nun, wenn etwas passiert?

Wahrnehmungs- und Reaktionsprozess

1. Externes Ereignis
Jemand tut etwas, sagt etwas zu Ihnen oder Sie sehen oder hören etwas in Zeitung, Fernsehen etc.

2. Ihre Erwartungen in dieser spezifischen Situation
Ihre bewussten und unbewussten Erwartungen, was in dieser Situation passieren oder nicht passieren sollte; diese beeinflussen Ihre Interpretationen, Bewertungen und Reaktionen.

3. Ihre Interpretationen
Sie bilden eine Hypothese, was wohl wahrscheinlich dahintersteckt.

4. Ihre Schlussfolgerungen und Bewertungen
Sie ziehen Schlüsse aus Ihrer Hypothese, unterlegen sie mit

Bedeutungen und bewerten diese. Je nachdem, ob das Ereignis mit ihren Erwartungen übereinstimmt, kommen Sie zu einer negativen oder positiven Bewertung.

5. Ihre Reaktionen: Gedanken, Gefühle und Verhaltensweisen
Je nach Bewertung fühlen Sie sich gut oder schlecht, handeln Sie angemessen oder nicht, haben Sie Horrorgedanken oder eine zuversichtliche Einstellung.

Das sind die Grundzutaten zu Iris' (und unser aller) Eintopf, die sie munter in unterschiedlichen Dosen durcheinandergeworfen hat. Der erste Schritt, weniger empfindlich zu sein und sich weniger zu belasten, ist schon einmal, die Zutaten wieder fein säuberlich zu sortieren. Der zweite Schritt besteht dann darin, durch einen Frageprozess zu überprüfen, ob wir auch die richtigen Zutaten in der richtigen Dosierung genommen haben.

Aber eins nach dem anderen – schauen wir uns zuerst am Beispiel von Iris das Sortieren an. Das Endergebnis haben Sie ja sicher noch im Kopf: Iris' Eintopf bestand aus ihrer überstürzten Flucht von der Party und der Überzeugung, dass Peter und Felicitas nicht wirklich etwas von ihr halten, sodass sie sich ganz schlecht und kläglich fühlte.

Beispiel: Iris' Wahrnehmungs- und Reaktionsprozess

1. Externes Ereignis

Peter lehnt Iris' Angebot der Unterstützung ab; Felicitas stürzt nicht sofort zu ihr, sondern unterhält sich hier und da mit anderen Leuten auf ihrem Weg zu Iris.

2. Ihre Erwartungen in dieser spezifischen Situation

Iris hat (eher unbewusst, merkt sie) erwartet, dass Peter dankbar für das Angebot ist und sie möglichst noch ob ihrer Großherzigkeit und Hilfsbereitschaft bewundert. Zudem erwartete und hoffte sie, dass sich er dadurch vielleicht auch für sie interessiert.

Ihre Erwartungen an ihre beste Freundin Felicitas waren: Sie muss mich als wichtigste Person zuerst begrüßen, andere sind unwichtiger und sollten zurückstehen.

3. Ihre Interpretationen

Iris unterstellt Peter, dass er sie wohl nicht für kompetent hält. Ihre Hypothese zu Felicitas' Verhalten ist, dass sie ihr wohl doch nicht so wichtig ist und Felicitas sie nicht ernst nimmt.

4. Ihre Schlussfolgerungen und Bewertungen

Aha, ich bin zu nichts zu gebrauchen und zudem eine langweilige Person, die nicht ernst genommen wird und in die sich Peter sowieso nie verlieben wird. Dass sie so etwas negativ bewertet, verwundert nicht.

5. Ihre Reaktionen: Gedanken, Gefühle und Verhaltensweisen

Mit den Gedanken an ihren geringen Wert fühlt sie sich entsprechend schlecht: Sie fühlt sich wie ein Versager, die Eifersucht sticht sie ein wenig, sie ist enttäuscht über ihre schlechten Aussichten bezüglich der erhofften Romanze, sie ist zudem noch ärgerlich auf sich selbst und ihre alberne Empfindlichkeit, zugleich verzweifelt sie daran und entflieht schließlich der Situation durch ihren verfrühten Aufbruch, um dann geknickt auf ihrem Sofa zu sitzen.

So sortiert sieht das Ganze doch schon etwas überschaubarer aus. Erst einmal Glückwunsch an die tapfere Iris, dass sie so ehrliche Antworten gegeben hat. Das ist manchmal sicher nicht so leicht. Sich zum Beispiel Eifersucht einzugestehen, bedarf schon des Mutes!

Iris hatte nicht mehr richtig unterscheiden können, was eigentlich wirklich passiert ist (die Reaktionen und Verhaltensweisen der anderen) und was sie intern daraus gemacht hat (ihre Interpretationen, Bewertungen, Schlussfolgerungen). Der Unterschied ist allerdings sehr wichtig: Das, was in Ihrem Kopf und Bauch passiert, können Sie direkt beeinflussen; die Reaktionen der anderen oder die Situation eher nur indirekt. Also ist es wichtig, wieder genau zu erkennen, wo Sie ansetzen können, um konstruktiver mit sich umzugehen, Situationen realistischer einzuschätzen und ein dickeres Fell zu entwickeln.

Eigene Erwartungen

Sie merken nun sicher, der erste Knackpunkt in diesem Prozess sind unsere Erwartungen an eine Situation oder Person. Wir fühlen uns immer dann schlecht oder ärgern uns, wenn die tatsächliche Situation nicht unseren Erwartungen entspricht. Sie haben für Ihre Gartenparty Sonnenschein erwartet und nun regnet es – also ärgern Sie sich und sind gefrustet, weil Ihre Erwartungen nicht erfüllt wurden. Iris wird von Felicitas nicht sofort enthusiastisch begrüßt – sie ist geknickt, weil sie ebendies von einer besten Freundin erwartet.

Das gilt für zu negative Erwartungen übrigens ähnlich wie für zu positive. Denn wenn wir etwas zu Negatives erwarten und die Situation wider diese Erwartungen besser ist, fühlen wir uns oft trotzdem komisch und unzufrieden, weil wir einerseits dem Braten nicht trauen und andererseits durch die negative Brille unserer Erwartung gar nicht alle positiven Aspekte in vollem Umfang wahrnehmen. Zum Thema selektive Wahrnehmung später mehr.

Leider fragen wir uns häufig nicht, ob unsere Erwartungen denn auch angemessen und realistisch sind. Und nun kommt Einstein zu seinem Recht: Alles ist relativ und sollte der Situation oder dem Thema angemessen sein. Von einem Menschen Perfektion zu erwarten ist absolut und nicht relativ. Menschen sind nicht perfekt; Iris nicht, ich schon gar nicht, selbst Johnny Depp oder der Papst sind es nicht – und Sie wahrscheinlich auch nicht so ganz, oder? Oft ist uns allerdings nicht bewusst, dass unsere Erwartungen und Maßstäbe überzogen sind.

Eigene Interpretationen

Aber schauen wir erst einmal weiter – leider ist Iris (wie die meisten Menschen übrigens) in ein paar weitere Stolperfallen getappt. Die nächste besteht in ihren Interpretationen des Ereignisses. Okay, sie hat ein bestimmtes Verhalten erwartet, und dieses ist nicht eingetroffen. Kann passieren, wäre aber vielleicht noch nicht so schlimm. So richtig zieht es Sie allerdings runter, wenn Sie nun anfangen, wilde Hypothesen zu bilden, was das denn Negatives zu bedeuten hat.

Iris interpretiert Peters Abwinken ihres Hilfsangebotes flugs als Ausdruck seiner Geringschätzung, Felicitas' Verhalten bedeutet für sie, sie ist ihr nicht wichtig. Sie findet dann ihre Interpretationen auch noch so überzeugend, dass sie sie keine Sekunde in Zweifel zieht oder hinterfragt, sondern sie als gegebene Wahrheit ansieht.

Nun, diese Interpretationen sind jedoch, wie Sie sicher schon scharfsinnig bemerkt haben, völlig subjektiv und entbehren jeglicher konkreten Grundlage; sie sind auch nicht zwingend wahrscheinlich oder logisch. Man könnte (und das werden wir später auch tun) eine Menge anderer Interpretationen und Erklärungen finden, vor allem solche, die wahrscheinlicher und zudem positiver sind.

Die Bildung von Hypothesen über das, was geschieht, ist übrigens ein zutiefst menschliches Bedürfnis, dem wohl jeder anhängt. Schon der frühe Steinzeitmensch wollte wissen, warum etwas passiert, wie Dinge zusammenhängen und was sie bedeuten, wie man an Funden ritueller Gegenstände und frühen

Höhlenmalereien sieht. So ist wohl auch die bunte Vielfalt der alten Götter entstanden: Es blitzt und donnert, ein beängstigendes Gewitter kracht direkt über Ihnen nieder, und die Naturwissenschaften waren leider noch nicht erfunden, die Ihnen dieses Phänomen hätten erklären können. Also lieber den Donnergott Thor erfinden, der offensichtlich eine Grippe hat, dauernd husten muss und vor lauter Ärger mit Blitzen um sich wirft. Jetzt haben Sie zwar immer noch Angst vor dem Gewitter, aber zumindest glauben Sie nun zu wissen, was dahintersteckt und können sich Strategien zum Umgang damit überlegen. Unwissenheit über Geschehnisse macht die meisten Menschen hilflos und gibt ihnen das Gefühl, sie seien den Ereignissen passiv ausgeliefert – daher ist jede Erklärung besser, als gar nicht zu wissen, was etwas zu bedeuten hat.

Deshalb ist auch der Klatsch so beliebt – nicht nur, weil es eine (durchaus wichtige!) Form der sozialen Anteilnahme ist, sondern eben auch, weil wir durch unsere Klatschgeschichten und die dabei gebildeten Hypothesen ansonsten verwirrende und unerklärliche Wahrnehmungen sauber und beruhigend erklärt haben: »Haben Sie gesehen, dass der Müller mit der Meier ...? Bestimmt haben die doch ...! Ach so, ja, das erklärt alles!« Übertriebener und gar absichtlich bösartiger Klatsch ist deshalb so schädlich, weil wir auch diese Hypothesen oft nicht auf ihren Wahrheitsgehalt und ihre Wahrscheinlichkeit hinterfragen und diese ungeprüften Dinge munter als wahr verbreiten. Mittlerweile wissen wir, dass nicht unbedingt ein Donnergott zuständig ist für Gewitter. Genauso kann es natürlich sein, dass auch andere Interpretationen und Hypothesen doch nicht so ganz wahrscheinlich sind, wie Sie möglicherweise zuerst gedacht haben. Daher werden wir im nächsten Schritt Anleihen bei einer weiteren Berühmtheit machen und Sherlock Holmes zurate ziehen. Seine unbestechliche Logik ist ein gutes Vorbild, die eigenen Interpretationen und Hypothesen auf den Prüfstand der Objektivität zu legen.

Im nächsten Schritt geht es um die Schlussfolgerungen, die Iris aus ihren Interpretationen zieht – wieder ein weites Betätigungsfeld, um die Dinge schwerer zu nehmen als nötig! Auch da hat sie aus Tausenden von möglichen Schlussfolgerungen leider wieder voll ins Schwarze getroffen, sich die unangenehmsten herausgepickt und zur Sicherheit noch ein bisschen übertrieben.

Auch im letzten Schritt, den Reaktionen auf der Ebene der Gedanken, Gefühle und Verhaltensweisen, stellt sich natürlich wieder die einsteinsche Frage der Relativität und Angemessenheit. Selbst wenn alles so wäre, wie Iris gedacht hat, ist es immer noch recht fraglich, ob die Art und Intensität ihrer Gefühle und Verhaltensweisen der Situation angemessen und realistisch waren.

Die sanfte Inquisition des Realismus

Fatal, fatal, diese mimosischen Denk- und Gefühlsgewohnheiten! Sie sind zudem schlau und wehren sich dagegen, ausgemustert und ersetzt zu werden. Gott sei Dank sind Denkgewohnheiten keine Denknotwendigkeiten – sondern Ihr Geist hat genug Freiheit, auch anders zu denken. Aber die Gewohnheiten nutzen ihre Vertrautheit aus und gaukeln uns vor, wir könnten gar nicht mehr anders denken oder fühlen – ein verzweifelter Verteidigungsmechanismus einer armen, bedrohten Gewohnheit.

Typische Killerargumente

Geschickt argumentiert die Angeklagte zwecks Überleben mit typischen Killerargumenten, die Sie aber im Vorfeld schon einmal mit Fragen und Argumenten entkräften können:

So einfach kann es doch nicht gehen! Warum nicht? Das Prinzip der Hygiene bei Hebammen war auch bestechend einfach (Hände waschen!) und hat damals seit Einführung gegen den Widerstand der Ärzte die Sterblichkeit bei Mutter und Kind enorm gesenkt.

Das habe ich noch nie so gemacht! Ja und? Um es ganz platt und ebenso killermäßig zu sagen: Irgendwann ist immer das erste Mal!

Bei mir funktioniert das nicht! Woher wollen Sie das wissen, ehe Sie es ein paarmal probiert haben?

Ich bin halt so und kann nicht anders! Sagen Sie doch gleich, dass Sie eigentlich nur zu bequem sind. Denn ob Sie nicht anders können, wissen Sie erst nach den ersten Versuchen. Und nur einmal ausprobieren gilt nicht! Beim Rollschuhlaufen sind Sie wahrscheinlich auch erst ein paarmal hingefallen.

Dann wäre ich ja nicht mehr ich! Wenn es Ihnen um die Konservierung eines statischen Ichs geht, hätten Sie direkt nach der Geburt aufhören sollen zu wachsen, zu lernen und sich zu verändern – der Mensch ist nun einmal ein lebenslang dynamisches Wesen.

Ich kann das einfach nicht! »Ich kann das noch nicht« wäre eine weitaus bessere Formulierung – bevor Sie es gelernt hatten, konnten Sie auch noch nicht sprechen.

Die verzweifelte Selbstverteidigung unserer Gewohnheiten mit allen Mitteln ist übrigens mit ein Grund, warum sich auch unsere geliebte Republik so schwertut, aus der Jammermentalität herauszufinden: Es ist halt eine liebe alte Gewohnheit in Deutschland, lieber zu meckern und sich zu beschweren, als einmal darüber nachzudenken, was man selbst aktiv beitragen könnte, um die gemeinsame Misere zu überwinden.

Aber – Gefahr erkannt, fast schon gebannt. Wir werden den lieben Gewohnheiten jetzt nämlich bewaffnet mit einem beeindruckenden Arsenal an geschickten Fragen und mit schonungsloser Ehrlichkeit zu Leibe rücken! Knallhart werden wir Beweise einfordern, den Delinquenten einem inquisitorischen Verhör unterziehen und seine Schlussfolgerungen zerpflücken, um in Zukunft nicht mehr in diese Denkfallen zu tappen oder zumindest schneller wieder aus ihnen herauszufinden.

Fragen des angemessenen Realismus

Hier nun zuerst der komplette Überblick zum Erschüttern Ihrer unrealistischen Denk- und Fühlgewohnheiten, ehe wir uns die Anwendung wieder an einem Beispiel ansehen werden.

Hinterfragen des Wahrnehmungs- und Reaktionsprozesses

1. Externes Ereignis
- Überprüfen Sie, ob Sie sich auf die reinen wahrnehmbaren Fakten ohne Interpretationen und Wertungen beschränkt haben.

2. Ihre Erwartungen in dieser spezifischen Situation
- Welche Erwartungen haben Sie bewusst?
- Wer sagt, dass es so sein sollte?
- Welche unbewussten Erwartungen könnten hinter Ihren Reaktionen stecken?

- Sind die Erwartungen realistisch und angemessen? Spielen Sie sie von einem Extrem bis ins andere durch und ordnen Sie dann Ihre Erwartungen auf dieser Skala ein.
- Was ist wirklich der Fall? Wie sieht die Realität aus?
- Wie wirken sich Ihre Erwartungen auf Sie aus?
- Ist es hilfreich und nützlich, so zu denken?

3. Ihre Interpretationen
- Woher wissen Sie, dass das stimmt?
- Ist das ein objektiver Beweis?
- Ist Ihre Hypothese wahrscheinlich? Realistisch?
- Welche wahrscheinlicheren und positiveren Deutungen könnte es geben?
- Ist es hilfreich und nützlich, gemäß Ihrer Interpretation zu denken?

4. Ihre Schlussfolgerungen und Bewertungen
- Wieso bedeutet A zwangsläufig B?
- Gibt es objektive Beweise für irgendeinen Ursache-Wirkungszusammenhang?
- Ist es hilfreich und nützlich, so zu denken?

5. Ihre Reaktionen: Gedanken, Gefühle und Verhaltensweisen
- Sind Ihre Reaktionen der Situation angemessen?
- Ist die Intensität Ihrer Reaktion passend?
- Ist es hilfreich und nützlich, so zu reagieren?
- Wie könnten Sie noch reagieren? Welche Alternativen gäbe es?

Das ist nun ein kompletter Überblick über das beeindruckende Arsenal unserer inquisitorischen Hilfsmittel. Sie werden nicht immer alle Fragen brauchen, aber in ganz hartnäckigen Fällen ist es nützlich, ein umfassendes Repertoire zur Verfügung zu haben. Schauen wir es uns einmal in der Anwendung an – im Gegensatz zur traditionellen Inquisition kann ich Ihnen Schmerzfreiheit versprechen – nur ehrlich müssen Sie sein.

Auch für Iris' Freundin Felicitas, die eher zu den Rosen gehört, ist die Methode der systematischen sanften Inquisition neu. Bisher hat sie wohl intuitiv alles wieder auf ein realistisches Maß gestutzt, wenn sie bemerkte, dass sie von einer Reaktion übermäßig getroffen wurde. Nun möchte sie die neue Methode einmal ausprobieren.

Sie hat einen wunderbaren Liebsten, nur seine Fußballbegeisterung hat ein paar negative Aspekte für sie. Er sieht zu Bundesligazeiten die Wochenenden als absolut sakrosankt an, egal, was sie sich so vorgestellt hat. Das letzte Wochenende

hat Felicitas ihm daher den Vorschlag gemacht, ihn zu einem Spiel ins Stadion zu begleiten, schließlich hat sie ja während der WM professionelles Fußballgucken fleißig geübt. Er hat sie nur verwundert und – wie sie fand – konsterniert angesehen und erwidert: »Na, ich glaube aber nicht, dass das eine gute Idee ist!«

Beispiel: Felicitas hinterfragt den Wahrnehmungs- und Reaktionsprozess

1. Externes Ereignis

Ich frage ihn ganz unschuldig, ob ich nicht mit zum Fußball gehen soll, und er weist mich rüde und kalt zurück!

Überprüfen Sie, ob Sie sich auf die reinen wahrnehmbaren Fakten ohne Interpretationen und Wertungen beschränkt haben.
Na gut, neuer Versuch: Ich frage, ob ich mitkommen soll, und er hält es für keine gute Idee. Zufrieden?
Ja!

2. Ihre Erwartungen in dieser spezifischen Situation

Welche Erwartungen haben Sie bewusst?
Fußballgucken kann doch nicht so wichtig sein, dass deshalb während der Bundesliga jedes Wochenende im Eimer ist! Ich erwarte von meinem Partner, dass er seine Prioritäten mehr zugunsten unserer Beziehung setzt! Und wenn ich mich dann opfere, um gemeinsam Zeit verbringen zu können, weist er mich zurück!

Wer sagt, dass es so sein sollte?

Dass die Beziehung immer und jederzeit das Wichtigste sein sollte? Alle? Die Medien? Meine Mutter? Hmm, weiß ich ehrlich gesagt auch nicht so genau. Ich hab bisher immer gedacht, dass es so sein sollte, aber wie genau ich darauf komme ... sorry, da muss ich passen. Ich hab halt noch nie so genau drüber nachgedacht. Und wenn ich nun so drüber nachdenke, gibt es natürlich noch andere wichtige Themen im Leben. Gesundheit, zum Beispiel, oder den Beruf ...

Welche unbewussten Erwartungen könnten noch hinter Ihren Reaktionen stecken?

Offen und ehrlich, ja? O weh ... Ich hatte mir wohl erhofft und erwartet, dass er ganz überwältigt von mir tollen Frau ist, die sogar mit zum Fußball geht, und er mich dafür bewundert und noch mehr liebt. War wohl nix!

Sind die Erwartungen realistisch und angemessen? Spielen Sie sie von einem Extrem bis ins andere durch und ordnen Sie sie dann auf dieser Skala ein.

Also, das eine Extrem wäre, ich erwarte gar nichts und nehme freudig alles so hin, wie es ihm in den Kopf kommt. Wenn es ihm passt, ist er da, wenn nicht, dann nicht.

Und das andere Extrem wäre, dass ich von ihm das Verhalten eines romantischen Minnesängers, glutvollen Liebhabers, zuverlässigen Ehemanns, besten Freundes und engagierten Hausmannes in perfekter Personalunion erwarte, der 24 Stunden am Tag nur an mich denkt und mit mir zusammen sein will.

Meine Erwartungen … Na ja, im Vergleich wohl nicht in der goldenen Mitte, vielleicht doch ein bisschen zu extrem und idealistisch … Ich denke ja auch nicht ununterbrochen an unsere Zweisamkeit, sondern gönne mir auch exzessive Kicher- und Wellnesswochenenden mit meinen Freundinnen. Jeder braucht wohl den Freiraum, auch innerhalb einer Partnerschaft mit Elan und Leidenschaft einem Hobby nachgehen zu können, ohne dass der andere schmollt.

Was ist wirklich der Fall? Wie sieht die Realität aus?
Die Realität sagt, dass er – aus welchen Gründen auch immer – lieber allein mit seinen Kumpels zum Fußball gehen möchte und von meinem Vorschlag nicht begeistert war. Die Realität sagt aber zugegebenermaßen auch, dass er natürlich nicht wirklich jedes Wochenende ausfällt, sondern er auch mal mir zuliebe darauf verzichtet und etwas mit mir gemeinsam macht.

Wie wirken sich Ihre Erwartungen auf Sie aus?
Stressig! Denn jedes Fußballwochenende fühle ich mich erneut mies, ungeliebt und zurückgesetzt.

Ist es hilfreich und nützlich, so zu denken?
Wohl nicht, eher das Gegenteil.

3. Ihre Interpretationen
Er ist rücksichtslos und egoistisch, denkt nur an seine Bedürfnisse und nicht an meine! Und offensichtlich bin ich ihm ziemlich egal! Das trifft mich tief!

Woher wissen Sie, dass das stimmt?
Gesagt hat er es natürlich nicht, aber das denke ich mir halt ...
hoppla, erwischt, da habe ich wohl Gedankenlesen betrieben,
oder? Ich verstehe, das ist nur meine subjektive Interpretation.

Ist das ein objektiver Beweis?
Nein, eher nicht ... vor Gericht käme ich damit wohl zu Recht
nicht durch.

Ist Ihre Hypothese wahrscheinlich? Realistisch?
Wenn Sie so fragen ... na ja, nein. Denn er macht mir oft klei-
nere Geschenke, hat mir sogar schon einige tolle Liebesbriefe
geschrieben und neulich ein Überraschungswochenende in Ve-
nedig für uns arrangiert, inklusive Gondelfahrt! Das täte er wohl
kaum, wenn er mich nicht mehr liebte. Und nur, weil er nicht
will, dass ich zum Fußball mitkomme, heißt das wohl wirklich
nicht, dass er mich nicht mehr liebt oder unsere Beziehung
nicht ernst genug nimmt.
Jetzt fällt mir auch wieder ein, er hat sich während meiner
letzten Grippe rührend um mich gekümmert und mir gesagt,
ich sei selbst mit einer triefenden Schnupfennase immer noch
seine Traumfrau! Eigentlich habe ich ganz schön viel Glück
mit ihm ...

Welche wahrscheinlicheren und positiveren Deutungen könnte es geben?
Hmm, eine mögliche andere Deutung könnte sein, dass er nicht
möchte, dass ich ihn in seiner kumpelbeeinflussten Fußballbe-
geisterung erlebe. Wenn sie unter sich sind, geht es auch schon

mal ein bisschen ordinärer zu, das habe ich bei der WM mitbe-
kommen. Und ich muss zugeben, wenn ich mich mit meiner bes-
ten Freundin treffe, würde ein Mann auch nur stören – Frauen
unter sich können einfach über ganz andere Dinge reden. Viel-
leicht braucht er seine Männerrunden genauso wie ich meine
mit den Freundinnen.

Ist es hilfreich und nützlich, gemäß Ihrer Interpretation zu
denken?
Oje, mal wieder nicht!

4. Ihre Schlussfolgerungen und Bewertungen
Ich möchte das Wichtigste in seinem Leben sein, und wenn er
so begeistert ist für seinen Fußball, fühle ich mich zu wenig
geschätzt. Ich glaube dann, er liebt mich nicht mehr so wie
früher. Wenn er mich wirklich lieben würde, wäre Fußball ihm
nicht wichtiger!

Wieso bedeutet A zwangsläufig B?
Wieso bedeutet »Fußball ist ihm wichtig«, dass er mich nicht
mehr liebt? Hmm, gute Frage, verflixt gute Frage! Kann ich
jetzt auch nicht mehr sagen … Ich denke, das war wohl auch
so eine überzogene, romanhafte Vorstellung wie aus einem Ro-
samunde-Pilcher-Film – da gehen die Guten nie zum Fußball!
Und trotzdem würde ich einen von denen nie gegen meinen
austauschen. Denn eigentlich weiß ich ja, dass er mich liebt,
siehe Gondelfahrt in Venedig und Grippeanfall – auch sehr ro-
mantisch!

Gibt es objektive Beweise für irgendeinen Ursache-Wirkungs-zusammenhang?

Auch damit käme ich vor Gericht wohl wieder nicht durch. Das verminderte Auftreten von Störchen und der Rückgang der Geburtenrate beweisen ja auch nicht, dass doch der Klapperstorch die Babys bringt. Allein zum Fußball gehen zu wollen, ist dann wohl auch kein Beweis für abnehmende Liebe!

Ist es hilfreich und nützlich, so zu denken?

Ist es nicht!

5. Ihre Reaktionen: Gedanken, Gefühle und Verhaltensweisen

Ich war sauer, gekränkt, verletzt, aber auch ängstlich und eifersüchtig. Ich habe erst beleidigt geschmollt, um ihm ein schlechtes Gewissen zu verpassen, dann habe ich ihn angefahren, und zum Schluss war ich ganz deprimiert und habe mir leidgetan. Und dann bin ich ins Grübeln verfallen, wann er mich wohl verlassen wird.

Sind Ihre Reaktionen der Situation angemessen?

Wohl nicht ganz, ich merke schon, dass meine rege Fantasie aus einer Mücke einen Elefanten gemacht hat. Und die Masche mit dem beleidigten Schmollen, um ihm ein schlechtes Gewissen zu verpassen, ist wohl auch nicht ganz die feine Art. In einer guten Beziehung sollte jeder seine Bedürfnisse äußern können, ohne dass der Partner gleich gekränkt und eingeschnappt ist.

Ist die Intensität Ihrer Reaktion passend?

Wohl auch nicht, muss ich zugeben. Sich gleich voller Selbst-mitleid als verlassene, einsame Singlefrau zu sehen, ist wohl ziemlich übertrieben. Und ich war wohl auch ein bisschen zu sehr verletzt – was hat er denn schon groß gemacht, außer dass er meine Idee nicht so gut fand? So ein Kapitalverbrechen war das wohl wirklich nicht, außerdem sein gutes Recht. Da muss ich mich an die eigene Nase fassen: Ich kann nicht verlangen, dass er jede meiner Ideen unbesehen euphorisch annimmt.

Ist es hilfreich und nützlich, so zu reagieren?

Nein, nein und nochmals nein!

Wie könnten Sie noch reagieren? Welche Alternativen gäbe es?

Ich könnte ihn zuallererst einmal fragen, warum er das für kei-ne gute Idee hält – mir ist ja jetzt klar, dass irgendetwas ganz anderes dahinterstecken wird, als ich bisher gedacht habe.
Ich könnte auch einfach souverän lächeln und ihm viel Spaß wünschen (ob ich das hinkriege?), ich könnte mich während der Zeit mit meiner Freundin verabreden und mich nach dem Spiel mit ihm treffen, ich könnte ... Ich könnte eine Menge anderer Dinge tun außer mich aufgrund eigener etwas hysterischer Ge-danken schlecht zu fühlen! Wow!

Na, Frau Staatsanwältin, das haben Sie ja exzellent hinbekom-men! Lebenslängliche Verbannung für die alte Denkgewohn-heit! Freiheit für den neuen Realismus!

Immer wenn Sie merken, dass Ihre mimosische negative Denk-spirale dazu führt, dass Ihnen etwas zu sehr unter die Haut geht, ist es nützlich, ihr mit den Fragen des angemessenen Realismus zu Leibe zu rücken. Es geht, wie Sie wahrscheinlich bemerkt haben, hierbei nicht um die absolute Wahrheitsfin-dung – falls es so etwas überhaupt gibt –, sondern um Wahr-scheinlichkeit, Angemessenheit und vor allem Nützlichkeit von Gedanken, Gefühlen und Reaktionen.

Gesundes, realistisches und robustes Rosendenken zeichnet sich dadurch aus, dass es in eine neutrale oder positive Richtung führt und dazu beiträgt, konstruktiv mit schwierigen Themen, Menschen oder Situationen umzugehen. Daher ist allein schon die Frage »Ist es hilfreich und nützlich, so zu denken?« eine be-eindruckende Waffe gegen die mimosische Denkfalle der ne-gativen Übertreibung. Denken allein ändert nichts, verschafft eventuell schlechte Gefühle und kann Ihr Handeln blockieren. Sie wissen ja vielleicht noch: Über Probleme sollte man sich keine unnützen Sorgen machen, sondern lösungsorientierte Gedanken. Sorgen ändern nichts, helfen keinem und schaden vielen, Ihnen und Ihrer Umwelt. Und da Sie die Herrscherin in Ihrem Kopf sind, können Sie bestimmen, ob Sie lieber nütz-liche und konstruktive, gar aufbauende Gedanken haben oder aber destruktive, zerstörerische.

Nun, jetzt sind Sie dran. Nehmen Sie irgendein kürzliches Ereignis, das Sie in Ihrer Empfindlichkeit getroffen hat, oder ein Thema, bei dem Sie immer wieder merken, dass es Ihnen zu sehr unter die Haut geht, greifen Sie zu Stift und Papier und betätigen Sie sich bewaffnet mit dem Fragenkatalog als sanfte, aber hartnäckige Inquisitorin. Sie wissen ja – Denkgewohnheiten sind keine Denknotwendigkeiten. Gegen die geistigen Maden gibt es genügend Abwehrmittel.

Ein rosiges Bild von sich selbst

Mimosen neigen dazu, für ihr inneres Bild von sich eher einen Zerrspiegel denn einen normalen zu benutzen. Ihre Empfindlichkeit lässt sie oft ihre sogenannten Schwächen übertrieben sehen und die Stärken, die sie haben, zu sehr abschwächen oder ausblenden.

Rosen hingegen malen ein realistisches, aber gleichzeitig auch liebevolleres inneres Bild von sich selbst. Natürlich sehen sie ihre sogenannten Schwächen und arbeiten an ihnen, aber genauso nehmen sie ihre Stärken wahr und erfreuen sich

an ihnen. Und oft haben sie eine andere Art von Bildern im Kopf; denn nicht nur der Inhalt entscheidet über die emotionale Wirkung, sondern auch die Art und Weise, wie die Bilder gestaltet sind, beeinflusst entscheidend ihre Wirkung auf unsere Gefühle und unser Selbstbewusstsein.

Sicher hatten Sie auch schon einmal ein wunderbar farbenprächtiges Kleidungsstück, das aber leider trotz aller Versprechen der Waschmittelindustrie seine starken Farben nach und nach verloren hat und sich zum Schluss als ein verwaschenes, pastellfarbiges Etwas präsentierte. Die ganze wunderbare Wirkung war im Lauf der Zeit verblasst und ließ die Begeisterung für dieses Lieblingsstück deutlich schwinden. Auch Fotos verblassen farblich, wenn sie zu viel Tageslicht abbekommen; die einstmals leuchtenden Vorhänge büßen ihren Zauber ein, die ausgebleichten Muster der provenzalischen Tischdecke haben ihren Reiz verloren.

Viele Menschen, die einen Film im Kino auf einer großen Leinwand gesehen haben, sind enttäuscht, wenn sie ihn noch einmal im Fernsehen betrachten – irgendwie wirkt er gar nicht mehr so beeindruckend, wie sie ihn in Erinnerung haben, selbst die Wirkung von Johnny Depps glutvollen Augen scheint auf einmal verflogen. Auch in Zeiten der Gewöhnung an den Farbfernseher finden wir die alten Schwarz-Weiß-Filme oft weniger intensiv; oder drehen Sie einmal bei Ihrer Lieblingsserie die Farbe weg – sehr sonderbar!

Da der Mensch, wenn er denkt, innere Repräsentationen benutzt – Bilder und Filme, Töne, Worte, Geräusche, Musik und damit verbundene Gefühle –, gibt es diese Variationsbreite der

Darstellung natürlich auch bei unseren Gedanken und Erinnerungen. Die Art, in der wir etwas ausgestalten und sozusagen kodieren, wenn wir denken oder uns erinnern, wirkt sich unmittelbar auf das Gehirn und seine Reaktionen aus. Größe, Entfernung, Farbigkeit, Helligkeit, Lautstärke, Tempo, Modulation – all diese Parameter beeinflussen die Wahrnehmung und Wirkung unserer gedanklichen Vorstellungen.

Sie wissen ja vielleicht, dass wir zum Beispiel unterschiedliche Seh- und Gehirnzellen für unterschiedliche visuelle Reize haben: Manche Rezeptoren reagieren auf Bewegung, manche auf Farben, manche auf Kontraste. Die unterschiedliche Aktivierung dieser Zellen und Nervenbahnen wirkt sich dann auch jeweils anders auf das Erleben und weitere neurologische Reaktionen aus.

Diese kleinen Unterschiede, die den großen Unterschied auf unsere Emotionen ausmachen, bieten daher auch beim erfolgreichen Selbstmanagement und dem Abbau von Empfindlichkeiten einen exzellenten Ansatzpunkt für positive Veränderungen.

Kleines Kopfexperiment

Machen Sie doch einmal ein kleines Kopfexperiment. Holen Sie sich eine angenehme Erinnerung her, lassen Sie sie auf Ihrer inneren Leinwand ganz plastisch und klar werden und spielen Sie ein wenig an den verschiedenen Reglern.

Intensivieren und verblassen lassen. Lassen Sie das Bild verblassen und spüren Sie dabei nach, wie sich auch die Intensität des dazugehörigen Gefühls verändert; meistens schwächt sie sich mit dem Farbverlust ab. Dann intensivieren Sie die Farben und erzeugen ein kräftig buntes Bild – die gefühlsmäßige Wirkung wird eine ganz andere sein!

Schrumpfen und vergrößern. Spielen Sie auch mit den Parametern Größe und Entfernung: schieben Sie das Bild innerlich weg und lassen Sie es dabei schrumpfen – wieder bewegt sich das Gefühl mit, häufig eher in Richtung abnehmende Intensität bis zur Belanglosigkeit. Holen Sie es hingegen näher heran und vergrößern es dabei, wird sich meist auch die Intensität des Gefühls noch etwas erhöhen. Klar, wenn Sie eine eklige, schleimige Nacktschnecke riesig groß direkt vor Augen haben, wird sie Sie mehr erschüttern, als wenn sie in zehn Metern Entfernung kaum noch wahrnehmbar vorbeischleicht.

Die Perspektive ändern. Auch wenn Sie die Perspektive ändern, hat das eine enorme Wirkung auf Ihr gefühlsmäßiges Erleben. Betrachten Sie sich von außen und fühlen Sie die Distanz zur Situation, in der Sie gerade stehen. Oder Sie begeben sich mitten hinein und haben so ein intensiveres Erleben. Ob Sie den Applaus auf der Bühne selbst einheimsen oder im Publikum sitzen und eifrig mitapplaudieren, ist fürs Stargefühl ein bedeutsamer Unterschied.

Die Tonspur verändern. Das Gleiche funktioniert auch mit unseren inneren Tonbändern. Nehmen Sie irgendeinen abschätzigen Kommentar, den Sie sich vielleicht bei einem kleinen Fehler innerlich sagen, wie: »Du blöde Kuh, wie kannst du nur wieder so dämlich sein!« oder ähnlich wenig liebevolle Anmerkungen. Jetzt spielen Sie auch einmal mit den Reglern Ihres inneren HiFi-Studios: Ändern Sie die Lautstärke, die Geschwindigkeit, die Tonhöhe, die Modulation. Sie spüren, wenn Sie die Stimme ihren beschimpfenden Satz zum Beispiel ganz verführerisch und sanft flüstern lassen, verliert sie viel von ihrem Schrecken und ihrer negativen Wirkung – im Gegenteil, es klingt vielleicht auf einmal so albern, dass Sie sogar darüber lachen müssen!

Musik einsetzen. Mit der Tonspur können Sie zusätzlich noch ein paar Zauberkunststücke vollbringen: Sie erinnern sich ja an die Wirksamkeit von Filmmusik. Nutzen Sie diesen Effekt doch ebenfalls für sich! Sie sind sehr gekränkt von einer scharfen Bemerkung Ihres Chefs; und sobald Sie daran denken, geht es Ihnen wieder viel zu sehr unter die Haut. Beim nächsten Mal, wenn diese Erinnerung in Ihnen aufsteigt, gehen Sie flugs in Ihr inneres Studio und werfen eine Maschine an, die diese Szene in Ihrer Vorstellung mit fröhlicher, blechern klingender Zirkusmusik unterlegt. Lassen Sie sich verblüffen, wie wenig verletzend die Worte Ihres Chefs auf einmal wirken, wenn er wie ein Zirkusdirektor mit volltönendem Pathos in die Runde spricht. Und wenn Sie derart Ihre unnützen negativen Gefühle gedämpft haben, können Sie sich mit dem In-

halt des Gesagten viel ruhiger und objektiver auseinanderset-
zen und daraus lernen.

Mit diesen Strategien können Sie Ihre dünne Haut auch innerlich schützen und stärken. Wenn Sie jemand empfindlich gekränkt hat, ist es recht unsinnig, die Erinnerung daran immer
in der gefühlsintensivsten Variante neu zu durchleiden! Immer wenn Ihnen also dieses Bild wieder durch den Kopf spukt,
drehen Sie an Ihren Reglern und entschärfen Sie es emotional:
Steigen Sie aus und betrachten Sie es von außen, schieben Sie
es weiter weg und lassen Sie es schrumpfen, probieren Sie auch
einmal aus, es zu dimmen oder heller werden zu lassen. Stellen Sie Ihre inneren Regler auf die Position, in der die Gefühle am schwächsten und am wenigsten unangenehm sind. Ihre
dazugehörige Tonspur können Sie auf dieselbe Art bearbeiten
und abmildern.

Nicht nur Erinnerungen werden von diesen Einstellungen
berührt, sondern auch die Vorstellung von uns selbst, das innere Selbstbild. Überprüfen und optimieren Sie die Art, wie Sie
von sich denken, sich innerlich sehen und stellen Sie auch dabei
auf rosigere Gewohnheiten um. Niemandem, am allerwenigs-
ten Ihnen, ist geholfen, wenn Ihnen Ihr inneres Bild von sich
selbst negative Gefühle verursacht und eine destruktive, abwer-
tende Gedankenspirale in Gang setzt – für Sie und Ihr Selbst-
gefühl ist ein positiv repräsentiertes und aufbauend wirkendes
Selbstporträt viel hilfreicher.

Ihr rosiges Selbstbild

1. Holen Sie sich Ihr inneres Selbstbild samt Kommentar vor Augen

Wie sehen Sie sich? Welcher Kommentar gehört dazu? Falls Sie mehrere Bilder oder Filme haben, wählen Sie den aus, der am intensivsten wirkt.

2. Machen Sie eine Bestandsaufnahme der jeweiligen Parameter

Schauen Sie sich Ihr Selbstbild genau an und überprüfen Sie, wo die Regler jeweils stehen.

- *Film/Bild*
  Größe und Entfernung
  Helligkeit
  Farbigkeit
  Perspektive: von außen oder mittendrin
  Schärfe des Bildes
- *Tonspur*
  Lautstärke
  Schnelligkeit und Höhe
  Modulation
  Intensität
  Emotionale Qualität

Überprüfen Sie die emotionale Wirkung: Wie fühlen Sie sich bei dieser Darstellung?

3. Optimieren Sie die emotionale Wirkung

Konzentrieren Sie sich auf Ihre Gefühle, während Sie die Parameter variieren. Spielen Sie mit allen Reglern so lange, bis Sie ein angenehmes, unterstützendes Gefühl haben. Verändern Sie auch ruhig Ihre Haltung oder Ihren Gesichtsausdruck, bis Sie richtig zufrieden sind. Verändern Sie auch Ihren Kommentar inhaltlich in einen unterstützenden, hilfreichen Satz. Spüren Sie noch einmal nach, ob Sie sich mit dieser Darstellung Ihrer selbst ohne Einwände oder Einschränkung wohlfühlen.

4. Schicken Sie das Bild in Ihre Zukunft

Stellen Sie sich die nächsten Situationen vor, in denen Sie jetzt mit Ihrem unterstützenden Selbstbild besser und konstruktiver reagieren können. Lassen Sie sich in Ihrer Vorstellung davon überraschen, mit welcher veränderten Reaktion Sie in Zukunft in kniffligen Situationen agieren werden.

Iris ist schon in ihrem Kopfkino verschwunden. Folgen wir ihr schnell und werfen einen Blick auf ihre innere Leinwand.

Beispiel: Iris' rosiges Selbstbild

1. Holen Sie sich Ihr inneres Selbstbild samt Kommentar vor Augen

Wie sehen Sie sich? Welcher Kommentar gehört dazu? Falls Sie mehrere Bilder oder Filme haben, wählen Sie den aus, der am intensivsten wirkt.

Wenn ich an mich denke, ist es meistens eine dieser Situationen mit meinem Ex, in denen er mich mal wieder ziemlich arrogant zur Schnecke macht und ich mich eher jämmerlich und hilflos fühle ... und auch so aussehe!

2. Machen Sie eine Bestandsaufnahme der jeweiligen Parameter

Schauen Sie es sich genau an und überprüfen Sie, wo die Regler jeweils stehen.

- *Film/Bild*
  Größe und Entfernung: *Das Bild ist riesengroß, direkt vor meinen Augen.*
  Helligkeit: *Ziemlich grell sogar.*
  Farbigkeit: *Auch die Farben sind sehr grell.*
  Perspektive (von außen oder mittendrin): *Ich stecke mittendrin.*
  Schärfe des Bildes: *Gestochen scharf!*
- *Tonspur*
  Lautstärke: *Ich höre die Stimme meines Mannes sehr laut, aber auch meinen inneren Kommentar: Wehr dich doch, du Weichei!*
  Schnelligkeit und Höhe: *Mein Kommentar ist eher schnell gesprochen, dadurch auch ein bisschen hoch.*
  Modulation: *Hmm, eher eine etwas monotone Leier.*
  Intensität: *Dringt bis ins letzte Mark!*
  Emotionale Qualität: *Aggressiv und schimpfend, abwertend.*

Überprüfen Sie die emotionale Wirkung: Wie fühlen Sie sich bei dieser Darstellung?

Na, wundert mich jetzt nicht mehr, dass ich mich nicht selbstbewusst, sondern ziemlich jämmerlich fühle, wenn ich an mich denke!

3. Optimieren Sie die emotionale Wirkung

Konzentrieren Sie sich auf Ihre Gefühle, während Sie die Parameter variieren. Spielen Sie mit allen Reglern so lange, bis Sie ein angenehmes, unterstützendes Gefühl haben. Verändern Sie auch ruhig Ihre Haltung oder Ihren Gesichtsausdruck, bis Sie richtig zufrieden sind. Verändern Sie auch Ihren Kommentar in einen unterstützenden, hilfreichen Satz.

Die Wirkung ist ja wirklich klasse! Weiter weg und kleiner, etwas gedimmt und nicht ganz so grelle Farben wirken schon Wunder. Und wenn ich mich dann noch etwas aufrechter und selbstbewusster hinstelle und nicht mehr so eine verbitterte Leidensmiene mache, finde ich mich sogar richtig toll. Der Kommentar war auch sehr wichtig: Ich habe den Text geändert in »Steh für dich ein!« und sage es jetzt mit einer netten Stimme, laut genug, aber nicht mehr so hoch und monoton. Es klingt so, als ob Felicitas es aufmunternd zu mir sagen würde.

Spüren Sie noch einmal nach, ob Sie sich mit dieser Darstellung Ihrer selbst ohne Einwände oder Einschränkung wohlfühlen.

Doch, das fühlt sich sehr gut an! Das bin ja auch ich in meinen starken, guten Momenten – warum soll ich bei dem Gedanken

---

an mich also nicht ein Bild von mir in Bestform abrufen statt eines in meiner schlechtesten Tagesform!

4. Schicken Sie das Bild in Ihre Zukunft

Stellen Sie sich die nächsten Situationen vor, in denen Sie jetzt mit Ihrem unterstützenden Selbstbild besser und konstruktiver reagieren können. Lassen Sie sich in Ihrer Vorstellung davon überraschen, mit welcher veränderten Reaktion Sie in Zukunft in kniffligen Situationen agieren werden.

Ja, ich stelle mir mal das nächste Gespräch mit meinem Kollegen Mark vor. Bisher habe ich mich immer schnell hilflos und gekränkt gefühlt, weil er doch diese ironische und arrogante Art hat. Mit diesem Selbstbild vor Augen reagiere ich in meiner Fantasie schon viel gelassener und souveräner, bin nicht so schnell verunsichert und eingeschnappt!

Nun ist es an Ihnen, Ihr Selbstbild einer kritischen Inventur zu unterziehen. Wie Iris schon anmerkte: Auch Sie haben Ihre starken Sternstunden, warum sollten Sie also bei dem Gedanken an sich selbst genau diese nicht aufrufen? Immer auf die negative Seite zu fokussieren schwächt nur und lässt die Haut noch dünner werden – und es entspricht auch nicht der Wirklichkeit, wenn Sie permanent Ihre guten Seiten ausblenden. Bei Ihrem wertvollen Meißner Porzellan gucken Sie doch hoffentlich auch auf die vollendete Form und das elegante Muster und nicht ausschließlich auf den einen winzigen Sprung in der Schüssel.

4. Faktor Optimismus: Schauen Sie doch mal genauer hin!

Iris lässt zufrieden ihre dritte und letzte Praline im Mund zergehen. Etlichen ihrer Denkgewohnheiten ist sie auf die Schliche gekommen und hat sie mit ihrer sanften Inquisition in arge Bedrängnis gebracht. Ihre Bereitschaft und ihre Fähigkeit zur Wahrnehmung der Realität, so wie sie eben ist, erscheinen ihr schon ziemlich hoch. Doch noch ist die Welt eher grau als bunt. Der nötige ergänzende Schuss Optimismus wäre vielleicht nicht schlecht!

Rosige Einsichten

Sie erinnern sich, als wir auf der virtuellen Gartenschau waren und uns die perfekten menschlichen Rosen näher angesehen haben, ging es um einige wichtige Eigenschaften und Gewohnheiten der Rosen, die die Basis für ihren realistischen Optimismus bilden. Ein zentraler Punkt dabei ist die Neugier im Verbund mit Kreativität und Flexibilität.

Neugier, Kreativität, Flexibilität

»Warum ausgerechnet die Neugier als Wundermittel?«, fragen Sie sich vielleicht (neugierig). Nun, neugierige Menschen sehen die Welt als Wundertüte voller Überraschungen speziell für sie. Sie sehen nicht nur ein graues Einerlei, sondern nehmen viele Dinge viel differenzierter und bunter wahr. Es gibt für sie so viele spannende Themen zu entdecken, so viele interessante Fragen zu stellen, nach so vielen Antworten zu suchen, so viele neue Tätigkeiten auszuprobieren, so viele neue Länder und Menschen zu erforschen, dass sie sich nicht vorstellen können, dass es ihnen jemals langweilig werden wird, die Welt nur negative Seiten hat und sie längere Zeit trübselig auf dem Sofa hängen.

Außerdem können sie sich so von negativen Gedanken und dem geistigen Hamsterrad des Katastrophendenkens viel schneller wieder befreien, weil ihre Neugier sie schneller auf einen neuen konstruktiven Pfad führt. Sie sehen nicht nur das aktuelle schwarze Loch, in dem sie gerade stecken, sondern wissen – trotz der momentanen trübseligen Stimmung – um die bunte Welt da draußen. Durch ihr neugieriges Erforschen der Welt und der Menschen verfügen sie über ein breiteres Erfahrungsspektrum, das ihnen beweist, dass die meisten Dinge nicht so schwer sind, wie sie anfänglich erscheinen können.

Da sie gerne etwas Neues kennenlernen und ausprobieren, können sie belastende und nicht so gut funktionierende Verhaltensweisen und Gewohnheiten schneller ablegen. Sich gerne und oft mit neuen Themen und Menschen zu beschäftigen, trainiert nämlich auch die geistige Flexibilität, eine wache, differenzierte Wahrnehmung und das kreative Potenzial. Das ist äußerst hilfreich, wenn es um die Bewältigung von Problemen und den Umgang mit Veränderung geht. Unflexible und zudem überempfindliche Menschen werden von Veränderungen eher gelähmt und übermäßig mitgenommen, kommen nur langsam damit zurecht, finden weniger Lösungsansätze und müssen so viel länger Stress und Frust ertragen.

Zudem neigen sie dazu, nur das zu probieren, was sie immer schon probiert haben – und bekommen natürlich auch nur das, was sie immer schon bekommen haben, ob gut oder schlecht.

Sicher haben Sie im Urlaub, sagen wir zum Beispiel in Italien, schon einmal etwas Ähnliches beobachtet: Ein Urlauber, der kein Italienisch spricht, fragt an der Rezeption auf Deutsch nach einem Zimmer. Leider kann der Rezeptionist kein Deutsch ... Was tut unser Urlauber? Er stellt dieselbe Frage noch einmal – nur etwas lauter! Und das kann sich beliebig oft wiederholen, bis er laut brüllend an der Rezeption steht.

Dahinter steckt die Strategie »mehr desselben« der eher unflexiblen Menschen: Wenn etwas nicht funktioniert, tun sie dasselbe noch einmal, nur verstärkt. Auch beim Lernen und Lehren können Sie dieses Phänomen gut beobachten: Wenn jemand etwas nicht sofort verstanden hat, wird es ihm üblicherweise in genau derselben Art und Weise noch einmal erklärt – nur ein bisschen lauter oder langsamer. Viel bestechender und zielführender wäre es natürlich, einfach die Strategie zu wechseln. Ein Stift und ein Zettel mit der rudimentären Skizze eines Bettes mit zwei Strichmännchen hätte unserem Urlauber bestimmt weitergeholfen; aber dazu braucht es eben die notwendige geistige Flexibilität, auch in einer Stresssituation an etwas Neues zu denken und etwas anderes auszuprobieren.

Flexible Menschen mit kreativer Neugier finden also schneller neuartige Lösungen, mit ihrem aktuellen Dilemma umzugehen. Sie können bei unerwarteten negativen Erlebnissen emotional und verhaltensmäßig konstruktiver reagieren, ihre Erwartungen flexibel der Realität anpassen, sie rappeln sich schneller wieder auf, wenn ein empfindlicher Punkt getroffen wurde und ihnen etwas unter die Haut gegangen ist.

Ja, Neugier aufs Leben hat tatsächlich eine ganze Menge guter Auswirkungen auf die Entwicklung eines gesunden dicken Fells – jetzt sind Sie bestimmt neugierig geworden, welche geistige Gewohnheit denn die kreative Neugier unterstützt!

Wahrnehmungs- und Verarbeitungsgewohnheiten

Da sind wir also wieder bei den lieben Gewohnheiten – in diesem Fall bei unseren Wahrnehmungs- und Verarbeitungsgewohnheiten. Unser Hirn hat ja nur eine begrenzte Aufnahmefähigkeit, und unser Bewusstsein eine noch geringere Verarbeitungskapazität – daher nehmen wir unsere Umwelt nur sehr selektiv wahr, weil wir alle Informationen gar nicht verwerten könnten.

Raum- und Körpertemperatur, Muskelspannung, Stellung des Körpers, Hunger, Durst, Helligkeit, Geräusche – all dies nehmen wir normalerweise erst dann wahr, wenn eine bestimmte Grenze über- oder unterschritten wird. Dann meldet unser Unterbewusstsein uns, dass wir frieren, der Fuß eingeschlafen ist, wir nagenden Hunger haben, schleunigst zur Toilette gehen oder die Lampe einschalten sollten, weil wir allmählich wirklich unser spannendes Buch nicht mehr sehen können.

Diese selektive Wahrnehmung und Verarbeitung filtert natürlich nicht nur Themen, die unseren Körper betreffen, sondern auch die sonstige Informationsvielfalt läuft durch verschiedene Filter und wird gesiebt, verdichtet, ein bisschen bearbeitet und gelangt erst dann in unser Bewusstsein. Die Art der Filter bestimmt, was wie bei uns im Kopf ankommt und was nicht: Zum einen werden Dinge, die wichtig oder interessant für uns sind, bevorzugt durchgereicht. Womöglich hat Ihr Liebster schon einmal bestaunt, welchen holmesschen Detektivinstinkt Sie beim Aufspüren schicker Boutiquen hatten, während Sie wiederum jahrelang völlig übersehen haben, dass in der Nachbarschaft Ihrer Wohnung ein toller Fanshop des Fußballvereins Achillesferse e. V. seine hochinteressanten Produkte anbietet.

Auch wenn uns ein neues Thema intensiv beschäftigt, wird ebenfalls sofort ein neuer Wahrnehmungsfilter aktiv: Nehmen wir einmal an, bei Ihrem letzten Autokauf hätten Sie in der Entscheidungsphase einige Wochen lang ernsthaft mit diesem schicken kleinen BMW Z3 geliebäugelt. Sie werden ein außergewöhnliches Phänomen erlebt haben: Urplötzlich, von einem Tag auf den anderen, muss BMW Tausende davon ausgeliefert haben, denn auf einmal fuhren eben diese Unmengen auf den Straßen herum! Auch die Bauindustrie scheint zu solch gigantischen Leistungen fähig zu sein: Sollten Sie oder ein Ihnen sehr nahestehender Mensch schon einmal schwanger gewesen sein, so konnten Sie staunend feststellen, dass über Nacht an vielen Stellen der Stadt Geschäfte für Kinderwagen, Spielzeug, Babykleidung und Ähnliches wie Pilze aus dem Boden geschossen waren! Sie könnten schwören, die waren vorher nicht da!

Waren sie natürlich doch. Und auch BMW hatte keinen sagenhaften Umsatzanstieg bei den Z3-Modellen ... Ihr Gehirn und Ihre Wahrnehmungsfilter haben einfach auf Ihr verstärktes Interesse reagiert und die Parole ausgegeben: »An alle Systeme! Ab jetzt sind BMW Z3 interessant! Jegliche Information dazu ist umgehend und unverzüglich nach oben der Zentrale zu melden! Bis auf weiteres gilt diese Parole! Abtreten!« Dann, nachdem Sie von BMW doch lieber auf VW Golf umgeschwenkt waren, hat Ihr Gehirn eine neue Parole ausgegeben und diese glückliche Firma nun das Umsatzwunder erlebt – wenn auch nur in Ihren Augen.

Zum anderen haben wir schlicht und ergreifend wie bei anderen Themen auch Wahrnehmungsgewohnheiten und stereotype Verarbeitungsroutinen. Der eine hat die Gewohnheit, auf Ähnlichkeiten zu achten, der andere schaut mehr auf Unterschiede; die eine schaut auf Fehler, die andere auf Erfolge, der eine generalisiert, der andere spezifiziert. Eine Fülle von Wahrnehmungsgewohnheiten und Verarbeitungsmechanismen bestimmt, was wir bewusst bemerken, wie wir es verarbeiten und was uns entgeht. So wird auch gesteuert, was auf uns einwirkt, unsere Stimmung und unsere Interpretation der aktuellen Situation beeinflusst.

Diese Mechanismen sind unabhängig vom Inhalt und beschreiben nur den Prozess der Informationsaufnahme und – Verarbeitung, wie zum Beispiel beim Prozess des Sehens: Sie sehen scharf oder unscharf, egal, was Sie gerade betrachten, ob ein Bild, ein Buch, einen Regenwurm oder einen Menschen.

Und diese Gewohnheiten beeinflussen mal wieder sehr stark, ob die Welt uns grau und trüb erscheint oder lebendig bunt. Die eine dieser Wahrnehmungsgewohnheiten hat mit der Neugier zu tun, andere mit der Verarbeitung von Erfolg und Misserfolg und dem, was wir erwarten: Gutes oder Schlechtes.

Um Ihre bezüglich des optimistischen Blicks wichtigsten Wahrnehmungsgewohnheiten und Verarbeitungsmechanismen ans grelle Licht des Bewusstseins zu holen, finden Sie im Folgenden am Anfang jedes Kapitels einen kurzen Fragebogen, um eine erste Bestandsaufnahme zu machen.

Danach finden Sie eine Beschreibung der jeweiligen Gewohnheiten und Mechanismen und ihre Auswirkungen darauf, ob wir die Welt eher angemessen neugierig und optimistisch oder überzogen negativ und gefrustet betrachten. Sie können bei dem jeweiligen Punkt überprüfen, zu welcher Ausprägung Sie neigen – und eventuell mit den Hilfestellungen den Schalter umlegen, falls er auf »grau und trist« steht. Im Anschluss daran sehen wir uns an, wie man diesen Gewohnheiten liebevoll, aber hartnäckig mit gezielten Fragen zu Leibe rückt.

Graues Einerlei oder bunte Vielfalt?

Es ist übrigens durchaus möglich, dass Sie bei Ihren Wahrnehmungsgewohnheiten und den Verarbeitungsmechanismen themen-, situations- oder personenbezogen wechseln, eine Mischung aus beiden Polen einsetzen und keinen eindeutigen Favoriten haben – das kommt sogar öfter vor. Die interessante Frage ist dann, ob Sie die Ausprägungen situationsspezifisch hilfreich einsetzen – Sie werden sehen, dass bei bestimmten Themen ein Wechseln sogar extrem nützlich ist –, wenn nicht, dann sollten Sie über diesen gezielten Wechsel nachdenken … siehe Empfehlungen dazu bei dem jeweiligen Punkt. Aber nun los, werfen Sie einen Blick auf Ihre Kopfgewohnheiten!

Fragebogen Informationsvergleich

Kreuzen Sie relativ spontan einen der Buchstaben an – nehmen Sie die Aussage, die von der Tendenz her eher auf Sie zutrifft, auch wenn es wortwörtlich nicht ganz stimmt.

1. Bücher, die mir sehr gefallen,
   a) lese ich auch mal mehrfach.
   b) lese ich trotzdem kein zweites Mal, da ich ja schon weiß, worum es geht.

2. Im Fernsehen schaue ich
   a) am liebsten so etwas wie Columbo – da kann ich bei einigen Folgen schon fast den Text mitsprechen.
   b) selten eine Serie mit Genuss an – ist doch eh immer das Gleiche!

3. Alltagsroutinen sind für mich
   a) die Hölle, diese immerwährende Tretmühle!
   b) irgendwie entspannend, weil sie so vertraut sind.

4. Wenn jemand zehn Paar schwarze Schuhe hat,
   a) kann ich das gut nachvollziehen – die sind bestimmt alle ganz verschieden!
   b) finde ich das extrem erstaunlich – schwarzer Schuh ist schwarzer Schuh!

Bei der ersten Kopfgewohnheit namens Informationsvergleich geht es um Ihren Wahrnehmungsfokus und die Art und Weise, wie Sie Informationen vergleichen. Welche Art Informationen suchen Sie genau? Schauen Sie auf Gemeinsamkeiten oder Unterschiede? Sehen Sie sofort, was gleich ist, oder fällt Ihnen sofort auf, was verschieden ist? Lieben Sie eher das Vertraute oder suchen Sie neugierig das Unbekannte und die Abwechslung? Diese Wahrnehmungsgewohnheit wirkt sich sehr stark darauf aus, ob Sie die Welt neugierig und vielfältig wahrnehmen oder Ihnen eine Menge Informationen entgehen, sodass sie Ihnen eher monoton und grau erscheint.

Konzentration auf Gemeinsamkeiten und Vertrautes: Gleich und Gleich gefällt mir sehr Frage 1a, 2a, 3b, 4b

Wenn Sie in eine neue Situation kommen, jemanden kennenlernen oder eine neue Aufgabe bekommen, suchen Sie vorrangig die Ähnlichkeiten zwischen dem Neuen und Ihnen schon Bekanntem. »Der erinnert mich an …«, »das ist doch das Gleiche wie …«, »dieser Film ist ähnlich wie der von damals …«, »hier in Spanien ist es fast so wie in …«, »sie sieht aus wie …«, könnten spontane Äußerungen von Ihnen sein, wenn Sie mit etwas Neuem konfrontiert werden. Das gibt Ihnen ein Gefühl von Vertrautheit und Sicherheit, dann fühlen Sie sich wohl. Daher mögen Sie auch eher einen stabilen Freundeskreis mit wenig Wechseln.

Die berühmte Miss Marple übrigens hat ihre Fälle überwiegend dadurch gelöst, dass sie nach Gemeinsamkeiten im Verhalten der Menschen gesucht und ihre bisherigen Erfahrungen auf den neuen Fall übertragen hat – wenn Sie auch noch gut Socken stricken können, steht Ihrem Erfolg als Superdetektivin somit nichts mehr im Wege!

Auf der einen Seite ist es sehr nützlich, wenn man schnell Ähnlichkeiten und Gemeinsamkeiten entdeckt (nicht nur, um böse Mörder zu fangen), besonders beim Lernen. Zwar ist Ihre Motivation, etwas Neues zu lernen, vielleicht nicht immer sehr hoch, aber die Gewohnheit, auf Gleiches zu achten, kann dabei sehr nützlich sein. Wenn Sie bisher Word beherrschen und jetzt ein neues Programm lernen müssen, ist es sehr hilfreich zu erkennen, wo sich die Programme in der Bedienung ähneln, der Transfer des bisher Gelernten ist dabei optimal.

Auch in Krisen, in denen es auf schnelles Handeln ankommt, kann es sehr nützlich sein, Ähnlichkeiten mit bisherigen Erfahrungen herzustellen und schnell zu agieren – nach der optimalen Lösung kann man immer noch suchen, wenn die aktuelle Katastrophe erst einmal abgewendet ist.

Wenn es hingegen um Vergnügen, Optimismus, Neugier, Kreativität und Veränderung geht, ist es leider nicht so hilfreich, immer überwiegend die Ähnlichkeiten zu sehen und zu suchen – dann entgeht Ihnen nämlich eine Menge Spaß!

Die Konzentration auf und das Bedürfnis nach Gemeinsamkeiten und Vertrautheit lässt Sie oft zurückhaltend und nicht so motiviert sein, etwas Neues auszuprobieren. Warum sollte man denn unbedingt etwas verändern, wenn das Altbekannte so schön vertraut ist? Science-Fiction-Filme habe ich noch nie geguckt, da sehe ich mir lieber meinen Lieblingskrimi zum fünften Mal an. Ein neues Lokal? Warum bloß, wenn doch das Stammlokal so gemütlich ist! Mit dem Liebsten am Wochenende etwas ganz Neues unternehmen? Lieber wieder die gewohnte vertraute Sonntagsroutine, da weiß man, was man hat! Eine

Umorganisation im Unternehmen? Bloß nicht, jetzt kenne ich doch gerade alle Abläufe so gut!

Die Gefahr, im Alltagstrott festzustecken und sich gegen Änderungen zu sperren oder sich übermäßig von ihnen stressen zu lassen, ist recht groß. Und ebenso die Gefahr, dass Sie sich von ähnlichen Situationen auch immer ähnlich schwer getroffen fühlen und ähnlich schlecht damit zurechtkommen. Denn wenn Sie ohnehin in einer eher schlechten Stimmung sind, kann dieser Mechanismus dazu führen, dass Sie Ihr Köpfchen noch mehr hängen lassen: »Ist doch eh alles das Gleiche, es läuft doch immer auf dasselbe heraus, warum soll ich mich anstrengen, hat doch ohnehin keinen Zweck ...« – eine deprimierende Sicht auf eine immer gleiche schwarze Welt!

Konzentration auf Unterschiede und Abwechslung: Alles so schön bunt hier! Frage 1b, 2b, 3a, 4a

Sie könnten selbst die Person mit den zehn Paar schwarzer Schuhe sein: Da Sie differenziert Unterschiede wahrnehmen, sind Sie in Ihren Augen alle absolut einzigartig und verschieden; Sie liebäugeln gar schon mit einem wieder ganz anderen elften Paar ... Neue Modetrends können Sie begeistern, wenn sie ganz anders sind als die bisherige Mode – wie spannend, sich wieder ganz neu einzukleiden und zu erleben!

Auch bei Menschen wenden Sie diesen Verarbeitungsmechanismus ähnlich an und sind sich der Unterschiede zwischen Ihren Freunden und Beziehungen sehr bewusst, viel mehr noch lieben Sie es vielleicht sogar, wenn Ihr Bekanntenkreis sich aus ganz verschiedenen Menschen zusammensetzt, die ruhig ein

bisschen exzentrisch sein dürfen. Neben dem Gärtner und dem Professor findet sich vielleicht auch der ewige Hippie; auch altersmäßig kann es ruhig bunt gemischt zugehen. Sie haben auch nichts dagegen, immer wieder einmal neue Menschen kennenzulernen, um Abwechslung in Ihren Freundeskreis zu bringen.

Ihr großes Detektivvorbild könnte Sherlock Holmes sein – angeblich konnte er anhand von kleinsten Aschehäufchen 50 unterschiedliche Zigarrenmarken bestimmen und so virtuos dem Täter auf die Spur kommen! Und wenn Sie dann auch noch Geige spielen können und sich mit Miss Marple zusammentun – keine Chance mehr für böse Buben!

Durch Ihren Fokus auf und Ihr Bedürfnis nach Verschiedenheit werfen Sie sich begeistert der Neugier und der Abwechslung in die Arme. Ein neues Hobby ausprobieren, ein neuer Aufgabenbereich im Beruf, neue Menschen kennenlernen, ein noch unbekanntes Land bereisen, mal wieder umziehen oder zumindest die Wohnung komplett umräumen – es ist nicht sehr schwer, Sie dazu zu motivieren. Bloß kein Stammtisch in derselben Kneipe mit ewig denselben Leuten, kein »Im Urlaub pflegen wir an den Wörthersee in immer dieselbe Pension zu fahren, und das schon seit 20 Jahren!«, keine Treuenadel für 25 Jahre Firmenzugehörigkeit in der Postverteilungsstelle – diese Vorstellungen jagen Ihnen eher einen Schauer den Rücken herunter.

Im Alltag erschwert Ihnen dieses Muster das Leben jedoch manchmal ein wenig, weil Sie sich nur schlecht mit notwendigen Routinetätigkeiten abfinden können. Da sind Sie dann schnell gefrustet und entnervt, wenn Sie schon wieder vor dem ewig gleichen hohen Bügelwäscheberg stehen, und das Leben erscheint Ihnen wie eine elende Tretmühle ohne jegliche Abwechslung.

Auch verpufft die anfängliche Begeisterung für etwas Neues schnell, wenn die Dinge sich zu wiederholen beginnen – zu einer neuen Sportart beispielsweise gehört nun einmal auch stupides Üben der immer gleichen Bewegungsabläufe. Das kann dazu führen, dass Sie zwar viele Dinge mit Begeisterung anfangen, aber dann doch nicht dabeibleiben.

Beim Lernen nutzen Sie Ihr bisheriges Wissen nicht so effizient, wie es sinnvoll wäre, da jede Aufgabe für Sie ganz anders als die bisherigen ist. Und so müssen Sie quasi jeweils wieder von vorn anfangen, anstatt das bisher Gelernte zu übertragen.

Veränderungsansätze

Beim Lernen ersparen Sie sich viel Frust und unnötige Misserfolgserlebnisse, die Sie belasten, wenn Sie sich immer wieder bewusst fragen: Was hat diese Aufgabe mit bisher schon bewältigten gemeinsam? Was kann ich schon, das diesem Thema ähnlich ist? Welche ähnliche Tätigkeit habe ich schon gemacht, und was davon lässt sich übertragen? Suchen Sie gezielt nach Gemeinsamkeiten, Analogien und Schnittmengen.

Und wenn es dann um den Blick auf die Welt und ihre bunte Vielfalt geht, ist Umschalten angesagt: Suchen Sie ganz bewusst nach Unterschieden! Trainieren Sie Ihre Neugier, Flexibilität und die differenzierte Wahrnehmung von Verschiedenheit:

- Nehmen Sie sich einen Spaziergang durch ein ganz neues Stadtviertel vor und versuchen Sie sich vorzustellen, Sie lebten dort.
- Bestellen Sie ein exotisches Gericht, das Sie noch nie probiert haben, und versuchen Sie, die verwendeten Zutaten herauszuschmecken.
- Fangen Sie mit Ihrem Hintermann in der Kassenschlange im Supermarkt ein Gespräch über Einkaufsgewohnheiten an.
- Besuchen Sie ein Museum zu einem Thema, von dem Sie nie gedacht hätten, dass es dazu ein Museum gibt.
- Weichen Sie bewusst von einer Ihrer Alltagsroutinen wie dem üblichen Weg ins Büro ab und probieren Sie neue Wege, diese Sache zu erledigen.

- Gehen Sie in einer Buchhandlung in eine Abteilung mit völlig fremden Themen und stöbern Sie in den Fachbüchern herum. Oder surfen Sie zu einem beliebigen Stichwort im Internet.
- Beim nächsten Besuch bei Ihrer Freundin sehen Sie sich um und registrieren ganz gezielt, was sich seit Ihrem letzten Besuch verändert hat.
- Zappen Sie im Fernsehen herum und sehen Sie sich mindestens eine Viertelstunde lang eine Sendung an, die Sie noch nie gesehen haben.
- Befragen Sie jemanden mit einem für Sie exotischen Hobby, was für ihn daran so interessant ist und was man tun muss, um darin gut zu sein.
- Suchen Sie sich in Ihrer Stadt irgendeine Netzwerkveranstaltung und plaudern Sie mit den Menschen dort.

Seien Sie neugierig auf Ihre unterschiedlichen Erlebnisse – und bauen Sie Ihr Neugier- und Flexibilitätstraining am besten regelmäßig in Ihren Alltag ein.

Geistige Gewohnheiten ändern

Fragebogen Überzeugung

Kreuzen Sie relativ spontan einen der Buchstaben an – nehmen Sie die Aussage, die von der Tendenz her eher auf Sie zutrifft, auch wenn sie wortwörtlich nicht ganz stimmt.

1. Wenn ich eine neue Aufgabe bekomme,

   a) lasse ich mich auch durch vielfache Fehler und Misserfolge nicht beirren.

   b) muss ich sie erst einige Male oder eine Zeit lang ausgeführt haben, ehe ich überzeugt bin, dass ich es kann.

   c) nehme ich sicherheitshalber erst mal das Schlimmste an: Ich werd's nicht packen.

   d) bin ich mir irgendwie auch auf Dauer nie so wirklich sicher, ob ich sie gut bewältige.

   e) denke ich spontan: Wird schon klappen!

2. Wenn ich einen neuen Menschen kennenlerne,

   a) brauche ich mehrere Treffen, um ihn positiv oder negativ beurteilen zu können.

   b) fasse ich schnell Vertrauen.

   c) gebe ich ihm immer wieder eine neue Chance, wenn es beim ersten Mal schiefgelaufen ist.

   d) bin ich grundsätzlich eher misstrauisch.

   e) wiege ich mich auch nach längerer Zeit nicht in Sicherheit – Menschen sind und bleiben unberechenbar.

3. Wenn mir meine Freundin von einem tollen Produkt vorschwärmt,

   a) winke ich nur müde lächelnd ab – das stimmt doch nie!

   b) probiere ich es erst mehrmals aus, ehe ich mich endgültig entscheide.

   c) benutze ich es weiter, auch wenn es bei mir nicht so toll wirkt.

   d) kaufe ich es mir auch – sie wird schon Recht haben.

   e) probiere ich es vielleicht auch, aber ich bleibe skeptisch, selbst wenn es angeblich erst mal wirkt.

4. Wenn mich ein Bekannter bei einem Geschäft betrogen hat,

   a) wundert mich das nicht – ich hab's doch gleich geahnt!

   b) muss man demjenigen halt auch neue Chancen geben, schließlich sind Menschen nicht perfekt.

   c) bin ich am Boden zerstört – das hätte ich nie gedacht, dass Menschen so perfide sein können!

   d) glaube ich noch weniger als bisher an das Gute im Menschen.

   e) warte ich ab, ob er sich beim nächsten Mal besser verhält – aber mehr als drei Chancen gibt es nicht!

Dieser Mechanismus der Überzeugung beantwortet die Frage, wie vertrauensvoll und gar leichtgläubig oder skeptisch bis misstrauisch Sie sind. Was braucht es, um Sie zu überzeugen, dass Sie oder jemand anderes etwas können oder scheitern werden? Ab wann sind Sie sich der (In-)Kompetenz einer Person oder der (Un-)Sinnhaftigkeit einer Sache wirklich sicher? Wann glauben Sie wirklich, dass jemand Sie mag oder ablehnt? Wie misstrauisch oder pessimistisch schätzen Sie sich und andere ein?

Automatisch positiv: Ich glaub immer nur das Beste Frage 1e, 2b, 3d, 4c

Es braucht nicht viel, um Sie zu überzeugen: Sie gehen erst einmal automatisch davon aus, dass Sie bei einer neuen Herausforderung schon das nötige Können haben werden, jemand eine nette und vertrauenwürdige Person ist oder Ihnen nur Gutes will. Eine neue Kollegin? Nach einer halben Stunde sind Sie sicher, dass die Zusammenarbeit mit ihr angenehm ist und bleiben wird! Die neue Aufgabe kennen Sie noch gar nicht genau, aber Sie gehen davon aus, dass sie Ihnen schon Spaß machen wird. Ein schöner Blumenstrauß und etliche Komplimente überzeugen Sie schnell von dem ernsthaften Interesse Ihres Kavaliers. Und von der neuen Kneipe haben Sie zwar schon von Insidern einige kritische Anmerkungen bezüglich des Services gehört, aber das ficht Sie nicht an, trotzdem das Verhalten des Kellners als cool und nicht als unverschämt arrogant einzuschätzen.

Automatisch negativ: Ich nehm immer das Schlimmste an Frage 1c, 2d, 3a, 4a

Genauso schnell gehen Sie bei der negativen Ausprägung davon aus, dass jemand nicht nett ist, dass Sie scheitern wer-

den oder eine Situation sich unangenehm entwickelt. Die neue Kneipe erscheint Ihnen auf den ersten Blick ziemlich überdreht, die zukünftige Aufgabe ist höchstwahrscheinlich sehr stressig, und Ihr Urlaubshotel ist mit Sicherheit wieder zu teuer, wie Sie nach einem ersten Blick ins Bad zu wissen glauben. Begegnet Ihnen Ihr Kavalier als Erstes eher neutral und nicht absolut überschwänglich, lassen Sie schnell die Hoffnung fahren und den Kopf hängen, weil Sie sich keinerlei Chancen mehr ausrechnen. Es wird eh nicht klappen, denken Sie automatisch.

Grundsätzlich ist es sehr schön, wenn man ein positives Menschen- und Weltbild hat, aber eher überzogen, wenn es zu düster ist – in beiden Fällen helfen ein gehöriger Schuss Realismus und entsprechende Schutzmaßnahmen. Sonst kann es vielleicht doch ein wenig zu gutgläubig und naiv beziehungsweise zu übertrieben pessimistisch werden. Die Welt ist gar so schwarz-weiß denn doch nicht: Übertrieben positives Denken und Schönreden sollten Sie lieber den entsprechenden Gurus überlassen, eine zu pessimistische Weltsicht den Predigern des Weltuntergangs und den notorischen Unken. Sonst sind Enttäuschungen vorprogrammiert, die Ihnen dann nur wieder unter Ihre bisher zu dünne Haut gehen.

Sich überzeugen lassen: Erst mal sehen Frage 1b, 2a, 3b, 4e

Sie bleiben erst einmal ruhig und neutral und warten ein wenig ab. Sie müssen im Positiv- wie im Negativfall etwas mehrfach oder eine gewisse Zeit lang demonstriert bekommen, ehe Sie davon überzeugt sind. Bei einem Produkt wollen Sie mehrere Referenzen, eine reicht Ihnen nicht. Auch sich selbst glauben Sie Ihre (In-)Kompetenz nicht eher, bis Sie sie sich einige Male oder einige Zeit bewiesen haben. Die neue Kollegin möchten Sie erst ein paar Wochen bei der Arbeit erleben, ehe Sie eine Einschätzung und Prognose abgeben. Und der Kavalier muss schon an etlichen Abenden oder einige Wochen lang Wohlverhalten zeigen, ehe Sie von seiner unsterblichen Liebe überzeugt sind – aber er bekommt auch eine zweite oder dritte Chance, wenn er es beim ersten Mal versägt hat.

Ein gesunder Rosenmechanismus mit der passenden Mischung aus Optimismus und Realismus. Nicht immer reicht der erste Blick aus, um endgültig und gefahrlos von etwas überzeugt zu sein, selten ist es angemessen, sich durch übersteigerte – negative oder positive – Erwartungen zu stressen und unnötig zu belasten. Daher sind bei wichtigen Dingen ein zweiter und dritter Blick gepaart mit etwas Geduld nicht verkehrt. Aber irgendwann muss es auch einmal gut sein mit dem kritischen Abwarten, dann vertrauen Sie Ihrer gefassten Meinung oder Einschätzung auch.

Allerdings könnten Sie es sich bei unwichtigen Dingen etwas leichter machen, indem Sie der Laune des Augenblicks auch einmal nachgeben und sich dieses ach so verlockende Schmankerl einfach gönnen, ohne fünfmal darum herumzuschleichen und noch zwei Wochen abzuwarten.

Ständig neu bewerten: Ich glaub nicht, dass es gut sein kann Frage 1d, 2e, 3e, 4d

Und wenn man es Ihnen noch so oft oder noch so lange demonstriert hat, wie toll, liebevoll oder zuverlässig jemand ist – sicher sind Sie sich nie. Dieser Mechanismus kann ein wenig anstrengend sein – für Sie und Ihre Mitmenschen. Ihnen müssen Ihre geplagten Kollegen und Freunde stets aufs Neue beweisen, dass sie etwas können, Ihnen aufrichtig zugetan sind oder dass irgendeine Idee gut für Sie sein könnte. Auch Ihr Kavalier hat es nicht so leicht, denn am liebsten sollte er Ihnen minütlich neu seine Liebe beteuern, ansonsten trauen Sie ihm nicht so recht über den Weg. Bei Ihnen kann sich nichts und niemand auf seinen Lorbeeren ausruhen – auch Sie selbst nicht.

Daher kann es auch für Sie etwas anstrengend sein, wenn Sie sich selbst Ihre eigenen Stärken und Ihr Können nicht glauben und das Gefühl haben, sich immer wieder neu beweisen zu müssen. Selbst wenn Ihnen die letzten drei Souffles wunderbar gelungen sind, zweifeln Sie beim vierten wieder Ihr diesbezügliches Können an, gucken zu oft in den Backofen und prompt fällt es wirklich zusammen.

Gesunde Skepsis ist sicher gut und nützlich – aber übertreiben Sie nicht manchmal vielleicht ein bisschen? Ab einem gewissen Zeitpunkt/einer gewissen Anzahl muss man im positiven Fall wohl auch einmal das kleine Risiko des Vertrauens eingehen. Bedenken Sie, dass Sie es Ihren Mitmenschen ziemlich schwermachen und diese sich im Gegenzug Ihrer auch nie sicher sein können – ein etwas unseliger Teufelskreis! Zudem sind Sie wahrscheinlich auch für das höllische Thema der Eifersucht etwas anfällig, die hat nämlich auch sehr viel mit Misstrauen und einem zu großen Sicherheitsbedürfnis zu tun.

Gutgläubigkeit: Ich glaub's einfach nicht, dass etwas wirklich schlecht ist Frage 1a, 2c, 3c, 4b

Wenn Sie dieses Muster auf negative Beispiele anwenden, wird es für Sie anstrengend, manchmal enttäuschend und frustrierend. Denn Sie sind von negativen Verhaltensweisen und Eigenschaften nicht dauerhaft zu überzeugen.

Wenn Ihr Kollege Sie fünfmal belogen hat und Sie sich immer noch nicht eingestehen, dass er ein eher unehrlicher Mensch ist, sondern ihm beim nächsten Mal wieder unbesehen alles abnehmen, sind Sie vielleicht ein wenig zu naiv und gutgläubig. Ihre angeblich beste Freundin strapaziert immer schamlos Ihre Großmütigkeit, ist aber nie für Sie da, wenn Sie sie einmal brauchen – bei Ihnen darf Sie das endlos machen, da Sie so gut wie nie endgültig davon überzeugt sind, dass sie sich nicht ändern wird, sondern Sie nur ausnutzt.

Dieses Muster ist auch das der klassischen betrogenen Ehefrau, die wider besseres Wissen dem angeblich Reumütigen jedes Mal vergibt; auch beim zehnten Seitensprung lässt sie sich wieder besänftigen und verzeiht ihm. Aber auch die Geliebten sitzen in dieser Falle, wenn sie sich ebenso lange immer wieder auf eine gemeinsame Zukunft vertrösten lassen. Sie wollen es beide nicht glauben, dass der Gatte beziehungsweise Geliebte ein unzuverlässiger Hallodri ist – und er hat jahrelang den Spaß bei der Sache! Derart gehen Sie mit Ihren Mitmenschen ein wenig zu großzügig um und werden daher immer wieder enttäuscht.

Sie lassen sich zu viel gefallen, was Ihnen als Mimose nicht so guttut. Wenn Sie ständig neu überzeugt werden müssen, dass es jemand nicht gut mit Ihnen meint oder Sie etwas falsch gemacht haben, alles immer als einmaligen Ausrutscher ansehen, ist Ihre Lernschleife ein wenig zu lang und führt dazu, dass Sie immer wieder enttäuscht werden! Manchmal muss man auch der Realität ins Auge blicken und irgendwann davon überzeugt sein, dass jemand einem eben nicht wohl will.

Veränderungsansätze

Nehmen Sie sich an den Rosen ein Beispiel, aktivieren Sie Ihren gesunden Menschenverstand und gehen Sie den goldenen Mittelweg. Die oben entworfenen Schemata mit ihren positiven und negativen Ausprägungen sind ein bisschen extrem; es geht also darum, wieder eine gesunde, rosige Mitte zu finden. Behalten Sie Ihr Menschen- und Weltbild, aber fügen Sie in das Schwarz-Weiß wieder einige bunte Zwischentöne ein!

Lassen Sie sich (leichter) überzeugen. Überprüfen Sie nur, ob die Anzahl der Wiederholungen oder die Zeitspanne, die Sie für Ihre Überzeugung brauchen, angemessen sind. Zwanzigtausend Liebesbriefe oder zwanzig Jahre schmachtende Anbetung wären vielleicht etwas viel. Die hat nicht einmal Cyrano de Bergerac geschafft, ein sehr eifriger und ausdauernder Liebesbriefdichter.

Springen Sie bei Kleinigkeiten auch einmal über Ihren Schatten und greifen oder stimmen Sie spontan zu – bei wirklichen Kleinigkeiten wird Sie das nicht ruinieren, aber Ihren Spaß am Leben erhöhen.

Lassen Sie sich erst mal überzeugen, bevor Sie automatisch urteilen. Setzen Sie eine Anzahl oder Dauer fest, die Sie für sinnvoll halten könnten, um überzeugt zu sein – und dann warten Sie mit etwas Selbstdisziplin die Ergebnisse ab! Falls Sie selbst nicht so sicher sind, was sinnvoll ist, fragen Sie ruhig eine Rose aus Ihrer Bekanntschaft, wie sie es hält.

Wenn Sie merken, dass Sie doch wieder Ihrem Hang zu überschäumender und unkritischer Euphorie oder aber zu deprimierendem Pessimismus erliegen wollen, zwingen Sie sich selbst dazu, erst einmal abzuwarten. Warten Sie diszipliniert Ihre festgesetzten Grenzen und die Ergebnisse ab, ehe Sie Handlungskonsequenzen ziehen und endgültig Ihr Urteil fällen.

Schärfen Sie Ihren differenzierten Blick und suchen Sie bewusst auch nach möglichen positiven respektive negativen Aspekten. Rufen Sie sich passende Gegenbeispiele Ihrer Vergangenheit oder anderer Menschen ins Gedächtnis, um sich vor zu impulsiven Handlungen und möglichen Fehlentscheidungen zu schützen, die Sie nur übermäßig schwer belasten würden.

Nutzen Sie Ihren gesunden Menschenverstand, statt auf Beweise zu pochen. Seien Sie tapfer, atmen Sie tief durch, raffen Sie all Ihren Mut zusammen und setzen Sie einfach einmal voraus, dass Ihr Liebster Sie nach zigtausend glühenden Beweisen immer noch lieben wird – ehe nicht eindeutige neue Beweise dagegen sprechen. In dubio pro reo! Gehen Sie bewusst das realistische Risiko des »Sicher und für ewig weiß man es nie!« ein und arrangieren Sie sich mit dem anfänglich komischen Gefühl – mit der Zeit wird es sich legen.

Wenn wieder eher misstrauische Gedanken in Ihnen auftauchen und Eifersucht oder Unsicherheit an Ihnen nagen, setzen Sie ihnen alle bisherigen positiven Erfahrungen entgegen. Nutzen Sie die Techniken der Ablenkung aus Kapitel 3, um Ihre negative Spirale anzuhalten – denken Sie an Ihre dünne Haut, der zu viel Pessimismus gar nicht guttut!

Wenn man Ihnen negative Eigenschaften immer wieder neu demonstrieren muss und Sie daher nie wirklich davon überzeugt sind, dann setzen Sie wie besprochen auch bewusst eine Grenze: Wie oft darf man Sie belügen oder im Stich lassen, ehe Sie endlich glauben, dass es jemand nicht gut mit Ihnen meint? Wie viele Seitensprünge soll die geplagte Ehefrau wirklich tolerieren? Dem notorischen Lügner, dem Vorstadtcasanova oder der unzuverlässigen angeblich besten Freundin sollten Sie keine unbegrenzten neuen Chancen einräumen, sonst leiden nur Sie selbst und die anderen lachen sich schadenfroh ins Fäustchen.

Seien Sie diszipliniert und konsequent und halten Sie sich an die selbst gesetzten Grenzen. Denken Sie wieder daran, dass eine neue, gesündere Gewohnheit sich aufgrund der Neuheit anfänglich etwas seltsam anfühlen kann: Absolut kein Grund, wieder schwach zu werden! Sollten Sie innerlich ins Schwanken kommen, so nutzen Sie wieder die Möglichkeit, Ihre Vorstellung mittels Hinterfragen auf angemessenen Realismus abzuklopfen.

Eine solche ausgewogene Überzeugungsgewohnheit schützt Sie zuverlässig vor zu großem Pessimismus, aber auch vor zu großer Naivität und Leichtgläubigkeit, da die Wirklichkeit Ihnen nur wieder zu sehr unter die Haut gehen würde, wenn sie sich wieder einmal anders als gedacht präsentiert.

Ursachenforschung

Schauen wir weiter, was wir mit unseren geistigen Gewohnheiten noch alles so in unserem Kopf anstellen und wie wir uns eventuell erneut das Leben schwerer machen, als es ist!

Fragebogen Ursachenzuschreibung

Kreuzen Sie relativ spontan einen der Buchstaben an – nehmen Sie die Aussage, die von der Tendenz her eher auf Sie zutrifft, auch wenn sie wortwörtlich nicht ganz stimmt.

1. Bei vielen meiner Erfolge

    a) habe ich selbst das meiste dazu beigetragen.

    b) war einfach das Glück auf meiner Seite.

2. Ich bin mehrfach gescheitert, weil

    a) die Umstände dagegensprachen.

    b) ich einfach nicht kompetent genug war.

3. Wenn mich ein attraktiver Mann einlädt,

    a) vermute ich, dass er für den Abend nichts Besseres gefunden hat.

    b) fühle ich mich geschmeichelt, weil er mich offensichtlich für interessant hält.

4. Bei einem Lob meines Chefs

    a) freue ich mich, dass er meine Fähigkeiten erkennt.

    b) winke ich ab – wenn der wüsste! Der Zufall hat günstig mitgespielt.

5. Eine Beleidigung zeigt mir,

    a) dass ich mich wohl irgendwie falsch verhalten habe, und trifft mich deshalb sehr.

    b) dass dem anderen wohl eine Laus über die Leber gelaufen sein muss – was kann ich dafür?

---

6. Mich hat schon mal jemand übers Ohr gehauen, weil

a) er ein unehrlicher Mensch war!

b) ich zu gutgläubig gewesen bin – Recht geschieht mir.

7. Auf einer Party war ich schon einmal der Mittelpunkt, weil

a) zugegebenermaßen ansonsten nur Langweiler da waren.

b) ich, wenn ich in der richtigen Stimmung bin, sehr unterhaltsam sein kann.

8. Die ein oder andere Freundschaft ist schon in die Brüche gegangen, weil

a) ich ein etwas komplizierter Mensch bin.

b) manchmal die Entwicklung der Lebenswege gegen eine Fortsetzung spricht.

Bei diesem geistigen Mechanismus der Ursachenzuschreibung geht es darum, wem Sie Einfluss zuschreiben und welchen Faktor Sie als hauptursächlich für das Ergebnis ansehen: sich selbst und Ihr Verhalten, Ihren Einfluss oder aber externe Faktoren, andere Menschen oder gar den Zufall. Was hat alles zum Ausgang einer Situation beigetragen? Wer ist an einem Ergebnis maßgeblich beteiligt? Was glauben Sie, ist jeweils die Ursache für Erfolg oder Scheitern?

Selbstvertrauen: Ich selbst bin meines Glückes Schmiedin Frage 1a, 3b, 4a, 7b

Sie sehen sich selbst als Ursache für ein positives Resultat und für Ihre Erfolge an. »O ja, ich war's!«, rufen Sie glücklich. Wenn etwas geklappt hat, dann schreiben Sie es Ihrer Leistung und Kompetenz zu, selbst den Sechser im Lotto haben Sie durch Ihre überragenden mentalen Fähigkeiten gezielt vorausgesehen. Ein Vorstellungsgespräch lief gut – Sie haben entscheidend dazu beigetragen. Ihre Freunde mögen Sie – Sie sind auch eine liebenswerte Person. Die Party war ein voller Erfolg – nun, Sie sind eben eine exzellente Gastgeberin.

Sehr schön, wenn Sie Ihre Erfolge sich selbst zuschreiben! Dann können Sie sie auch entsprechend würdigen, geben sich selbst ein paar Streicheleinheiten und bauen Ihr Selbstbewusstsein auf. Und das bedeutet ja nicht, dass Sie die Leistungen anderer nicht würdigen und anerkennen – aber Sie würdigen eben auch glasklar die Ihren. Was Recht ist, muss Recht bleiben!

Selbstzweifel: Mein Name ist Pechmarie Frage 2b, 5a, 6b, 8a

Sie rufen ebenso selbstverständlich und unglücklich »Oje, ich war's!«, wenn etwas schiefläuft oder nicht so gut geht. Dann wird es wohl mal wieder an mir liegen, ist Ihre automatische Schlussfolgerung. Sie verleihen Ihr Auto an einen guten Freund, und währenddessen geht es überraschend kaputt – obwohl Sie es weder wissen noch ahnen konnten, fühlen Sie sich dafür verantwortlich und haben ein grauslich schlechtes Gewissen. Der Chef ist unzufrieden mit dem Verlauf des Projektes – natürlich liegt es ausschließlich an Ihnen und nicht am unfähigen Kollegen, der seinen Beitrag einfach nicht liefert. Andere Faktoren und äußere Umstände ziehen Sie nicht groß als weitere mögliche Einflussfaktoren in Betracht, sondern belasten ausschließlich Ihr eigenes emotionales Konto – mit dem Ergebnis, dass es häufig überzogen ist.

Es ist nicht so schön, wenn Sie Misserfolge ausschließlich sich selbst zuschreiben. Denn gerade, wenn etwas schiefläuft, liegt es in den seltensten Fällen nur an Ihnen, sondern fast immer spielen auch andere Menschen oder externe Einflussfaktoren eine Rolle! Die Bürde, die Sie damit auf Ihre zarten Schultern laden, ist eindeutig zu schwer. Sie können und sollten nicht für die Fehler anderer Menschen, unglückselige Umstände oder Meister Zufall geradestehen, da es schon schwer genug ist, mit den wirklich selbst verursachten Fehlern umzugehen.

Verweis auf Außenwelt bei Positivem: War doch eh alles nur Glück und Zufall Frage 1b, 3a, 4b, 7a

Im Erfolgsfall sehen Sie die Ursachen hauptsächlich bei anderen oder externen Faktoren. »Ich war's nicht!«, ist Ihr Schlachtruf. »Ach, das war doch Zufall, ich hatte halt Glück, ich weiß auch nicht, wieso es geklappt hat, an mir lag's jedenfalls nicht!« Bloß nicht vermuten, dass Sie womöglich selbst zu Ihrem strahlenden Erfolg maßgeblich beigetragen haben! Das Vorstellungsgespräch lief gut – der Personaler war aber auch ein ausgesprochen netter Mensch, der Sie nicht so in die Zange genommen hat. Sie haben eine tolle Lösung für die neue Datenbankstruktur gefunden – ach, das haben Sie fast genauso in der *Computerwoche* gelesen, nichts Besonderes Ihrerseits dabei. Ihre Freunde mögen Sie – es ist Ihnen selbst ein kleines Rätsel, warum sie das eigentlich so dauerhaft tun.

Sie verschenken jedoch unnötig den Glanz und die positive Wirkung Ihres Erfolges, wenn Sie sich Ihren Anteil daran durch Verweis auf Glück, Zufall und günstige Umstände versagen! Abgesehen von der Schädlichkeit übergroßer Bescheidenheit nach außen, die eine echte Karrierebremse ist, untergraben Sie auch sehr effektiv Ihr realistisches, angemessenes Selbstbild, wenn Sie nur die dunklen Fleckchen auf Ihrer Weste wahrnehmen, das strahlende Weiß aber ausblenden.

Verweis auf Außenwelt bei Negativem: Das Leben ist halt tückisch! Frage 2a, 5b, 6a, 8b

Gescheit, wenn Sie nicht so erfolgreich waren, neben Ihrem eigenen Beitrag auch externe Faktoren bei der Ursachenforschung ins Kalkül zu ziehen! »Na, ich war's aber nicht allein!«, rufen Sie empört. Tatsächlich können Sie ja nichts für die schlechte Laune Ihres Kunden oder für den Regen auf Ihrer Sommerparty. Ein Projekt scheitert nicht nur, weil Sie zu blöd sind, sondern vielleicht war das Budget zu knapp bemessen, zu viele Kollegen sind erkrankt, der Chef hat eine falsche Entscheidung getroffen – kein Grund, warum Sie das allein auf Ihre Kappe nehmen und ausbaden sollten.

Wenn Sie bei negativen Situationen auch die anderen und die externen Faktoren berücksichtigen, erleichtert es Ihnen diese Zuschreibung sehr, sich von Ihrem eigenen Anteil am Scheitern nicht so herunterziehen zu lassen, ihn zu relativieren und schneller damit fertig zu werden.

Veränderungsansätze

Sie ahnen es schon, unsere schlauen, robusten Rosen wechseln einfach das Muster: Wenn sie erfolgreich waren, schreiben sie die Ursache überwiegend sich selbst zu (»Hurra, ich war's!«), waren sie es hingegen nicht, sehen sie andere und externe Faktoren auch als maßgeblich an (»Na, ich war's aber nicht allein!«). Womöglich haben Sie als Mimose es bisher genau umgekehrt gemacht – kein Wunder, dass das Leben Sie mehr mitgenommen hat als nötig und Sie nicht so optimistisch in die Welt blickten!

Wohlgemerkt, diese rosige Art der Zuschreibung heißt natürlich nicht, dass Sie Ihre eigenen Fehler nicht wahrnehmen oder aber positive Beiträge anderer Menschen zu Ihrem Erfolg ausblenden sollen, sondern Sie würdigen daneben eben auch Ihren eigenen Beitrag angemessen und aufbauend. Achten Sie daher ganz bewusst darauf, welche Ausprägung Sie wann aktivieren:

Umschalten auf Selbstvertrauen. Wenn Sie das nächste Mal einen schönen Erfolg haben, etwas gut geklappt hat, ein Gespräch zufriedenstellend verlief, Sie eine Aufgabe gut bewältigt haben, dann sagen Sie sich ganz explizit, was genau Sie selbst dazu beigetragen haben. Nur keine falsche Bescheidenheit! Warum sollten Sie auf Ihre Leistung nicht stolz sein und das Erfolgsgefühl genießen? Auch wenn Sie darauf angesprochen werden, sollten Sie den Spruch vom Zufall oder Glück vergessen und stattdessen sagen »Ja, das hab ich in dem und dem Punkt gut hingekriegt!«.

Umschalten auf Verweis auf Außenwelt bei Negativem.
Wenn Sie sich beim nächsten kleinen oder größeren Misserfolg wieder pauschal in Bausch und Bogen verdammen wollen, wenn Sie merken, dass Sie eine unliebsame Entwicklung sofort sich selbst zuschreiben, für den Missmut Ihres Liebsten nur sich verantwortlich machen wollen, dann halten Sie sofort inne, greifen Sie zu Stift und Papier und listen Sie alle Faktoren auf, die das Ergebnis auch beeinflusst haben können. So relativieren Sie Ihren eigenen Beitrag und können ihn wieder im richtigen Rahmen sehen – als einen von diversen Einflussfaktoren.

Ursachen wahrzunehmen und richtig zu sortieren, ist also ein weiterer nützlicher Dorn des realistischen Optimismus. Beim nächsten Mechanismus geht es um Ihren persönlichen Blick in die Kristallkugel: Was glauben Sie, wie beständig oder aber unbeständig das Leben ist?

Glückssträhnen, Pechsträhnen

Fragebogen Schlussfolgerungen

Kreuzen Sie relativ spontan einen der Buchstaben an – nehmen Sie die Aussage, die von der Tendenz her eher auf Sie zutrifft, auch wenn sie wortwörtlich nicht ganz stimmt.

1. In einer gut laufenden Beziehung

a) fühle ich mich entspannt, denn es spricht ja nichts dagegen, dass es so weitergeht.

b) bin ich trotzdem immer im Zweifel, wie lange es wohl anhält.

2. Wenn ich in einer persönlichen Krise stecke,

a) sehe ich oft kein Licht am Ende des Tunnels.

b) sage ich mir immer, dass auch das demnächst wieder Geschichte sein wird.

3. Bei meiner beruflichen Entwicklung

a) glaube ich, dass die Kurve weiter nach oben geht.

b) rechne ich nicht mit einem stabilen Aufwärtstrend – es gibt bestimmt wieder jede Menge Rückschläge.

4. Die negativen Folgen der Globalisierung sind in meinen Augen

a) immer noch korrigierbar – das zeigen viele kleine und größere Initiativen durch ihre, wenn auch bescheidenen Erfolge.

b) ein Thema, mit dem ich mich am liebsten gar nicht beschäftigen würde, weil es sowieso noch schlimmer kommen wird.

5. Wenn man heutzutage arbeitslos wird,

a) wird man bis ans Lebensende mit Hartz IV leben müssen.

b) kann man durch Eigeninitiative immer noch etwas Neues auf die Beine stellen, auch wenn es nicht einfach ist.

6. Dem Glück zu trauen

a) grenzt an Harakiri – jeder weiß doch, dass Glückssträhnen in den Bereich der Fabeln und Märchen gehören!

b) ist manchmal gar nicht so verkehrt, solange man deshalb nicht aufhört, selbst aktiv zu bleiben.

7. Wenn ich gut in meinem Job bin,

a) glaube ich, dass ich das auch weiterhin schaffen werde, egal, was kommt.

b) habe ich immer die Befürchtung, dass ich an der nächsten Herausforderung scheitern werde.

8. Ich habe schon öfter festgestellt,

a) dass ein Unglück nicht allein kommt.

b) dass sich das Schicksal jederzeit zum Guten wenden kann.

Hier geht es darum, ob Sie in die Beständigkeit einer Situation, Verhaltensweise, Beziehung oder Leistung vertrauen. Was glauben Sie, wie lange etwas anhält und wie der Trend weitergeht? Vermuten Sie eher Glücks- oder Pechsträhnen? Für wie verlässlich über die Zeit halten Sie etwas?

Glückssträhne: Und wenn sie nicht gestorben sind, dann leben sie immer noch glücklich ... Frage 1a, 3a, 6b, 7a

Sie gehen davon aus, dass etwas Gutes schon andauern wird: heute so und morgen auch so. Sei es eine positive Einschätzung über Leistungen – Sie haben die Präsentation gut hinbekommen, also wird die nächste wohl auch klappen –, sei es über eine Beziehung zu Menschen – wir sind heute befreundet, warum sollte das in einigen Jahren nicht immer noch so sein? Sie haben heute brilliert – nichts spricht in Ihren Augen dagegen, dass Sie bei der nächsten Gelegenheit nicht wieder erfolgreich sein werden. Auch allgemeine positive Trends – bisher lief Ihre Karriere gut – verallgemeinern Sie und betrachten sie als dauerhaft. Kein Grund, sich das Leben mit Unkenrufen schwerer zu machen, als es ohnehin vielleicht schon ist! Lieber haben Sie als Begleiterin die realistische Hoffnung an Ihrer Seite, die Ihnen auch in schlechten Zeiten eine gute Freundin ist.

Es ist sehr gut und motivierend, wenn Sie ein grundsätzliches Vertrauen in sich und andere haben und davon ausgehen, dass etwas, was funktioniert, auch weiterhin funktionieren wird. Versehen mit dem guten Schuss gesunden Realismus (der ist allerdings zwingend notwendig, damit Sie sich nicht in euphorischen Luftschlössern verirren!) etablieren Sie so einen eher frogestimmten Blick in die Zukunft, die für Sie offensichtlich sehr vielversprechend ist. So haben Sie genügend Energie, Pläne zu machen und Sie zu verfolgen, eine hohe Motivation, Ihr Leben aktiv zu gestalten, und genug Hoffnungspotenzial, um sich in schlechten Zeiten mit dem Gedanken an eine baldige bessere Zukunft am eigenen Schopf aus dem Sumpf der Trübseligkeit zu ziehen. So schonen Sie Ihre Haut und vermeiden, dass Ihnen die Wechselfälle des Lebens allzusehr zusetzen.

Pechsträhne: Auf ewig in der Hölle schmoren Frage 2a, 4b, 5a, 8a

Sie könnten die Verkörperung des geborenen Pechvogels sein, wenn man Ihren Schlussfolgerungen Glauben schenkt. Sie gehen nämlich felsenfest davon aus, dass negative Dinge, Erlebnisse und Entwicklungen dauerhaft sein werden. Sie sehen kein Licht am Ende des Tunnels, weil dieser für Sie kein Ende hat. Er hat mir heute abgesagt, er wird es auch die nächsten Male tun. Ich war heute so begriffsstutzig in der Besprechung, also werde ich es wohl nie kapieren. Bisher habe ich es nicht weit gebracht – und ich rechne auch nicht damit, dass jemals etwas Gescheites aus mir wird! Keine Trendwende in Sicht, egal, welche Anzeichen eigentlich dafür sprechen mögen, auch mal etwas Positives zu erwarten. Der Blick in die Zukunft ist für Sie einer in einen trüben, regenverhangenen Himmel.

Etwas unglückselig und sehr belastend ist natürlich, wenn Sie konsistent bei negativen Ereignissen von einem stabilen fortdauernden Trend ausgehen – das raubt Ihnen Ihre Zuversicht, den Mut, es noch einmal zu probieren und lässt die Zukunft ganz schön düster aussehen! Wenn Sie in der Patsche sitzen, erscheint Ihnen diese ewig und endlos. Natürlich verbraucht das jegliche Energie, etwas anzupacken, Pläne zu machen und das Leben zu genießen. Und es intensiviert die subjektiv negative Wahrnehmung eines Ereignisses – wenn Sie sich vorstellen, das erste scheußliche Grippegefühl hielte ab jetzt ewig an, fühlen Sie sich um einiges schlechter, als wenn Sie sich sagen, dass Sie sich in zwei oder drei Tagen bereits wieder deutlich besser fühlen werden!

Tiefe Skepsis: Nichts hält ewig – und das Glück schon gar nicht Frage 1b, 3b, 6a, 7b

Sie glauben, dass positive Dinge nicht lange anhalten und das dicke Ende dann schon kommt. Heute so, aber morgen ganz anders! Vielleicht fürchten Sie wie die alten Griechen den Zorn und Neid der Götter, wenn es Ihnen zu lange zu gut geht? Auf jeden Fall rechnen Sie lieber nicht damit. Heute waren Sie brillant – aber das war sicher nur ein Ausnahmemoment, der sich so schnell nicht wiederholen wird. Sie fühlen sich gerade rundum wohl – na, das wird ja wohl nicht lange anhalten, die nächste Migräne lauert bestimmt schon um die Ecke. Ihr Liebster hat Ihnen gerade glühend romantisch eine Liebeserklärung gemacht – aber das wird er sich schon wieder anders überlegen, wenn er Sie das nächste Mal nach einer kurzen Nacht morgens verknittert aus den Kissen auftauchen sieht. Fragil und kostbar erscheint Ihnen das Glück, flüchtig und scheu wie ein Reh zeigt es sich nie für längere Zeit in Ihrem Leben.

Wenn Sie jedes Mal denken: »Heute hat es geklappt, aber das

heißt noch lange nicht, dass es beim nächsten Mal auch klappen wird!«, untergraben Sie auch sehr wirksam und zielsicher Ihr Vertrauen in sich, Ihre Fähigkeiten und die Zukunft. Es mangelt Ihnen ein wenig an einem gewissen Grundvertrauen in das Leben und seine Beständigkeit. Natürlich kann es sein, dass es beim nächsten Mal schiefgeht – aber es kann genauso gut auch klappen! Denken Sie an die Wirkung der sich selbst erfüllenden Prophezeiung: wenn Sie Negatives erwarten, erhöhen Sie durch Ihr daraus abgeleitetes Verhalten leider auch die Wahrscheinlichkeit, dass es wirklich eintreten wird.

Frohe Hoffnung: Bisher ist noch jeder Frust vergangen Frage 2b, 4a, 5b, 8b

»Neues Spiel, neues Glück!«, ist Ihre Devise. Nur weil Sie heute einen kapitalen Bock geschossen haben, schließen Sie noch lange nicht daraus, dass Ihnen das beim nächsten Mal auch passieren muss. Sie gehen lieber davon aus, dass man immer wieder eine neue Chance bekommt. Und ein Ausrutscher kann ja jedem mal passieren, das ist noch lange keine Garantie dafür, dass es so bleiben muss. Na gut, die letzte Prüfung haben Sie leider mit Pauken und Trompeten versägt – aber wieso sollten Sie die nächste nicht mit summa cum laude absolvieren, wenn Sie bis dahin tüchtig lernen? Und klar sind Sie schon einmal verlassen worden, aber bisher ist immer ein neuer Traummann aufgetaucht – wieso sollte sich nicht wieder ein neues Exemplar hinter dem nächsten Busch verbergen und Ihrem öden Singledasein ein Ende bereiten?

Super, wenn es um Fehler geht, ist das eine sehr kluge, rosige

Denkgewohnheit. Davon auszugehen, dass Negatives nur temporär ist und schon bald wieder ein positiver Trend eintreten wird, kündet wieder von einem angemessenen Optimismus. Es lässt Sie die aktuelle unangenehme Situation im richtigen Rahmen betrachten und verringert das emotionale »Zahnweh«. Natürlich ist es schmerzhaft, wenn der Zahnarzt ohne Betäubung bohrt, aber wenn man weiß, dass das nur eine kurze Phase ist und es einem danach sogar noch besser geht als vorher, ist es nicht gar so schlimm.

Veränderungsansätze

Dauerhaftigkeit bei Erfolgen, Vergänglichkeit bei Missgeschicken. So machen es die rosigen, optimistischen Zeitgenossen unter uns. Beobachten Sie Ihre Gedankengänge ganz bewusst und halten Sie den madigen Gewohnheiten wieder die wirksame Waffe des Bewusstseins entgegen!

Umschalten auf Glückssträhne. Wenn Ihre alte pessimistische Denkgewohnheit wieder zuschlagen will, gebieten Sie ihr Einhalt: Fordern Sie wieder stichhaltige Beweise ein! Natürlich gibt es für etwas Zukünftiges keine echten Beweise, aber es gibt sehr wohl Wahrscheinlichkeiten und Erfahrungswerte. Betrachten Sie Ihre Einschätzungen nüchtern, und ziehen Sie vergangene Erfahrungen als Waffe hinzu, bei denen etwas Positives sehr wohl wiederholbar und dauerhaft war. Suchen Sie eventuell auch Unterstützung bei einer Rose – erfragen Sie ihre

Einschätzung der Situation und der Wahrscheinlichkeiten für verschiedene Entwicklungen.

Umschalten auf frohe Hoffnung. Sehen Sie das Leben, so wie es ist! Und darin überwiegen bei so gut wie allen Menschen eigentlich die positiven Momente bei weitem. Selbst Menschen, die von einem schweren Schicksalsschlag wie eine dauerhafte Behinderung nach einem Unfall getroffen wurden, haben nach eigenen Angaben nach einer Gewöhnungszeit wieder den Spaß am Leben gefunden und ihr vorheriges Zufriedenheitsniveau erneut erreicht. Erhebungen in vielen Ländern haben ergeben, dass fast alle Menschen der Meinung sind, in ihrem Leben seien normalerweise 98 Prozent so weit in Ordnung und nur 2 Prozent tatsächlich schlimm oder temporär belastend! Sie müssen ja nicht nur auf die 2 Prozent starren wie das Kaninchen auf die Schlange.

Also führen auch Sie sich zum einen die trotz allem schönen Aspekte Ihres Lebens wieder vor Augen: Wofür sind Sie dankbar, was ist schön in Ihrem Leben, was können Sie gut, welche kleinen Freuden können Sie Tag für Tag genießen? Zum anderen hinterfragen Sie Ihre kassandrischen Voraussagen wieder auf Wahrscheinlichkeit und Realismus. Sie werden in der sanften Inquisition schnell zur absoluten Meisterschaft aufsteigen.

So, jetzt haben wir fast alle wichtigen Elemente für eine rosigere, optimistischere Strategie zusammengestellt. Ein letztes fehlt noch: Welche Tragweite geben Sie Ihren Schlussfolgerungen? Beschränken Sie sie auf einen Aspekt oder beziehen Sie sie auf die ganze Person?

Alles oder nichts?

Fragebogen Bezugsrahmen

Kreuzen Sie relativ spontan einen der Buchstaben an – nehmen Sie die Aussage, die von der Tendenz her eher auf Sie zutrifft, auch wenn sie wortwörtlich nicht ganz stimmt.

1. Ich glaube, wenn ich ein paar Gerichte gut kochen kann,

    a) bin ich sicher generell eine gute Köchin.

    b) fehlt mir immer noch sehr viel zu einer guten Köchin.

2. Wenn ich einen Korb bekomme,

    a) nimmt mich das ziemlich mit und ich finde mich selbst schnell komplett unattraktiv.

    b) sage ich mir, dass halt dieser Stoffel mich nicht wollte und suche mir einen anderen mit mehr Geschmack.

3. Ich vergesse öfter mal einen Termin, daher bin ich

    a) noch lange kein vergesslicher Mensch.

    b) offensichtlich ziemlich unzuverlässig.

4. Wenn ich im Beruf einen tollen Erfolg hatte,

    a) bin ich auch zu Hause wie beflügelt gewesen.

    b) hat sich das auf mein Privatleben nicht so ausgewirkt – da holt mich dann schnell der Schrecken des Alltags ein.

5. Bei Problemen im privaten Bereich

    a) lässt auch meine Arbeitsleistung schnell nach, weil es mich so beschäftigt.

b) kann ich ganz gut zwischen Privatleben und Arbeit trennen und das Problem im Büro beiseitestellen.

6. Nachdem mich eine Freundin versetzt hat,

a) denke ich, dass sie in diesem Fall wohl ihre Gründe gehabt haben wird und mache einen neuen Termin aus.

b) grüble ich schnell darüber nach, ob sie mich überhaupt
noch mag.

7. Als ich einmal ein tolles Kompliment bekommen habe,

a) war mir klar, dass das nur ganz relativ zu sehen ist.

b) habe ich mich gleich rundum großartig gefühlt.

8. Wenn ich in meinem Verein das Tennisturnier gewinne,

a) gehe ich davon aus, dass ich eine echt gute Sportlerin
bin.

b) soll bloß keiner meinen, ich wäre eine sportliche und
fitte Person.

Bei dieser letzten Wahrnehmungsgewohnheit des Bezugsrah-
mens geht es also darum, ob Sie eine Wahrnehmung und Ihre
Schlussfolgerungen daraus auf die ganze Person beziehen oder
aber spezifisch nur auf den einen Bereich, der gerade relevant
ist. Können Sie nur diese eine Sache oder sehen Sie sich insgesamt als fähige Person? Finden Sie an Ihrem Job einige Aspekte
nervig oder nervt Sie gleich die ganze Arbeit?

Verallgemeinerung bei Positivem: Wer A kann, kann auch B bis Z! Frage 1a, 4a, 7b, 8a

»Eines gut, vieles oder alles gut!«, ist das Motto. Die Schlussfolgerung aus einer Situation bleibt nicht auf das Thema beschränkt, sondern Sie weiten sie auf die ganze Person aus und generalisieren: Ich komme mit dem PC ganz gut zurecht – ha, ich habe wohl generell ein gutes Händchen für technische Dinge! Ich bin überhaupt ziemlich intelligent! Auf der Abteilungsfeier gestern Abend war ich spritzig und amüsant – ich bin eben grundsätzlich eine unterhaltsame Person, die gut kommunizieren kann. Für die Prüfung haben Sie fleißig gelernt – Sie geben selbstverständlich immer Ihr Bestes. Zwei Herren haben Sie auf dem letzten Tanzabend aufgefordert – na klar, Sie sind eine attraktive, charmante Person!

Wie schon gehabt: sehr gute Strategie bei Stärken und Erfolgen! Sie bauen ein positives Selbstbild auf und bringen sich selbst und anderen eine umfassende Wertschätzung entgegen. Sie erkennen und würdigen, dass eine Eigenschaft oder Stärke nicht nur in einem Bereich zum Tragen kommt, sondern in vielen Bereichen wirksam ist. So nutzen Sie Ihre positiven Eigenschaften vielfältig aus, können auch einmal kleine Schwächen generös übersehen und lassen nicht so leicht geknickt den Kopf hängen. Wenn es für Sie irgendwo gut gelaufen ist, können Sie dieses positive Gefühl auch auf andere Lebensbereiche übertragen.

Verallgemeinerung bei Negativem: Ich Vollidiotin! Frage
2a, 3b, 5a, 6b

Die andere Seite der Medaille: Generalisieren von Fehlern,
kleinen Schwächen und Misserfolgen. Ein Korb auf dem Tanzabend ist dann kein einzelner Korb mehr, sondern ein Korb
Warengroßhandel: Sie sind für alle Männer total unattraktiv
und überhaupt eine ziemlich blöde Person … Sie haben nicht
nur eine spezielle Prüfung nicht bestanden, Sie können generell
ganz und gar nicht und nie und nimmer jemals irgendeine Prüfung bestehen, weil Sie irgendwie zu blöd dazu sind! Sie können noch nicht einmal gescheit lernen; eigentlich ist es schon
ein Wunder, dass Sie sich bisher überhaupt durchs Leben haben
schlagen können. Das Kind mit dem Bade ausschütten haben
Sie allerdings exzellent gelernt, da sind Sie unbestritten eine
Meisterin!

Ein Misserfolg oder ein unschönes Ereignis stellt gleich den
Wert der ganzen Person infrage, ein unangenehmes Erlebnis in
einem speziellen Bereich wirkt sich auf Ihr ganzes Lebensge-
fühl aus. Aus einer kleinen Schwäche oder einem Misserfolg in
einem bestimmten Bereich schlussfolgern Sie auf eine perma-
nente, allumfassende Unfähigkeit auch in anderen Lebensbe-
reichen. Und Sie verallgemeinern leider auch negative Gefühle:
Wenn Sie einen Misserfolg im Beruf hatten, wirkt sich dieser
komplett auf Ihre Lebensfreude aus, da Sie ihn nicht isoliert
betrachten können. Auch die Freizeit und das Privatleben sind
dann überschattet von dem negativen Gefühl, das Sie nicht abschütteln oder beiseitestellen können.

Positives als Ausnahme ansehen: Bloß nicht übermütig werden! Frage 1b, 4b, 7a, 8b

Sie tun sich schwer, Ihre Stärken und Erfolge in einem Bereich auszuweiten und zu erkennen beziehungsweise zuzugeben, dass sie auch in anderen Bereichen wirksam sind. Ja, gut, mir ist eine witzige Ansprache zum Fünfzigsten meiner Mutter eingefallen – aber das heißt doch noch lange nicht, dass ich grundsätzlich kreativ und witzig bin! Diese Aufstellung war blendend und übersichtlich, aber dafür musste ich mich fürchterlich anstrengen – nicht dass ich generell einen Sinn für Klarheit und Struktur hätte!

Grundsätzlich trauen Sie dem Braten nicht so recht und sind daher bei Ihrer Einschätzung übervorsichtig und zurückhaltend. Stimmt, er ist dreimal bei mir zum Essen gewesen und jedes Mal sehr lange geblieben – aber das heißt noch lange nicht, dass er mich insgesamt sympathisch findet, sondern allenfalls, dass er meine Kochkünste ganz annehmbar findet oder das Geld für den Restaurantbesuch sparen wollte …

Durch Ihr übermäßiges Relativieren nähren Sie Ihre Empfindlichkeit, da Sie ihr kein stabiles, umfassendes positives Selbstbild entgegensetzen können. Ihr eifriger innerer Kritiker ist immer in Alarmbereitschaft, um zu verhindern, dass Sie bloß nicht größenwahnsinnig werden und womöglich von sich glauben, Sie seien schon grundsätzlich in Ordnung oder gar toll! Lieber einen unzulässigen Schluss ziehen, als Gefahr laufen, dass Sie sich über Ihre Erfolge und Stärken übermäßig freuen und dabei überschnappen.

Negatives als Ausnahme ansehen: Bitte keine voreiligen Schlüsse! Frage 2b, 3a, 5b, 6a

Ein Misserfolg in einem spezifischen Kontext bedeutet für Sie eben nur einen Misserfolg in einem spezifischen Kontext – basta! Wer nicht gut Tennis spielen kann, ist deshalb noch lange keine schlappe, degenerierte Person. Nur weil ich mich neulich in der Diskussion ein wenig verhaspelt habe, heißt das noch lange nicht, dass ich unintelligent bin und mein IQ selten über der Raumtemperatur liegt! Kein Grund zu unzulässigen Verallgemeinerungen, kein Anlass, von einem kleinen Ausschnitt auf das große Ganze zu schließen. Den Wert Ihrer Person und Ihr Selbstbild verknüpfen Sie doch nicht mit einem kleinen Lapsus in einem abgegrenzten Bereich; Sie wissen, dass an Ihnen noch viel mehr dran ist.

Auch Ihre negativen Gefühle können Sie ganz gut sortieren: Warum nicht wenigstens die Wochenenden genießen, wenn's schon im Büro so ätzend ist. Es reicht vollkommen, wenn Sie sich dort unwohl fühlen, das müssen Sie nicht auch noch zu Hause tun. Und umgekehrt muss Ihnen der Krach mit Ihrem Liebsten ja nicht auch noch den ganzen Arbeitsalltag versauen – es reicht, wenn am Abend wieder die Fetzen fliegen.

Eine exzellente Strategie bei Fehlern und kleinen Schwächen! Durch die isolierte Betrachtung behalten und stabilisieren Sie Ihr positives Selbstbild und weisen den Fehlern oder kleinen Missgeschicken die richtige Dimension zu. Sie sind nur ein winziger Aspekt einer ansonsten großartigen Person, unangenehme Erlebnisse beeinflussen allenfalls den Bereich, in den sie gehören, aber verderben Ihnen nicht Ihr ganzes Leben und die

Freude daran. Sie finden aus negativen Gefühlen schneller wieder heraus, Sie sind entschlossen, sich nicht von einem isolierten Aspekt komplett die Laune verderben zu lassen!

Veränderungsansätze

Hier hilft die Frage, welche Denkweise nützlicher ist, wieder in bewährter Form weiter: Natürlich ist es nützlicher, bei positiven Dingen zu verallgemeinern und die negativen nur in dem spezifischen Bereich zu belassen, zu dem sie gehören!

Umschalten auf Verallgemeinerung bei Positivem. Wenn Sie etwas gut gemacht haben, fragen Sie sich ganz gezielt, welche Fähigkeit dahintersteckt und wo Sie diese Fähigkeit bisher sonst auch noch einsetzen. Rufen Sie sich weitere Situationen und Begebenheiten ins Gedächtnis, in denen Sie etwas ähnlich Tolles hinbekommen haben. Fragen Sie sich: Was kann diese Eigenschaft / Fähigkeit für weitere Anlässe und Themen Positives bedeuten und beitragen?

Umschalten auf Negatives als Ausnahme ansehen. Hinterfragen Sie Ihre Hypothesen: Warum soll ein Fehler im Bereich X gleich bedeuten, dass Sie grundsätzlich unfähig sind? Rufen Sie sich wieder gezielt Gegenbeispiele ins Gedächtnis, die Ihnen zeigen, dass diese kleine Schwäche keinen allumfassenden Makel darstellt. Setzen Sie auch bewusst eine Liste Ihrer positiven Eigenschaften, Fähigkeiten und Erfolge dagegen. Denken

Sie aktiv darüber nach, was Sie in Zukunft tun könnten, um Ihre Sache besser zu machen, anstatt sich in Gram über ohnehin Vergangenes zu verzehren.

So, jetzt haben wir alle Elemente, um eine rosige Strategie zusammenzustellen! Nichts hindert Sie nun noch, die Welt in ihrer bunten Vielfalt wahrzunehmen und auch einmal etwas Positives zu vermuten.

Aus Mimosen werden Rosen

Schauen wir uns die Wahrnehmungsgewohnheiten, Verarbeitungsmechanismen und Strategien unserer Mimosen und Rosen noch einmal im Überblick an und rücken wir den mimosischen dann anhand eines Beispiels wieder mit einem Fragearsenal zu Leibe!

Positiver Fall: Sie haben in einer Teambesprechung eine Ihrer Ideen überzeugend dargestellt und viele Widerstände überwunden

Muster/ Ausprägung	Denkstrategie Rosen	Denkstrategie Mimosen	Muster/ Ausprägung
Informationsvergleich: Konzentration auf Unterschiede und Abwechslung	Wow, es ist immer wieder spannend, wie verschieden Menschen doch auf Argumente reagieren und mit Ideen umgehen!	Mann, ich finde es allmählich ziemlich öde, immer wieder die selben Reaktionen bei neuen Ideen ertragen zu müssen!	Informationsvergleich: Konzentration auf Gemeinsamkeiten und Vertrautes
Überzeugungsmechanismus: Sich überzeugen lassen	Das ist mir jetzt schon zum dritten Mal gelungen – es scheint, dass die Kollegen mir mittlerweile aufmerksam zuhören und meine Ideen schätzen.	Na gut, dieses Mal hat es funktioniert, aber ich glaube nicht, dass ich das nächste Mal wieder so gut argumentieren kann.	Überzeugungsmechanismus: Ständig neu beweisen
Ursachenzuschreibung: Selbstvertrauen	Ich muss schon sagen, ich fand meine Argumentation wirklich zwingend und begeisternd.	Die hatten wohl wirklich einen guten Tag heute – ich hatte Glück, dass die Besprechung einen Tag nach der Bekanntgabe der Tariferhöhungen stattfand.	Ursachenzuschreibung: Außenwelt
Schlussfolgerungen: Glückssträhne	Ich sehe schon, Veränderungen anzustoßen wird von Mal zu Mal leichter.	Na ja, jetzt hat es zwar einmal geklappt, aber beim nächsten Mal wird es bestimmt nicht wieder gelingen.	Schlussfolgerungen: Skepsis

Muster/ Ausprägung	Denkstrategie Rosen	Denkstrategie Mimosen	Muster/ Ausprägung
Bezugsrahmen: Verallgemeinerung bei Positivem	Wenn ich so darüber nachdenke, ich kann wirklich viele Menschen gut von etwas überzeugen.	Diese eine Argumentation hatte ich sehr genau ausgearbeitet – grundsätzlich kann ich das nämlich nicht so gut ohne Vorbereitung.	Bezugsrahmen: Positives als Ausnahme ansehen

Negativer Fall: Sie haben in einem Gehaltsgespräch leider keine Gehaltserhöhung bekommen

Muster/ Ausprägung	Denkstrategie Rosen	Denkstrategie Mimosen	Muster/ Ausprägung
Informationsvergleich: Konzentration auf Unterschiede und Abwechslung	Dieses Mal kamen ganz neue Argumente, die ich noch gar nicht kannte – aber beim nächsten Termin werde ich sie zerpflücken!	Typisch, mir geht es doch immer so: Auch in meiner letzten Firma habe ich eigentlich nur die Tariferhöhungen bekommen, sonst bin ich jedes Mal gescheitert.	Informationsvergleich: Konzentration auf Gemeinsamkeiten und Vertrautes
Überzeugungsmechanismus: Sich überzeugen lassen	Gut, erster Versuch bei diesem Chef gescheitert. Das heißt noch gar nichts: Wollen wir doch mal sehen, ob es beim nächsten Mal mit der richtigen Strategie nicht viel besser läuft!	Ich habe eigentlich auch gar nicht damit gerechnet, dass ausgerechnet ich es schaffen könnte, dem Chef mehr Geld aus der Tasche zu locken.	Überzeugungsmechanismus: Automatisch bei Negativem

Muster/ Ausprägung	Denkstrategie Rosen	Denkstrategie Mimosen	Muster/ Ausprägung
Ursachenzuschreibung: Außenwelt	Heute war der Chef aber auch besonders eklig drauf; und zudem war der Zeitpunkt wohl eher schlecht, so kurz nach der Tariferhöhung!	Ich habe aber auch wie ein trübseliges Häufchen Elend dagesessen und herumgestammelt – ich selbst hätte mir auch keine Gehaltserhöhung bewilligt!	Ursachenzuschreibung: Selbstzweifel
Schlussfolgerungen: Glückssträhne	In ein paar Monaten kann alles schon wieder ganz anders aussehen – wirklich gute Leute wird man auf Dauer auch angemessen bezahlen!	Bei der derzeitigen Lage muss ich es eigentlich gar nicht nochmal probieren – es ändert sich ja sowieso nichts.	Schlussfolgerungen: Pechsträhne
Bezugsrahmen: Negatives als Ausnahme ansehen	Egal, das Thema kann warten bis zum nächsten Versuch. Da freue ich mich wenigstens auf das Wochenende!	Na, da kann ich mir die gute Laune ja abschminken – und dass das ein gutes Wochenende gibt, kann ich mir nun auch kaum noch vorstellen!	Bezugsrahmen: Verallgemeinerung bei Negativem

Die bevorzugten Strategien sind klar, nun werden wir uns im Überblick ansehen, wie man wieder durch sanftes, aber hartnäckiges Fragen aus der Gewohnheitsfalle ausbrechen kann und die Schalter im Kopf auf »realistischen Optimismus« stellen kann.

Umschalten auf Rosenstrategie: Positiver Fall

1. Informationsvergleich: Konzentration auf Unterschiede und Abwechslung

- Worin unterscheidet sich diese Situation von bisherigen?
- Haben Sie dieses Mal etwas anders gemacht?
- Worin unterscheiden sich die Reaktionen der anderen Beteiligten im Vergleich zu vergangenen Situationen?

2. Überzeugungsmechanismus: Sich überzeugen lassen

- Wie oft beziehungsweise wie lange muss etwas bewiesen werden?
- Ist die Anzahl angemessen? Falls Sie nicht sicher sind, was sagen andere dazu?

Sollten Sie zwischenzeitlich doch wieder Zweifel bekommen und vage Befürchtungen hegen:

- Sind Ihre Ängste begründet? Realistisch?
- Was ist das Schlimmste, das passieren könnte?
- Was ist wahrscheinlich?
- Was können Sie vorbereitend gegen den schlimmsten Fall tun?

3. Ursachenzuschreibung: Selbstvertrauen

- Welche Fähigkeiten oder Eigenschaften haben Sie eingesetzt, um so erfolgreich zu sein?
- Was genau ist Ihr Beitrag zu dem positiven Resultat?
- Wo können Sie diese Fähigkeiten noch nutzen?

---

4. Schlussfolgerungen: Glückssträhne

- Was spricht dafür, dass es auch in Zukunft klappt?
- Wenn etwas dagegen spricht, was können Sie tun, um diese Faktoren auszuschalten?
- Was können Sie im Vorfeld tun, um den Erfolg fortzusetzen?
- Welche Fähigkeiten können Sie gezielt dafür einsetzen?

5. Bezugsrahmen: Verallgemeinerung bei Positivem

- In welchen anderen Bereichen setzen Sie diese Fähigkeit / Eigenschaft noch ein?
- Was kann diese Eigenschaft / Fähigkeit für weitere andere Anlässe Positives bedeuten und beitragen?
- Welche weiteren positiven Beispiele fallen Ihnen dazu ein?

Und natürlich sollen Sie auch bei negativen Erlebnissen nicht zu lange in der Falle sitzen bleiben – nutzen Sie auch hier die Kraft der sanften Inquisition.

Umschalten auf Rosenstrategie: Negativer Fall

1. Informationsvergleich: Konzentration auf Unterschiede und Abwechslung

- Worin unterscheidet sich diese Situation von bisherigen?
- Haben Sie dieses Mal etwas anders gemacht?
- Worin unterscheiden sich die Reaktionen der anderen Beteiligten im Vergleich zu vergangenen Situationen?

2. Überzeugungsmechanismus: Sich überzeugen lassen

- Wie oft beziehungsweise wie lange muss etwas bewiesen werden?
- Ist die Anzahl angemessen? Falls Sie nicht sicher sind, was sagen andere dazu?

Sollten Sie zwischenzeitlich doch wieder Zweifel bekommen und vage Befürchtungen hegen:

- Sind Ihre Ängste begründet? Realistisch?
- Was ist das Schlimmste, was passieren könnte?
- Was ist wahrscheinlich?
- Was können Sie vorbereitend gegen den schlimmsten Fall tun?

3. Ursachenzuschreibung: Außenwelt

- Was haben andere Personen zum Resultat beigetragen?
- Wie hat deren Stimmung den Verlauf beeinflusst?
- Welche Rolle haben mangelnde oder falsche Informationen gespielt?
- War irgendetwas zu knapp bemessen (Zeit, Geld, Kapazität, Zuarbeit anderer etc.)?

- War der Zeitpunkt ungünstig?
- Was hat sonst noch eine Rolle gespielt (Störungen, Zufälle ...)?

4. Schlussfolgerungen: Frohe Hoffnung

- Was wird beim nächsten Mal alles anders sein?
- Welche Beweise / Wahrscheinlichkeiten gibt es für einen demnächst positiven Ausgang?
- Welche Beispiele zeigen auf, dass es nicht negativ weitergehen muss?

5. Bezugsrahmen: Negatives als Ausnahme ansehen

- Worauf genau bezieht sich der Misserfolg nur?
- In welchen anderen Situationen ähnlicher Natur waren Sie erfolgreich?
- Warum soll ein Misserfolg im Bereich X gleich bedeuten, dass Sie grundsätzlich unfähig sind?
- Welche Stärken und positiven Eigenschaften haben Sie, die den kleinen Misserfolg mehr als wettmachen?

Damit sie nicht doch noch weitere Pralinen futtert, ist Iris entschlossen, ihren zu pessimistischen, niedergeschlagenen Blick auf die Welt anhand einer kürzlich erlebten niederschmetternden Situation wieder geradezurücken: Sie hatte sich um einen Teamleiterposten beworben und ist abgelehnt worden! Die Ablehnung hat sie zum einen sehr verletzt und emotional schwer getroffen und zum anderen in ihr massive Zweifel an ihrer Kompetenz geweckt. Sie nimmt es vollkommen persönlich, hält sich selbst für einen unfähigen Volltrottel, kann gar nicht verstehen, dass sie es überhaupt gewagt hat, sich zu bewerben und ist der Meinung, dass sie es in ihrem beruflichen Leben wohl nie weiterbringen wird. Seit Tagen nagt diese Niederlage also schwer an ihr und hat wohl auch dazu beigetragen, dass sie die »Ablehnung« auf der Party so empfindlich hart getroffen hat.

Beispiel:
Iris testet die Rosenstrategie (negativer Fall)

1. Informationsvergleich: Konzentration auf Unterschiede und Abwechslung

Worin unterscheidet sich diese Situation von bisherigen?
Hmm, ich weiß nicht, ich habe mich bisher noch nie um einen Teamleiterposten beworben. Aber ich hatte natürlich schon mehrere Bewerbungsgespräche. Da hatte ich noch nicht viel Erfahrung, klar. Ich habe mich wieder wie zu meinen Berufsanfängerzeiten gefühlt und mich wohl auch so verhalten! Dabei ist es jetzt nach etlichen Jahren Berufserfahrung ja wirklich eine andere Situation. Außerdem ist es ebenfalls etwas ganz anderes, wenn man keine Stelle hat und abgelehnt wird, als wenn man nur keine Beförderung bekommt.

Haben Sie dieses Mal etwas anders gemacht?
Eben nicht das, was ich anders hätte machen sollen: noch selbstsichereres Auftreten und eine deutliche Demonstration meiner Erfahrung!

Worin unterscheiden sich die Reaktionen der anderen Beteiligten im Vergleich zu vergangenen Situationen?

Tja, hmm ... in den anderen Bewerbungssituationen kannte ich die Beteiligten natürlich nicht; für die war ich Bewerberin Nr. 1003 oder so. Denen war es egal, wie es mit mir weitergeht. Im jetzigen Fall muss ich schon zugeben, dass mein Chef ein echtes Interesse daran hat, mir bei meinem beruflichen Fortkommen zu helfen. Er hat angeboten, sich mit mir zusammen über meine Entwicklung Gedanken zu machen, und mich sogar dabei aktiv zu unterstützen!

2. Überzeugungsmechanismus: Sich überzeugen lassen

Wie oft beziehungsweise wie lange muss etwas bewiesen werden? Ist die Anzahl angemessen? Falls Sie nicht sicher sind, was sagen andere dazu?

Ja, ich hab's kapiert, nur Mimosen erwarten von vornherein immer wieder ein Scheitern. Ich denke, ich sollte das Angebot meines Chefs annehmen und es wirklich noch mindestens zwei- oder dreimal probieren; nicht jede Stelle passt ja schließlich genau auf mich. Meint auch Felicitas, bei der hat's erst beim vierten Mal geklappt. Okay, nur weil's jetzt nicht geklappt hat, bedeutet das nicht, dass es beim nächsten Mal auch nicht klappen wird – zumal ich fest entschlossen bin, mich auf das nächste Gespräch gründlich vorzubereiten. Zumindest habe ich aus diesem nämlich eine Menge darüber gelernt, wie man es nicht machen sollte!

Sollten Sie zwischenzeitlich doch wieder Zweifel bekommen

und vage Befürchtungen hegen: Sind Ihre Ängste begründet? Realistisch?

Beim Gedanken an die nächste Bewerbung auf so einen Posten wird mir trotzdem noch ganz schön schwummrig. Begründet? Realistisch? Wohl nicht so ganz. Bei uns in der Firma ist das Klima eigentlich völlig in Ordnung, und sie versuchen auch, die Mitarbeiter zu fördern – also kann ich wohl eher davon ausgehen, dass sie meine nächste Bewerbung eher wohlwollend betrachten werden, wenn mein Profil grundsätzlich passt. Schließlich wollen sie ihre Leute ja nicht grundlos fertigmachen!

Was ist das Schlimmste, was passieren könnte?
Dass ich nie genommen werde, natürlich!

Was ist wahrscheinlich?
Zugegeben, wohl eher, dass ich einfach noch etwas Geduld brauche und mich in der Zwischenzeit besser vielleicht noch etwas fortbilde oder so.

Was können Sie vorbereitend gegen den schlimmsten Fall tun?
Ich könnte mich über andere Wege des beruflichen Fortkommens genauer informieren – ich glaube, bei uns gibt es auch noch so etwas wie eine Fachlaufbahn, die sehr interessant sein könnte. Und zur größten Not, falls ich wirklich total feststecken sollte, gibt es ja auch noch andere Arbeitgeber ...

3. Ursachenzuschreibung: Außenwelt
Was haben andere Personen zum Resultat beigetragen?
Andere Personen? Mein Chef vielleicht? Nun ja, er hatte sich

meine Unterlagen wohl nicht soo genau angesehen, wie ich es mir gewünscht habe. Er musste etliche Male bei Punkten nachfragen, die er eigentlich hätte wissen müssen, wenn er sich ausreichend vorbereitet hätte. Tja, so ist das mit viel beschäftigten Managern wohl.

Wie hat deren Stimmung den Verlauf beeinflusst?
Er schien mir schon etwas gehetzt und unkonzentriert – hat ja auch viel um die Ohren, der arme Mann. Das hat bestimmt dazu beigetragen, dass er sich gar nicht so genau mit mir beschäftigt hat.

Welche Rolle haben mangelnde oder falsche Informationen gespielt?
Mein Chef wusste offensichtlich gar nicht so genau, wie viel Erfahrung ich in den letzten Monaten auf dem Gebiet gesammelt habe!

War irgendetwas zu knapp bemessen (Zeit, Geld, Kapazität, Zuarbeit anderer etc.)?
Zeit vielleicht, er konnte sich nicht sehr viel Zeit für das Gespräch nehmen, weil er noch andere Termine hatte. Deshalb ja auch das Angebot für einen neuen Termin.

War der Zeitpunkt ungünstig?
Scheint fast so … und, ist schon klar, das lag nicht an mir! Für seine Planung oder Fehlplanung kann ich nichts, das habe ich bereits kapiert.

Was hat sonst noch eine Rolle gespielt (Störungen, Zufälle etc.)?

Hmm, Störungen gab es eigentlich keine, und auch sonst fällt mir da nichts ein.

4. Schlussfolgerungen: Frohe Hoffnung

Na, bestimmt eine ganze Menge! Ich werde mich noch besser vorbereiten, ich werde meine Erfahrungen zu dem Thema glasklar darstellen, ich werde vorher abklären, ob auch genügend Zeit zur Verfügung steht, und nicht zuletzt hat mein Chef jetzt bestimmt ein bisschen ein schlechtes Gewissen. Das könnte das Wohlwollen durchaus erhöhen!

Welche Beweise/Wahrscheinlichkeiten gibt es für einen demnächst positiven Ausgang?

Man lernt ja bei jedem Mal dazu, nicht? Ich halte es mittlerweile schon für wahrscheinlich, dass ich mich das nächste Mal souveräner und kompetenter präsentieren werde! Und die generelle positive Einschätzung meiner Kompetenz durch meinen Chef, dazu noch sein schlechtes Gewissen. Das spricht auch dafür, dass es auch von seiner Seite aus beim nächsten Mal anders laufen wird. Ich denke, er wird sich auf jeden Fall besser vorbereiten und sich intensiver mit meinen Leistungen beschäftigen.

Welche Beispiele zeigen auf, dass es nicht negativ weitergehen muss?

Ich hab ja eine tolle Stelle!

5. Bezugsrahmen: Negatives als Ausnahme ansehen

Worauf genau bezieht sich der Misserfolg nur?

Wohl tatsächlich nur auf die Sache mit dem Teamleiter – ich weiß ja eigentlich, dass ich ganz gut bin.

In welchen anderen Situationen ähnlicher Natur waren Sie erfolgreich?

Wie schon angemerkt war ich zumindest bei einer Bewerbung erfolgreich, sonst wäre ich ja jetzt arbeitslos. Und nun fällt mir auch noch ein, das ich in unserer Laienspielgruppe beim letzten Stück die weibliche Hauptrolle bekommen habe, weil ich beim Vorsprechen wohl die Beste war. Und das ist ja irgendwie auch so eine Art Bewerbung.

Warum soll ein Misserfolg im Bereich X gleich bedeuten, dass Sie grundsätzlich unfähig sind?

Warum, warum ... gut, bedeutet es tatsächlich nicht. War wohl etwas übertrieben geschlussfolgert.

Welche Stärken und positiven Eigenschaften haben Sie, die den kleinen Misserfolg mehr als wettmachen?

Geduld und Ausdauer, Lernfähigkeit, Erfahrung, vielleicht Intelligenz, und ab jetzt ein rosigeres Gemüt!

Sie sehen, auch hier hilft das knallharte Verhör wieder, die verdächtigen Kopfmaden zu entlarven und statt der alten Mimosengewohnheit des Kopf-hängen-Lassens tief durchzuatmen und den Blick wieder auf eine doch recht rosige Zukunft zu werfen. Gesundes und robustes Denken ist doch einfach eine tolle Sache! Jetzt ist es wieder an Ihnen – Pralinenschachtel weggestellt, Stift und Zettel geholt und munter drauflosgefragt. Es ist natürlich Ihnen überlassen, ob Sie ein negatives Erlebnis abschwächen oder ein positives intensivieren wollen – oder beides.

Heute schon gelacht?

Haben Sie eigentlich Lachfalten? In einer Frauenzeitschrift stand einmal als ernst gemeinter Ratschlag der ultimative Anti-Falten-Tipp: Man nehme eine große Rolle Tesafilm und klebe sich großzügig breite Streifen auf die Stirn, um den Mund und rund um die Augen. Solcherart fixiert, können die Gesichtsmuskeln kein verpöntes Eigenleben mehr führen und dadurch unliebsame Falten erzeugen. Bei einem solchen Anblick in ei-

nem Großraumbüro müsste ich wahrscheinlich so lachen, dass selbst das stärkste Tesa-Packband nicht gegen die Kraft meiner Lachmuskeln ankäme. Ob die in ihrer Redaktion wirklich alle so herumsitzen? Warum werden solche Fotos nie gezeigt?

Der Antifaltenwahn hat vor lauter Faltenangst eines ganz aus den Augen verloren: dass der Mensch dazu geboren ist, zu leben und dabei eine Vielzahl von Emotionen zu erleben. Und Gott sei Dank auch eine Vielzahl positiver Emotionen wie Freude, Spaß, Erstaunen, Ekstase, Rührung, Verzückung ... Und all diese Emotionen, ob positiv oder negativ, spiegeln sich in unserem Gesicht und hinterlassen ihre Spuren. Ein lebendiges Leben mit vielen Emotionen ist in einem ausdrucksstarken Gesicht sichtbar – und unterscheidet interessante, lebensfrohe Menschen von Barbiepuppen.

Aus der Lachforschung

Diese Emotionen mit allen Mitteln am Ausdruck zu hindern, hat sich als nicht sehr gesund erwiesen – vielleicht behalten Sie Ihr glattes Gesicht, können sich allerdings nur viel kürzer daran erfreuen als die lebendigeren und ausdrucksvolleren Zeitgenossen. Denn die Lachforschung (Gelotologie) hat bewiesen, dass Lachen nicht nur Spaß macht, sondern auch sehr positiv auf die geistige, emotionale und körperliche Gesundheit wirkt.

Auf der körperlichen Ebene wirkt sich das Lachen sehr förderlich auf die Atmung und die Sauerstoffversorgung aus; es werden Stresshormone abgebaut und stattdessen Endorphine (die körpereigenen »Glücksdrogen«) ausgeschüttet. Sogar das Immunsystem wird nachweisbar stimuliert und geht seiner Killeraufgabe – der Abwehr böser Eindringlinge und mutierter Zellen – deutlich eifriger nach. Herzhaftes Lachen regt das Gehirn auch physisch an, löst Verkrampfungen, fördert eine gesunde Verdauung und wirkt sich schmerzlindernd aus.

Ein lachloses Leben mit zu vielen negativen Gefühlen und Gedanken wirkt sich im Umkehrschluss tatsächlich ebenfalls ziemlich negativ auf den Körper aus: Eine geschwächte Immunabwehr, dadurch häufigere Krankheiten und die Belastung durch ein hohes Niveau an Stresshormonen untergraben die Gesundheit dauerhaft mit ihrem schleichenden Gift.

Humor als Waffe

Lachen wirkt auf den Geist und das Gefühl ebenfalls wie ein Wundermittel. Wer lacht, lenkt seine Aufmerksamkeit wirksam ab und kann sich nicht gleichzeitig in negativen Denkspiralen verfangen und schlechte Gefühle produzieren. Lachen und Humor befreien von inneren Hemmungen, beseitigen Denkblockaden, sprengen geistige Grenzen, setzen Denkgewohnheiten außer Kraft und regen so auch die Kreativität bei der Lösungssuche an. Wer oft lacht und seinen Sinn für Humor auslebt, ist geistig und verhaltensmäßig flexibler, kann auch in schwierigen Situationen das Komische sehen und dazu nutzen, seine Probleme distanzierter in einer neuen Relation zu sehen. Wer viel lacht, sieht sich und die Welt einfach rosiger!

Grübeln und Sich-schlecht-Fühlen folgen nämlich einer ihnen innewohnenden Pseudologik, wie Sie ja schon wissen. *Er hat meine Einladung abgelehnt, das bedeutet logischerweise, dass ich eine komplett unattraktive Person bin, und daher muss ich mich jetzt genauso logischerweise erst mal ziemlich miserabel fühlen ...*

Humor hingegen nutzt absichtliche Unlogik und eine gewisse Respektlosigkeit gegenüber expliziten und impliziten Normen – daher waren und sind in manchen Ländern Kabarettisten keine gern gesehenen Zeitgenossen oder gar verboten. Humor hebelt die Pseudologik des pessimistischen Denkens aus und schafft eine gesunde Distanz zum Problem. *Er hat meine Einladung abgelehnt – puh, Glück gehabt, da bin ich ja gerade noch mit Haaresbreite einer höllischen Ehe entkommen! Das erspart mir die Scheidung!* Die schräge und übertriebene Perspektive hilft, das Ausmaß des Problems wieder auf ein angemessenes Maß zurechtzustutzen.

Unsere Probleme haben nämlich die liebenswerte Eigenschaft, zu schrumpfen, wenn man auch ihre lächerliche Seite würdigt. Danach begegnet man ihnen mit einer anderen Einstellung – dieser ulkige Problemzwerg soll sich einst als Riese ausgegeben haben? Dass ich nicht lache!

Humor und herzhaftes Lachen sind ebenso wie die Fragen des realistischen Optimismus eine scharfe und wirksame Waffe gegen unselige Denk- und Wahrnehmungsgewohnheiten. Häufiges Lachen und ein wacher Sinn für Humor immunisieren also auf Dauer gegen die kleinen und großen Stiche, die das Leben uns versetzt; kurz und gut: Wer viel lacht und dem Leben humorvoll begegnet, hat eine gesunde rosige Haut. Und lieber eine rosige Haut als einen rostigen Kopf.

Das große Lachtraining

Hereinspaziert, steigen Sie ein ins Humortraining! Sie finden viele Anregungen, Denkansätze und Übungen, die Ihnen helfen werden, immer öfter ein betörendes Lächeln auf Ihre entzückend geschwungenen Lippen zu zaubern und sich den Muskelkater im Bauch durch regelmäßiges Lachen abzutrainieren. Bei den Übungen wird die Macht der humoristischen Unlogik genutzt, um Sie aus Ihren pseudologischen negativen Spiralen zu befreien. Die Devise heißt: Je unlogischer, blödsinniger und absurder, desto besser!

Sie finden einige grundsätzliche Anregungen, Ihren Humor zu trainieren und sich schneller aus trübseligen Stimmungen wieder aufzurappeln, aber auch etliche spezifischere Ansätze, mit kniffligeren Situationen humorvoller umzugehen.

Humorapotheke anlegen. Witzige Sprüche, bissige Aphorismen, nette Witze, Stilblüten, missglückte Zitate, ironische Comics, schräge Fotos, lustige Filme, witzige Bücher, bissige Liedermacher, die Telefonnummern witziger Freunde, die Sie zuverlässig zum Lachen bringen können – alles, was Sie zum Schmunzeln oder Lachen bringt, ist geeignet für Ihre Sammlung, auf die Sie in schwarzen Stunden zurückgreifen können. Platzieren Sie ruhig eines Ihrer Fundstücke, zum Beispiel einen

Cartoon, gut sichtbar auf Ihrem Schreibtisch oder in Ihrem Wohnzimmer, um immer wieder an die lustigen und witzigen Seiten des Lebens erinnert zu werden.

Comedy und Kabarett. Stöbern Sie im Veranstaltungsteil Ihrer Zeitung doch mal nach Aufführungen von Comedians oder Kabarettisten. Bei der Variante des Improvisationstheaters können Sie zudem auch noch aktiv auf den Verlauf der Darbietung Einfluss nehmen und selbst ein bisschen mitmachen, was für viele den Reiz noch erhöht.

Diese Profis des Lachens erheitern nicht nur, sondern sind auch großartige Lehrmeister für einen humorvollen oder ironischen Blick auf die Welt und für schlagkräftige Zungenfertigkeit. Die Bandbreite an Stilen ist mittlerweile so groß, dass Sie bestimmt etwas finden, über das Sie sich amüsieren können. Wenn Ihnen ein Programm besonders gut gefallen hat, lohnt sich auch die Anschaffung einer CD – so haben Sie für Notfälle immer Ihr Anti-Frust-Medikament zur Hand.

Internet. Wenn Sie das nächste Mal daheim im Internet stöbern, suchen Sie doch mal nach dem Stichwort Humor. Sie werden auf eine Fülle von Seiten stoßen, die sich das Lachen zum Thema genommen haben. Bei einigen können Sie sogar per E-Mail den Witz des Tages oder Ähnliches abonnieren und sich so garantiert einmal täglich auf hemmungsloses Kichern oder Lachen freuen.

Oder nutzen Sie einige Services des Internets, um sich erheitern zu lassen – beliebt ist die Variante, einen Text von einem automatischen Übersetzungsprogramm übersetzen und den übersetzten Text dann rückübersetzen zu lassen. Beim Durchlesen dieser Elaborate kommt Ihnen schnell der Verdacht, dass einige Gebrauchsanweisungen und Aufbauanleitungen für Möbel auf diese Art und Weise entstanden sind.

Grimassen schneiden. Stellen Sie sich vor den Spiegel und schneiden Sie hemmungslos wie ein Kind Grimassen: Strecken Sie sich die Zunge so weit heraus wie Sie können, runzeln Sie die Stirn, kneifen Sie die Lippen zusammen, reißen Sie Ihre Augen auf, knurren Sie und blecken Sie die Zähne … auch dabei kann kaum jemand auf Dauer ernst oder traurig bleiben. Schmettern Sie in übertrieben pathetischem Spiel mit rollenden Augen wie Nina Hagen eine kleine Opernarie oder Ihren aktuellen Lieblingssong – je ausgefallener, desto besser.

Spiele. Stöbern Sie einmal in einem einschlägigen Geschäft, was für witzige Spiele mittlerweile im Angebot sind. Aber auch wenn es ein ganz normales traditionelles Spiel wie Mühle, Halma oder Canasta, Beruferaten oder Stadt-Land-Fluss ist, Spielen entspannt, beruhigt und versetzt auch oder gerade Erwachsene in eine lachbereite Stimmung. Wenn Sie ein paar spiellustige Freunde haben, gibt es auch einen großen Fundus an aktiven Spielen, bei denen Sie selbst irgendeine Rolle übernehmen, etwas erraten müssen oder einfach nur hemmungslos herumalbern können.

Perspektivenwechsel. Wenn Sie merken, dass eine Situation unangenehm für Sie wird und Sie Gefahr laufen, zu sehr getroffen zu werden, suchen Sie doch einmal mit einer völlig anderen Perspektive nach dem lächerlichen Aspekt der Situation:

- Stellen Sie sich vor, Sie seien eine völlig andere Person: der Dalai Lama, Marilyn Monroe, Donald Duck, Tarzan, ein ägyptischer Pharao, Ihre Mutter, ein Besucher von einem anderen Stern, ein dreijähriges Kind, ein Krokodil ...
- Tun Sie so, als liefe gerade die 110. Folge einer unsäglichen Seifenoper und Sie wären ein Programmdirektor, der die Qualität der Schauspieler und der Folge beurteilen soll.
- Versetzen Sie sich in einen Forscher, dessen Aufgabe es ist, das menschliche Verhalten in all seinen kleinsten Schritten zu verstehen, und schauen Sie wie durch ein Mikroskop leidenschaftslos und mit wissenschaftlicher Neugier auf Ihr Forschungsobjekt: »Aha, jetzt muss offensichtlich die Stirn gerunzelt werden, damit ein ärgerlicher Ausdruck entsteht. Hmm, eine schrille Stimme und ein bebendes Kinn gehören wohl auch noch dazu ... und diese pochende Halsschlagader verstärkt den dramatischen Effekt ja ganz entzückend! Genial gemacht!«

Halluzinationen. Erleichtern Sie sich die Situation mit einem Schmunzeln, indem Sie hemmungslos halluzinieren: Setzen Sie Ihrem Gegenüber im Geiste eine lilafarbene Dreadlockperücke auf, legen Sie ihm Supermans Cape um die Schultern, stecken Sie ihn oder sie in eine klirrende, unbequeme Ritterrüstung, probieren Sie es doch auch einmal mit einem schicken Lendenschurz oder mit hochhackigen Schuhen und einem Minirock ...

Umdeutung. Tun Sie so, als wäre Ihr Gegenüber von einem extraterrestrischen Wesen übernommen worden, das das irdische Repertoire der Kommunikation und des Benehmens nur unvollkommen beherrscht. Daher bedeuten die aktuellen Verhaltensweisen etwas ganz anderes: eine rüde Unhöflichkeit ist in Wirklichkeit absolute Ehrerbietung, eine Beschimpfung soll ein tolles Kompliment sein, Kritik ist die unbeholfene Form von Zustimmung, Missachtung ist nur verschämte, schüchterne Zurückhaltung etc.

Ausgiebiges Bedauern. Wenn Sie wieder mal verwelkt auf dem Sofa sitzen, den Kopf hängen lassen und sich in Ihren düsteren Gedanken verlieren, beginnen Sie bewusst, sich ausgiebig zu bedauern. Schreiben Sie Ihre Ergüsse ruhig auf und lesen Sie sich dann laut vor, mit äußerst ausdrucksvoller Betonung. Übertreiben Sie dabei ruhig – am besten so lange, bis Sie über sich selbst ein wenig lachen können, zum Beispiel: »Oh Gott, mir geht es aber auch wirklich schlecht! Noch nie musste jemand so leiden wie ich; Hiob ist ein Waisenknabe gegen mich und das, was ich zu erdulden habe! Ich bin sicher, in diesem Leben werde ich nie wieder auch nur eine einzige Nanosekunde der Freude erleben, ausgeschlossen. Ach, ich armes Wesen, ich bin ja so schlimm dran, schlimmer geht es nicht mehr!« und so weiter.

Übertriebene Darstellung. Erzählen Sie die Begebenheit, die Sie so mitgenommen hat, auf völlig übertriebene Weise einer guten Freundin. Spielen Sie die daran Beteiligten ruhig in allen Rollen richtig vor und übertreiben Sie auch bei deren Mimik und Verhaltensweisen. Sie werden sich vom Kichern Ihrer Freundin sehr bald anstecken lassen.

Katastrophendenken. Spielen Sie die Folgen eines Ereignisses durch und übertreiben Sie dabei bewusst bis hin zur absurden Katastrophe. Je schlimmer und unwahrscheinlicher, desto besser – das lässt Sie über Sie selbst lachen und relativiert Ihre düsteren Befürchtungen. Ein Beispiel: Sie haben im Büro einen Fehler gemacht, der bemerkt wurde. »Tja, dann ist es jetzt ja wohl klar. Ich werde nicht nur zurückgestuft und darf maximal noch als Toilettenfrau für die Firma arbeiten, wahrscheinlich schmeißen sie mich auf amerikanische Art komplett raus: Wenn ich das nächste Mal ins Büro komme, werde ich zum Schreibtisch eskortiert und darf nur meine gebrauchten Tempos aus der Schublade mitnehmen. Wahrscheinlich verklagen sie mich auch noch, sodass ich in zwei Wochen völlig ruiniert unter der Brücke schlafen muss ...«

Bizarre Erklärungen. Stoppen Sie den negativen Kreislauf, indem Sie für Ihren schlechten Zustand eine möglichst aberwitzige Erklärung finden. Also nicht mehr die ausgeschlagene Einladung, der Fehler im Büro, die treulose Freundin ist der Grund für Ihre Verletztheit, sondern etwas ganz Abwegiges. Dadurch bringen Sie einen gesunden Schuss Ironie in Ihr eigenes unrealistisches Denken, schaffen Distanz und finden so schneller den Ausstieg, zum Beispiel: »Mir geht es so schlecht, weil sich meine Wollmäuse in letzter Zeit nicht mehr vermehren und ich Angst habe, dass sie aussterben!« oder: »Was mich so mitnimmt, ist der rasante Anstieg unerlaubten hemmungslosen Hustens in klassischen Konzerten!«

Absurde Pläne. Schmieden Sie unsinnige Pläne, wie Sie demnächst auf eine Kränkung oder sonstige Verletzung reagieren werden. Auch diese absurden Szenarien relativieren Ihre Vorstellungen und bringen Sie zum Lachen, ein Beispiel: »Meine Freundin ruft nicht mehr so oft an – morgen werde ich meinen Anschluss sperren lassen, damit sie auf keinen Fall mehr durchkommen kann! Und sowieso ist es besser, wenn mich gar niemand mehr anrufen kann! Ich werde in diesem Leben nie wieder ans Telefon gehen, jawohl!«

Hemmungslose Zustimmung. Wenn Sie jemand gekränkt oder kritisiert hat, stimmen Sie hemmungslos zu und setzen Sie eventuell noch eins drauf! Es ist schon sehr befreiend und erheiternd, diese kleinen Dialoge nur in der Fantasie auszuprobieren, aber nur zu, wenn Sie solche Spitzen demnächst in

Echtzeit abwehren wollen! Es braucht nur ein bisschen Übung, die Zunge und den Geist zu schärfen. Durch die hemmungslose Zustimmung mit anschließender Übertreibung wird Ihnen und Ihrem Angreifer gemeinsam klar, dass wohl schon die Ausgangsbemerkung übertrieben war, und man kann zusammen darüber schmunzeln, zum Beispiel: »Du bist immer so unaufmerksam!« – »Ja, stimmt absolut! Hmm – was hast du eigentlich gerade gesagt?« oder: »Du drängst dich aber ganz schön in den Vordergrund!« – »Da hast du absolut Recht! Und du müsstest erst mal sehen, wie ich im Hintergrund drängle ...«

Symptome zugeben und übertreiben. Wenn Sie sich selbst das Leben schwermachen, weil Sie in bestimmten Situationen mit überzogenen Befürchtungen, Hemmungen oder Empfindlichkeiten reagieren, dann übertreiben Sie Ihr Symptom absichtlich (in der Fantasie reicht meist schon, aber Sie können es natürlich auch in die Tat umsetzen), um Ihnen und den anderen ein Lachen darüber zu ermöglichen, zum Beispiel: Ihr Chef bittet Sie mit ernster Miene zu einem Gespräch, und Sie fürchten sich vor Kritik. Sie warnen ihn mit einem Lächeln: »Passen Sie bloß auf, was Sie sagen, und halten Sie das Riechsalz bereit! Ich bin bei dem Wort Kritik schon mehrfach umgehend in Ohnmacht gefallen!«

Symptom verschreiben. Sie grübeln zu viel und können deshalb nicht einschlafen? Sie sitzen auf Ihrer Couch und blasen Trübsal? Die Humorvariante zum Aussteigen nutzt das Prinzip der paradoxen Intervention: Verdonnern Sie sich exakt zu dem, womit Sie eigentlich aufhören möchten. Die dann auftretende unbewusste widersinnige Trotzreaktion tritt nicht nur bei Kindern ein.

Sie werden sehen, wenn Sie nicht einschlafen können und sich dann vornehmen, auf keinen Fall einzuschlafen, werden Ihre Augenlider ziemlich schnell den Kampf aufgeben.

Wenn Sie Ihr Grübeln nicht abstellen können, befehlen Sie sich, mindestens noch eine weitere halbe Stunde heftig zu grübeln – Sie wird Ihnen ewig lang erscheinen, und wahrscheinlich halten Sie es nicht durch, sondern denken ganz ungehorsam an etwas völlig anderes. Und verordnen Sie sich ebenfalls noch eine ordentliche Portion Trübsal – bis Sie sie einfach nicht mehr sehen können.

Viel Spaß beim Training Ihrer humoristischen Muskeln! Sie werden feststellen, je öfter Sie sie benutzen, desto schneller werden sie auch in belastenden Situationen aktiv und helfen Ihnen, Ihre dünne Haut zu schützen und auf Dauer dicker werden zu lassen. Und desto schöner und bunter wird der Blick auf die Welt wieder.

5. Faktor Selbstverantwortung und Selbstschutz: Mich pflückt niemand, wenn ich nicht will!

Gerade hat Iris ihre Post geöffnet und eine Einladung zu einem Klassentreffen vorgefunden. Ein tiefer, etwas wehmütiger Seufzer entfährt ihr. Das waren Zeiten! Ihr fallen sofort einige tolle Erlebnisse ein. Doch gleich darauf kommen auch weniger angenehme Gedanken in ihr hoch. Manches aus der Vergangenheit belastet sie noch immer, und sie weiß genau, dass sie vieles heute anders machen würde. Sie merkt auch, dass diese negativen Erinnerungen sie Energie kosten, ihre Empfindlichkeit verstärken und sie in ihrer Entwicklung hemmen. Ach, hätte sie doch damals nur …

Blüten zu jeder Zeit

Zeit und unser Umgang mit ihr sind die nächsten spannenden und wichtigen Themen. Sie stellen einen grundlegenden Aspekt des nächsten Faktors der Rosen dar: Selbstverantwortung zu übernehmen und aktiv für Selbstschutz zu sorgen. Aber nur die Ruhe, es geht hier nicht um weitere Zeitmanagementempfehlungen, sondern darum, wie wir die verschiedenen Zeitabschnitte der Vergangenheit, Gegenwart und Zukunft erleben, wie wir damit umgehen und welche Macht wir ihnen einräumen.

Gegenwart, Vergangenheit und Zukunft

Wenn Sie einmal kurz über Zeit nachdenken, dann kommen Sie wahrscheinlich auch schnell zu dem Schluss, dass es außer der Gegenwart im Grunde genommen keine Zeit gibt. Die Vergangenheit und die Zukunft existieren nur in unserem Kopf, und selbst die Gegenwart ist sehr flüchtig und verrinnt immens schnell. Was von der Vergangenheit bleibt, sind die Dinge, Ideen und Personen, die bis in die Gegenwart überdauert haben, und natürlich unsere Gedanken und Erinnerungen an vergangene Erlebnisse und Zeiten.

Der wunderbare Rehbraten ist schon längst verzehrt, die Gondelfahrt bei Ihrem Venedigbesuch ist Geschichte, und nur ein schönes Glas aus Murano hat sich in die Gegenwart gerettet, aber auch die unschöne Bemerkung Ihrem Liebsten gegenüber ist gesagt und nicht mehr zurückzunehmen. Und auch die Zukunft gibt es derzeit nur in unserem Kopf: all die Pläne, die wir haben, die Erlebnisse, auf die wir uns freuen, die Dinge, die wir erhoffen.

Vergangenes ist also nicht mehr zu ändern, und die Zukunft ist ungewiss: Wirklich wissen, was sie bringt, kann man natürlich nie. Trotzdem ist die Frage, wie wir mit Zeit umgehen, eine sehr wichtige und spannende. Denn zwar können wir Vergangenes nicht mehr ändern und Zukünftiges nicht mit Gewissheit bestimmen, aber wir haben sehr wohl Einfluss auf die Art und Weise, wie wir mit unseren Erinnerungen an die Vergangenheit und auch unseren Vorstellungen von der Zukunft umgehen – und da gibt es wieder Rosen- und Mimosengewohnheiten.

Halten Sie sich wie Iris auch häufig in Ihrer Vergangenheit auf? Womöglich belasten Sie bestimmte Erinnerungen und lassen immer wieder unangenehme Gefühle wie Schuld, Bedauern (»Ach, hätte ich doch …«), ein schlechtes Gewissen, Reue oder Ärger, Wut, Kränkung und Bitterkeit in Ihnen aufsteigen und Sie mit Ihrem Schicksal hadern. Solche vergangenheitsbezogenen Gefühle und Gedanken können lange Zeit wie ein schwerer Klotz an unserem Bein hängen, uns überempfindlich reagieren lassen und uns die Freude an der Gegenwart rauben.

Mimosen sehen allerdings, wie wir schon wissen, oft auch der Zukunft mit gemischten Gefühlen entgegen: diffuse Ängste, die Furcht vor etwas ganz Konkretem, Resignation und Hoffnungslosigkeit, ein zu pessimistischer Blick, Befürchtungen und Sorgen sind Emotionen, die sich auf die Zukunft beziehen und diese manchmal ganz schön düster und trist erscheinen lassen.

Wenn es dauernd durch diesen Gefühlscocktail aus der Vergangenheit und Zukunft getrübt wird, leidet auch das Erleben der Gegenwart. Ein Gefühl der Hilflosigkeit stellt sich ein – was kann ich schon ändern? Bin ich nicht das Opfer eines bösen Schicksals? Sind nicht alle Bemühungen meinerseits vergebens? Es gilt also, auch den Umgang mit der Zeit auf rosige Gewohnheiten umzustellen, um die Überempfindlichkeit wirksam auf ein gesundes Maß zu reduzieren.

Schwierige Vergangenheit, schwieriges Leben?

Was steckt dahinter? Welche Denkgewohnheit fesselt die Mimosen so sehr an die Vergangenheit? Ein wenig können Sie übrigens Ihren Zeigefinger anklagend auf den guten alten Sigmund Freud richten; er ist nämlich nicht ganz unschuldig an der mimosischen Denkgewohnheit bezüglich der Vergangenheit. Natürlich ist sein großes Verdienst die Etablierung der Psychoanalyse, aber wie das so ist mit Pionieren, vergaloppieren sie sich auch einmal im wilden Neuland. Und Freud hat sich mit einer Behauptung vergaloppiert, die lange Zeit als Dogma gültig war, mittlerweile aber widerlegt ist.

Es handelt sich um das Dogma der Allmacht der Vergangenheit: Eine schwierige, schlechte Vergangenheit führt zu einem schwierigen, schlechten Leben, könnte die stark vereinfachte Formel lauten. Möglicherweise haben Sie auch schon mal darüber nachgedacht, ob Sie sich nicht auf die Couch legen sollten, um endlich all die Erlebnisse Ihrer Vergangenheit auszugraben, die Sie immer noch belasten und denen Sie die Macht eingeräumt haben, Ihr Leben zu bestimmen. Dahinter steckt die Annahme, dass erstens diese Erlebnisse unwiderrufliche Auswirkungen auf unser restliches Leben haben und es zweitens notwendig ist, die genaue Ursache zu erforschen, ehe man nach Lösungen suchen kann.

Mittlerweile haben neueste Forschungsergebnisse bewiesen, was Ihnen wahrscheinlich schon Ihre eigenen Erfahrungen und der gesunde Menschenverstand demonstriert haben: dass das in dieser Allgemeingültigkeit nicht stimmt. Eine Hypothese ist als generell gültig widerlegt, wenn es auch nur ein Gegenbeispiel gibt – und es gibt sehr viele Gegenbeispiele dafür, dass Menschen, die erdrückende Erlebnisse hatten, sehr wohl ein glückliches und unbeschwertes Leben führen können. Die Prognose »schwierige Vergangenheit – schwieriges Leben« trifft nämlich sehr oft nicht zu. Vielmehr ist es der Resilienzforschung gelungen zu beweisen, dass selbst eine sehr schwierige Kindheit keinerlei Determinierung bedeutet, sondern die betroffenen Kinder sich nichtsdestotrotz zu gesunden, stabilen Erwachsenen entwickeln können, die ihr Leben fröhlich meistern.

Natürlich gibt es gravierende Unterschiede im Umgang mit der Vergangenheit: Die eine ist noch Jahre nach einer Trennung verbittert und leidet wie am ersten Tag, die andere rappelt sich nach einer gewissen Zeit wieder auf und sieht sich fröhlich nach dem nächsten Mann um. Die eine macht einen Fehler in der Arbeit und ist noch Monate danach ganz beschämt, wenn sie nur daran denkt, die andere hingegen fragt sich, was sie daraus lernen muss, um ihn in Zukunft zu vermeiden, und kann nach einiger Zeit sogar darüber lächeln.

Die Unterschiede resultieren natürlich wieder aus unseren Denkgewohnheiten und Bewertungen. Der Glaube an die Allmacht der Vergangenheit kann ja auch seine Vorteile haben: Etliche Menschen benutzen ihre schwere Vergangenheit als Ausrede, warum sie sich nicht ihren Problemen stellen und sie aktiv angehen können. In dieser Opferhaltung verharren sie unter Umständen ein Leben lang, übernehmen kein Quäntchen Verantwortung und fordern auch noch unbegrenztes Mitgefühl ein.

Natürlich erleben viele Menschen wirklich Schweres, und natürlich hinterlassen solche Erlebnisse ihre Spuren; aber sie sind eben keine Ausrede dafür, nicht darüber hinwegzukommen und den Rest seines Lebens verantwortungsvoll zu gestalten. Auch der Jugendliche, der aus zerrütteten Familienverhältnissen kommt und nun die kriminelle Laufbahn einschlägt, ist durch Verweis auf seine Kindheit nicht davor gefeit, Verantwortung für sein Tun zu übernehmen – schließlich werden Gott sei Dank eben nicht alle Menschen mit einer schwierigen Kindheit zwangsläufig und unausweichlich kriminell.

Die Frage ist also, was genau die menschlichen Rosen von den eher mimosischen Zeitgenossen unterscheidet, die die Schatten der Vergangenheit nicht so leicht abschütteln können und die Mühlsteine der Erinnerungen weiterhin mit durch ihr Leben schleppen.

Und was die Ursachenforschung angeht … selbstverständlich befriedigt sie die natürliche Neugier, warum etwas so ist, wie es ist. Und es ist manchmal notwendig, die direkte Ursache herauszufinden, um gezielt nach Lösungen suchen zu können, aber beileibe nicht immer.

Fazit: Selbstverständlich prägen uns die Erlebnisse unseres Lebens und gehen nicht spurlos an uns vorüber, aber das ist kein Grund, die dazugehörigen negativen Emotionen immer noch in der Gegenwart mit sich herumzuschleppen und immer wieder neu zu erleben. Schmerz ist in dieser Welt unvermeidlich, zu leiden jedoch ist eine vermeidbare Entscheidung!

Zielführender ist es, aus den Erfahrungen zu lernen und dann loszulassen und sich mit ganzer Energie der Gegenwart und Zukunft zuzuwenden. Das bedeutet, sich selbst und anderen die Fehler der Vergangenheit zu vergeben, vergangene Fehlentscheidungen zu akzeptieren und das damit verbundene Bedauern abzustellen. Ein begangenes Unrecht zuzugeben, über Wiedergutmachung nachzudenken und Schuldgefühle und schlechtes Gewissen wieder in der Kammer des Schreckens einzusperren. Entfernen Sie also die verwelkten Blüten der Vergangenheit, düngen Sie die Blumen der Gegenwart und machen Sie sich auf in eine ebenso blühende Zukunft!

Weg mit den alten Klötzen am Bein

»Es ist nie zu spät für eine schöne Vergangenheit!«, hat einmal ein bekannter Psychologe gesagt – und damit hat er in gewisser Weise Recht. Wie schon ausgeführt, geht es nicht darum, die Fakten der Vergangenheit zu leugnen, sondern die Betrachtungsweise und den Umgang mit Erinnerungen und den damit verbundenen Gefühlen konstruktiv zu gestalten. Wem ist damit geholfen, wenn Sie sich immer noch genauso schlecht fühlen wie damals, wenn Ihnen der Spitzname »Geo-Genie« wieder durch den Kopf schießt? Warum sollten Sie heute noch überempfindlich reagieren, wenn Sie jemand mit einem neuen liebevoll-ironischen Spitznamen tituliert?

Negative Gefühle aus der Vergangenheit

Bei den vergangenheitsbezogenen negativen Emotionen gibt es drei große Kategorien, die wir uns etwas näher ansehen und dann jeweils gezielt aushebeln werden.

Aggressive Gefühle. In die erste Kategorie fallen all die Gefühle, die etwas mit Aggression zu tun haben: Wut über eine Ungerechtigkeit, Ärger über ein unangenehmes Vorkommnis, Bitterkeit über eine Verletzung, Zorn über unfaire Verhaltensweisen.

Immer noch sind Sie total wütend über Ihren Verflossenen, der Sie bei der Trennung über den Tisch gezogen hat (und –

was meist noch viel hartnäckiger ist – wütend auf sich selbst, dass Sie das mit sich haben machen lassen!). Sie ärgern sich beim Anblick eines Kopierers täglich neu über den faulen Kollegen in Ihrer letzten Abteilung, dessen Arbeit Sie damals oft miterledigen mussten. Der Gedanke an die Treulosigkeit einer guten Freundin, die Sie bei Ihrem letzten Umzug schnöde im Stich gelassen hat, lässt bei der bloßen Erwähnung ihres Namens wieder das Gefühl der Enttäuschung und Bitterkeit in Ihnen aufsteigen. Nach wie vor sind Sie zornig wie am ersten Tag, dass Ihr Chef den Kollegen und nicht Sie auf dieses tolle Seminar hat gehen lassen, obwohl der Kollege es sogar schon einmal besucht hatte!

Schuldgefühle. In der zweiten Kategorie finden sich alle Gefühle, die sich eher auf Sie selbst beziehen und die in irgendeiner Form mit Schuld und Bedauern zu tun haben: ein schlechtes Gewissen über eine »böse« Tat; Schuldgefühle, weil Sie angeblich gegen eine moralische Vorgabe verstoßen haben; Bedauern über eine Fehlentscheidung; Reue und Scham über eine kleine Entgleisung.

Sie haben nicht genug Zeit für Ihre Freundin gehabt, als sie in einer Beziehungskrise steckte – daher geißelt Sie immer noch Ihr schlechtes Gewissen. Sie plagen Schuldgefühle gegenüber Ihrer Mutter, weil Sie zu Weihnachten nicht zu Ihrer Familie gefahren sind, sondern mit Freunden in den Skiurlaub. Es reut Sie noch heute, dass Sie damals nicht die Gelegenheit ergriffen haben, ein Dreimonatspraktikum in England zu machen; Sie werden immer noch schamesrot, wenn Sie an Ihr angesäuseltes Verhalten auf dem Geburtstagsfest Ihrer Schwester denken ...

Verlustgefühle. Die dritte Kategorie bezieht sich auf den Umgang mit Verlusten: Trauer über etwas Verlorenes, Sehnsucht nach etwas Unwiederbringlichem, Schmerz über einen dauerhaften Verlust.

Ihre Eltern haben ihr Haus verkauft, und Sie trauern dem Ort Ihrer Kindheit nach; sehnsüchtig denken Sie an Ihre frühen Jugendjahre, wo noch alles im Leben möglich schien und nichts entschieden war. Ihre beste Freundin ist vor zwei Jahren nach Australien ausgewandert, und der Verlust ihrer Gegenwart im Alltagsleben schmerzt Sie immer noch frisch wie in der Anfangszeit.

Bestandsaufnahme: Vergangenheitsbezogene Gefühle

Starten Sie mit einer Bestandsaufnahme: Welche Klötze aus der Vergangenheit schleppen Sie mit sich herum? Wo beherrscht die unschöne Erinnerung an Ihre Vergangenheit das unbelastete Erleben und Genießen der Gegenwart? Durch welche vergangenen Episoden wird Ihre Überempfindlichkeit immer wieder neu genährt?

Manches schießt Ihnen vielleicht sofort durch den Kopf – schreiben Sie es am besten gleich auf. Aber Sie wissen ja schon, dass unsere Denkgewohnheiten mit allen Tricks arbeiten und sich auch schon einmal als Undercover-Agenten betätigen.

Iris' Selbstbeobachtung bezüglich vergangenheitsbezogener Gefühle

	Anlass	Auslöser	Gefühl
Kategorie	In welcher Situation/ bei welchem Thema taucht das Gefühl immer wieder auf?	Ist es eine bestimmte Verhaltensweise, eine gleich gelagerte Situation, die Ähnlichkeit zu einer Person?	Welches Gefühl genau taucht auf?
Aggressive Gefühle	Immer wenn mein Ex auftaucht oder anruft, aber auch im Büro bei einem meiner Kollegen.	Er hat so eine arrogante Art. Wie er und der Kollege zum Beispiel die Augenbrauen hochziehen und einen dummen Spruch machen, treibt mich zum Wahnsinn!	Das macht mich ziemlich wütend auf den anderen! Und über mich ärgere ich mich, dass ich so empfindlich reagiere.
Schuldgefühle	Na, das ist leider häufig ... immer wenn ich jemandem einen Gefallen abschlagen muss.	Bei Freunden und Familienmitgliedern, aber auch bei guten Kollegen.	Schuld und ein megaschlechtes Gewissen.
Verlustgefühle	Wenn ich jemanden mit seinem Hund sehe, muss ich ziemlich schnell schlucken. Das geht mir ziemlich unter die Haut.	Es ist diese Vertrautheit zwischen Hund und Herrchen, die mich rührt.	Ich bin ziemlich traurig und fühle mich einsam.

Gedanken	Bewertungen / Regeln / Normen
Was haben Sie unmittelbar vorher gedacht? Woran fühlten Sie sich erinnert? Gibt es einen typischen Gedankenkreislauf?	Welche Bewertungen tragen zu Ihrem Gefühl bei? Welche Regeln und Normen sind für Sie verletzt? Notieren Sie Sätze wie: Man sollte aber ..., gerecht wäre, wenn ... Es ist unfair, zu ..., Man darf doch nicht einfach ...
Mir fiel wieder ein, dass er das während unserer Beziehung genauso gemacht hat, wenn ich einmal nicht auf seine Wünsche eingehen wollte. Was ich will, ist also mal wieder unwichtig!, denke ich dann sofort.	Sie nehmen mich nicht ernst! Ich bin mal wieder die kleine Doofe, deren Meinung nicht zählt. Das ist unverschämt! Ich bin also sauer auf ihn: In einer Beziehung sollte es doch ausgewogen und fair zugehen und die Bedürfnisse und Meinungen beider Partner sollten zum Tragen kommen! Und ich ärgere mich über mich selbst: Ich muss es doch wohl schaffen, mich auch einmal durchzusetzen!
Das darf man doch nicht! Wie kannst du nur so egoistisch sein! Ich muss immer an meine Schwester denken, der ich damals nicht bei den Hausaufgaben geholfen habe und die daraufhin sitzengeblieben ist. Ach, hätte ich doch ...	Ich finde mich selbstsüchtig und egoistisch. Man muss Menschen helfen, wenn sie einen um einen Gefallen bitten! Eine Beziehung oder Freundschaft kann nur funktionieren, wenn man auch immer voll füreinander da ist.
Ach, würde mein Hund noch leben! Nie wieder werde ich einen neuen haben, er ist einfach nicht ersetzbar.	Ich denke, dass man treu sein muss und dass es Verrat wäre, wenn ich mir einen neuen Hund zulegen würde. Man kann geliebte Wesen nicht einfach austauschen oder ersetzen, sie hinterlassen für immer eine große Lücke.

Sie nutzen bestimmte Auslöser oder Ähnlichkeiten, um uns schnell unbewusst eine negative Erinnerung zu präsentieren. Diese löst dann destruktive Gedanken aus, die wie ein Reflex durch unseren Geist spuken und negative Gefühle erzeugen.

Daher gilt es, ihnen mit ein wenig Forscherdrang auf die Schliche zu kommen und sich einige Zeit selbst beim Denken zu beobachten. Wenn Sie genau hinhören und hinsehen, werden Sie die automatischen Gedanken und die dazugehörigen Bewertungen recht schnell als geistige Saboteure enttarnen können, um ihnen im nächsten Schritt zu Leibe zu rücken.

Aber eins nach dem anderen, jetzt ist der erste Schritt dran: Sie finden auf der Seite 296 eine kleine Tabelle, in die Sie über ein bis zwei Wochen Ihre Beobachtungen eintragen können. Iris hat sich zwei Wochen lang selbst beobachtet und uns zu jeder Kategorie ein Beispiel ihrer Erkenntnisse zur Verfügung gestellt.

Den ersten Klotz, den wir angehen werden, ist der der aggressiven Emotionen, die Sie immer noch viel Energie kosten und Sie immer wieder ein wenig zu empfindlich reagieren lassen. Dabei werden wir uns auf das Loslassen der Emotionen konzentrieren und die dazugehörigen Bewertungen, Vorwürfe und Normen einmal kritisch unter die Lupe nehmen und sie auf Angemessenheit überprüfen.

Das kann mich nicht mehr madig machen!

Gut, Sie sind ungerecht behandelt worden, man hat Sie schwer gekränkt, jemand war wirklich sehr unfair zu Ihnen – all das geschieht jedem Menschen im Leben immer wieder einmal. Und natürlich sind Sie im ersten Moment verletzt, sauer, wütend, beleidigt und fühlen die lodernde Flamme des gerechten Zorns in sich. Schön und gut, wenn sie Ihnen die Energie gibt, sich energisch zu wehren, nicht so gut, wenn die Flamme viel später immer noch in Ihnen lodert und große Teile Ihrer Energie verbrennt. Es gilt, sie zu löschen, damit Sie Ihre Sinne wieder unbeschwert auf das Hier und Jetzt und eine spannende Zukunft richten können.

Verzeihen können

Das Geheimnis des Abschieds von diesen aggressiven vergangenheitsbezogenen Emotionen ist recht simpel und heißt Verzeihung. Ja, ganz recht, Sie sollen dem anderen und auch sich selbst verzeihen und sich so von den Mühlsteinen um Ihren zarten Hals befreien – tragen Sie lieber ein elegantes Diamantkollier, das schmückt Sie deutlich besser.

Ein starkes Stück, nicht wahr? Dem fiesen Ex auch noch verzeihen? Wo kämen wir denn da hin! Nun, wir kämen bei innerer Ruhe, einem rosigen Gemütszustand und neuer Lebensfreude an. Sie tun nämlich sich selbst den größten Gefallen, wenn Sie einem Schurken seine Untat verzeihen und damit endlich von dem Thema emotional ablassen können. Durch Festhalten an Ihrem inneren Groll treffen Sie nicht den Übeltäter, sondern leider nur sich selbst.

Jetzt zeigt uns der realistische Blick natürlich, dass die Sache mit dem Verzeihen gar nicht so einfach ist und uns viele Dinge davon abhalten. Zum einen sind es eher archaische Bedürfnisse wie Rache, Strafe und der Wunsch nach ausgleichender Gerechtigkeit. Aber was hätten Sie davon? Der Wunsch nach ausgleichender Gerechtigkeit oder nach Rache ist nur zu menschlich, führt allerdings im Normalfall direkt in die Falle der Eskalation, sodass für alle Beteiligten alles nur noch schlimmer wird. Das Recht auf Wiedergutmachung ist eine vernünftige Sache, der Rachefeldzug nach dem biblischen Prinzip »Auge um Auge, Zahn um Zahn« mündet eher in Kampf und Zerstörung.

Zum anderen ist es oft das Bedürfnis, der andere möge sein Vergehen einsehen, bereuen und sich dafür entschuldigen, das uns an unserem Groll festhalten lässt. Ohne die Erfüllung dieser Bedingung, ohne diese Genugtuung wollen wir einfach unsere Wut nicht loslassen.

Auch das ist ein schöner Wunsch, die Menschen und die Welt zu erziehen und zu verbessern – aber es ist nicht Ihre Verantwortung! Ob jemand einsieht, dass er Sie gekränkt hat und sich dafür entschuldigt, können Sie sich natürlich erhoffen, aber Ihre Gemütsruhe sollten Sie nicht davon abhängig machen, wie einsichtig ein Mensch ist oder eben nicht. Die Menschen werden nicht besser und die Welt nicht gerechter, wenn Sie in Ihrem Schmollwinkel bleiben. Von Ihrem Wunsch nach »Es sollte aber doch …« lassen sich beide leider nicht beeindrucken.

Madige Denkgewohnheiten ablegen

Es kommen noch ein paar beliebte madige Denkgewohnheiten hinzu, die uns vom Verzeihen abhalten und die wir gleich bekämpfen werden:

Da verliere ich doch mein Gesicht und stehe als Weichei da, wenn ich ihm verzeihe! Falsch. Das Gesicht verloren hat schon längst der andere, wenn er sich wirklich ekelhaft benommen hat – Sie hingegen zeigen echte Stärke und gewinnen allenfalls an Größe, wenn Sie ihm vergeben.

Aber dann gebe ich ihm doch Recht, wenn ich ihm verzeihe! Leider wieder falsch – Sie geben ihm beileibe nicht Recht, sondern dokumentieren nur, dass Sie ihm nicht die Macht einräumen, Sie durch sein Verhalten dauerhaft zu kränken. Vergeben bedeutet eben nicht inhaltliche Zustimmung, sondern innerliche Befreiung.

Nun, zumindest wird er es dann immer wieder mit mir machen, wenn ich ihm vergebe! Ein weiterer Trugschluss: Vergeben ist eine innere Haltung, sich angemessen wehren und schützen sind äußere Verhaltensweisen – und das eine muss mit dem anderen gar nichts zu tun haben. Selbstverständlich können Sie jemandem innerlich und sogar äußerlich verbal vergeben und trotzdem geeignete Schutzmaßnahmen ergreifen, sollte der andere sein Verhalten wiederholen.

Wenn Ihre Freundin Sie angelogen hat, können Sie ihr diese Lüge verzeihen und trotzdem ab jetzt nicht mehr unbesehen alles glauben, was sie Ihnen erzählt. Bei Kindern fällt uns das übrigens ziemlich leicht: Wir verzeihen unserem entzückenden Töchterchen ihre zerstörerische Aktion mit der Gartenschere in unserem Blumenbeet, selbst wenn das kleine Teufelchen genau wusste, dass es etwas Verbotenes oder Unrechtes tat, aber wir sorgen sehr wohl dafür, dass es das möglichst nicht wieder tut.

Dann soll ich auch noch auf Wiedergutmachung verzichten? Natürlich nicht! Wenn jemand Sie betrogen oder übervorteilt hat, können Sie ihm innerlich verzeihen, aber selbstverständlich auf einer angemessenen Wiedergutmachung bestehen. Das sollten Sie bis zu einer gewissen Grenze sogar tun, das gehört zu einem gesunden Selbstschutz dazu. Erst wenn die Wiedergutmachung auf endlose zermürbende Prozesse oder Ähnliches hinausläuft, wäre es wahrscheinlich für Sie auf Dauer schonender, darauf zu verzichten – irgendwann wird der Preis zu hoch. Aber auch hier hat die innere Haltung mit dem externen Verhalten nicht zwingend etwas zu tun.

Wenn ich meinen Groll loslasse, müsste ich ja zugeben, dass ich womöglich jahrelang die Dumme war, die sich zu viel gefallen ließ! Dann wäre ich ja stattdessen auf mich sauer! Stimmt, unser Groll gegenüber anderen lenkt uns davon ab, auf uns selber sauer zu sein und uns mit unserem eigenen Beitrag zu beschäftigen. Es ist also schon notwendig, für das eigene Verhalten Verantwortung zu übernehmen und auch sich selbst zu verzeihen. Da muss man durch – denn die Vogel-Strauß-Politik mit dem Kopf im Sand hilft nun mal auch nicht weiter. Nur weil Sie etwas nicht ansehen, ist es dadurch leider nicht verschwunden!

»Na gut, probieren kann ich es ja vielleicht mal …«, seufzen Sie eventuell ergeben. Nur Mut, erstens ist es dann doch leichter, als Sie sich womöglich denken, und zweitens gibt es auch dazu wieder einen bewährten, sehr wirkungsvollen Prozess.

Vergeben – ein Überblick

Als Erstes ein Überblick über den Prozess, danach schauen wir uns konkret die Anwendung an.

Ego te absolvo – Aggressive Emotionen durch Vergebung loslassen

1. Problematische Erfahrung in Erinnerung rufen.

Sehen Sie sich die Situation an, in der der Groll oder der Ärger entstanden sind, als wäre es die Folge einer Seifenoper mit Ihnen selbst in der Haupt- oder einer wichtigen Nebenrolle.

2. Analysieren und hinterfragen Sie aus dieser Perspektive das Verhalten der Beteiligten.

Was wollten Sie in der Situation erreichen? Was war die positive Absicht hinter Ihrem Verhalten?

Welche Verhaltensweisen haben Sie eingesetzt?

Was hat Ihnen damals gefehlt, um konstruktiver und erfolgreicher zu reagieren? Was genau hätten Sie an Wissen, Fähigkeiten oder Verhaltensweisen gebraucht, was Ihnen heute zur Verfügung steht?

Was können Sie daraus lernen? Welche Ideen kommen in Ihnen auf, wie Sie es in Zukunft besser machen können?

Was wollte die andere Person in der Situation für sich erreichen? Was war deren positive Absicht?

Welche Verhaltensweise hat die Person eingesetzt?

Was hat der Person damals gefehlt, um konstruktiver und er-

---

folgreicher zu reagieren? Was genau hätte sie an Wissen, Fähigkeiten oder Verhaltensweisen gebraucht?

Was können Sie aus dem Verhalten der anderen Person lernen?

3. Akzeptieren Sie die damaligen Beschränkungen beider Beteiligten.

Versetzen Sie sich in die andere Person und gestehen Sie ihr bewusst ebenso wie sich selbst das grundsätzliche Recht zu, für sich etwas erreichen zu wollen. Akzeptieren Sie, dass die Person ebenso wie Sie – wenn auch auf sehr unglückselige Art und Weise – nur ihre für sie selbst positive Absicht erreichen wollte.

Machen Sie sich noch einmal bewusst, dass jeder Mensch zu einem gegebenen Zeitpunkt das ihm Bestmögliche tut – hätte er etwas Besseres tun können, hätte er es auch getan.

4. Schwingen Sie den Zauberstab.

Statten Sie sich in Ihrer Vorstellung mit den heute vorhandenen Fähigkeiten, dem Wissen und den Verhaltensweisen aus, die Sie damals benötigt hätten und noch nicht hatten. Rufen Sie durch das Heraufbeschwören entsprechender Erinnerungen diese Ressourcen ganz lebendig in sich wach, sodass Sie sie jetzt richtig spüren können.

5. Drehen Sie den Film neu.

Stellen Sie sich nun vor, der andere hätte die benötigten Ressourcen.

Springen Sie auf die Bühne und spielen Sie aktiv selbst mit.

Lassen Sie sich und den anderen Darsteller die Szene neu erleben, und lassen Sie sich überraschen, wie anders sie abläuft. Spüren Sie genau nach, welche neuen Gefühle in dieser neuen Fassung in Ihnen auftauchen.

Mit diesem neuen Verständnis vergeben Sie explizit sich und dem anderen. Schreiben Sie Ihre Vergebung auf und rufen Sie sie sich immer dann wieder in Erinnerung, wenn erneut bittere Gefühle in Ihnen auftauchen wollen.

6. Antizipieren Sie die Zukunft.

Stellen Sie sich vor, wie Sie zukünftig anders und ohne kräftezehrenden Groll auf den auslösenden Reiz reagieren werden.

Iris will auch endlich ihren Groll gegenüber ihrem Ex-Mann loswerden, der sie ja zudem in ähnlichen Situationen immer wieder plagt. Sie legt auf ihrem Sofa die Beine hoch, greift zu Stift und Papier und beginnt ihre Reise in die Vergangenheit.

Beispiel: Durch Vergebung befreit sich Iris von ihrem Groll

1. Problematische Erfahrung in Erinnerung rufen.

Sehen Sie sich die Situation an, in der der Groll oder der Ärger entstanden sind, als wäre es die Folge einer Seifenoper mit Ihnen in der Haupt- oder einer wichtigen Nebenrolle.

Hmm, das war schon relativ kurz nach unseren Flitterwochen, als uns der Alltag eingeholt hat. Ich wollte an dem Wochen-ende gerne mit ihm einen Wanderausflug machen, er hinge-gen wollte lieber mit seinen Freunden ein kleines Golfturnier veranstalten.

2. Analysieren und hinterfragen Sie aus dieser Perspekti-ve das Verhalten der Beteiligten.

Was wollten Sie in der Situation erreichen? Was war Ihre po-sitive Absicht?

Na ja, ich wollte durch die Zeit mit ihm die Verzauberung der Flitterwochen wieder aufleben lassen ... Ich fand, dass wir mittlerweile viel zu viel mit Alltagskram und zu wenig mit uns beschäftigt waren.

Welche Verhaltensweisen haben Sie eingesetzt?

Zuerst habe ich argumentiert, dann habe ich sauer und belei-digt reagiert, und dann hatte ich auch noch ein schlechtes Ge-wissen. Er hatte mir nämlich vorgeworfen, ich sei egoistisch und selbstsüchtig und würde ihm keine Freiheit und kein Ver-gnügen gönnen. Zudem sei es kindisch und unreif, immer am Partner zu kleben.

Was hat Ihnen damals gefehlt, um konstruktiver und erfolg-reicher zu reagieren? Was genau hätten Sie an Wissen, Fähig-keiten oder Verhaltensweisen gebraucht, was Ihnen heute zur Verfügung steht?

Tja, ich glaube, mir hat zum einen ein gewisses Selbstbewusst-sein im Verein mit ruhiger Hartnäckigkeit gefehlt – ich habe mich zu leicht durch seine Vorwürfe ins Bockshorn jagen lassen.

Und ein wacher Blick für seine Manipulationsversuche wäre sicher auch sehr hilfreich gewesen!

Was können Sie daraus lernen? Welche Ideen kommen in Ihnen auf, wie Sie es in Zukunft besser machen können?
Ich werde standhafter bleiben und mich mehr und ernsthafter für meine eigenen Bedürfnisse einsetzen. Bei Vorwürfen könnte ich schnell mal in die Perspektive des kritischen Coaches schlüpfen und möglichst objektiv deren Berechtigung überprüfen, anstatt sofort sang- und klanglos einzuknicken!

Was wollte die andere Person in der Situation für sich erreichen? Was war deren positive Absicht?
Er wollte einfach nur ein bequemes Wochenende nach seinen Vorstellungen, ohne irgendwelche Rücksicht auf mich nehmen zu müssen! Einfach Spaß, ohne sich mit den Ansprüchen einer Ehefrau belasten zu müssen!

Gemach, gemach! Ihm ging es wohl nicht um die Ansprüche der Ehefrau oder absichtliche Rücksichtslosigkeit – was wollte er einfach für sich erreichen?
Na ja, ich nehme an, dass er Spaß beim Sport und mit seinen Freunden haben wollte – für ihn war Golf immer sehr entspannend.

Welche Verhaltensweise hat die Person eingesetzt?
Er hat arrogant und sarkastisch argumentiert, mir das Wort im Munde herumgedreht und mich als kindisch, egoistisch und unreif dargestellt.

Was hat der Person damals gefehlt, um konstruktiver und erfolgreicher zu reagieren? Was genau hätte sie an Wissen, Fähigkeiten oder Verhaltensweisen gebraucht?

Ihm war wohl absolut nicht klar, dass in einer Beziehung beide etwas beitragen und auch mal einen Kompromiss schließen müssen. Bis heute sieht er seinen Egoismus nicht. Und etwas mehr Einfühlungsvermögen hätte ihm sicher auch gutgetan, ebenso wie faire Argumentationsansätze.

Was können Sie aus dem Verhalten der anderen Person lernen?
Wenn ich ganz, ganz ehrlich bin, war ich in manchen Situationen vielleicht tatsächlich auch ein wenig zu egoistisch und hatte zu wenig Verständnis für seine Bedürfnisse. Und ich habe wohl öfter überempfindlich reagiert und es ihm somit wahrlich nicht leichtgemacht, überhaupt etwas zu sagen.

3. Akzeptieren Sie die damaligen Beschränkungen beider Beteiligten.

Versetzen Sie sich in die andere Person und gestehen Sie ihr bewusst ebenso wie sich selbst das grundsätzliche Recht zu, für sich etwas erreichen zu wollen. Akzeptieren Sie, dass die Person ebenso wie Sie – wenn auch auf sehr unglückselige Art und Weise – nur ihre für sie positive Absicht erreichen wollte.
Puh, hier geht's wohl um so was wie die Menschenrechte, nicht wahr? Es fällt mir ja nicht so leicht, aber es stimmt schon: Wenn ich für mich das Recht beanspruche, nach Glück und Wohlergehen zu streben, dann muss ich dieses Recht auch allen anderen Menschen zugestehen – selbst meinem Ex. Aber

das rechtfertigt doch nicht die Mittel! Er hat sich einfach abscheulich verhalten!

Nur die Ruhe – natürlich rechtfertigt das nicht die Mittel. Erinnern Sie sich an die Denkgewohnheit der Rosen, die Absicht von der Person und dem Verhalten zu trennen.

Kapiert, er hatte also genau wie ich das Recht, seiner Vorstellung von Glück zu folgen, aber er hat zu ziemlich verletzenden Mitteln gegriffen – und das war nicht okay.

Machen Sie sich noch einmal bewusst, dass jeder Mensch zu einem gegebenen Zeitpunkt das ihm Bestmögliche tut – hätte er etwas Besseres tun können, hätte er es auch getan.

Oh, das stimmt: Wenn ich damals schon selbstbewusster gewesen wäre, hätte ich mich besser zur Wehr gesetzt – aber ich war es nun mal nicht. Und Sie meinen, auch er wollte mich nicht absichtlich verletzen, sondern hat einfach nichts Besseres gewusst, wie er seine Vorstellung eines gelungenen Wochenendes anbringen kann?

4. Schwingen Sie den Zauberstab.

Statten Sie sich in Ihrer Vorstellung mit den heute vorhandenen Fähigkeiten, dem Wissen und den Verhaltensweisen aus, die Sie damals benötigt hätten und noch nicht hatten. Rufen Sie diese Ressourcen durch das Heraufbeschwören entsprechender Erinnerungen ganz lebendig in sich wach, sodass Sie sie jetzt richtig spüren können.

Okay, da fällt mir spontan eine Situation mit meiner Freundin ein, in der ich sehr gelassen und selbstbewusst mit ihren Vor-

würfen umgegangen bin. Da kann ich mich gut wieder reinver-
setzen und es ganz lebendig spüren.

5. Drehen Sie den Film neu.
Stellen Sie sich nun vor, der andere hätte die benötigten Res-
sourcen.
Gut, dann tue ich mal so, als ob mein Ex Einfühlungsvermögen,
Fairness und Verständnis gehabt hätte …

Springen Sie auf die Bühne und spielen Sie aktiv selbst mit.
Lassen Sie sich und den anderen Darsteller die Szene neu erleben, und lassen Sie sich überraschen, wie anders sie abläuft.
Spüren Sie genau nach, welche neuen Gefühle in dieser neuen
Fassung in Ihnen auftauchen.
Dieses Gedankenexperiment ist ja echt spannend! Ich kann tat-
sächlich spüren, wie wir beide mit mehr Verständnis miteinan-
der umgehen und einen Kompromiss finden … Wir hören uns
zu, sprechen zivilisiert miteinander und sind bereit, auf die Be-
dürfnisse des anderen Rücksicht zu nehmen – tja, das konnten
wir damals wohl wirklich beide noch nicht!

Mit diesem neuen Verständnis vergeben Sie explizit sich und
dem anderen. Schreiben Sie Ihre Vergebung auf und rufen Sie
sie sich immer dann wieder in Erinnerung, wenn erneut bittere Gefühle in Ihnen auftauchen wollen.
Das mit dem Vergeben geht jetzt sogar – mittlerweile tut er mir
eher leid, weil er immer noch so durchs Leben trampelt und es
sich damit ganz schön schwermacht. Na ja, und ich selbst war
halt auch noch jünger und hatte eine Menge zu lernen. Gut,

ich schreibe mir dazu einen Brief, den ich dann immer wieder lesen werde, wenn ein kleiner Rückfall in die Wut drohen sollte. Ich weiß ja jetzt, dass auch schlechte Gewohnheiten sehr hartnäckig sein können und ich etwas Geduld brauche, eine neue, bessere zu etablieren.

6. Antizipieren Sie die Zukunft.
Stellen Sie sich vor, wie Sie zukünftig anders und ohne kräftezehrenden Groll auf den auslösenden Reiz reagieren werden. *Dieses Vergeben und die Sache mit der positiven Absicht für sich selbst und der Trennung von Absicht und Verhalten macht es tatsächlich möglich, bei der Vorstellung an das nächste Telefonat oder die nächste Begegnung ruhig und gelassen zu bleiben, anstatt mich wieder wie bisher über verschüttete Milch von gestern aufzuregen! Und in meiner Vorstellung ist er jetzt nicht mehr so der gemeine Fiesling, sondern eher der arme Blödmann. Wow, das fühlt sich wirklich befreiend an!*

Folgen Sie Iris auf ihrem Weg zum Gewichtsverlust und befreien auch Sie sich von den Mühlsteinen des Zorns, Ärgers und Grolls, um wieder unbeschwerter durchs Leben zu gehen!

Nie wieder »Ach, hätt ich doch ...«

Der nächste Mühlstein der dauerhaften Schuldgefühle, des ewigen Bedauerns und des notorisch schlechten Gewissens ist ein selten unnützes Exemplar. Gut, es endlich loszuwerden! Denn wenn Sie sich einmal fragen, was eigentlich Sinn und Zweck von Schuldgefühlen und schlechtem Gewissen ist, kommen Sie recht schnell auf einen einzigen wichtigen Grund: Sie sollen Sie darauf aufmerksam machen, dass Sie gegen eine innere oder äußere Norm verstoßen haben, dafür die Verantwortung übernehmen und in Zukunft dieses Verhalten unterlassen.

Gewissensbisse und Schuldgefühle

Dieser Zweck ist sehr wertvoll. Ohne ein sensibles Gewissen würden wir wahrscheinlich schnell zu rücksichtslosen, lustgesteuerten Egoisten. Allerdings ist dieser wichtige Zweck mit dem ersten Auftauchen der Schuldgefühle auch schon erfüllt. Natürlich sollen Sie Ihren Fehler bedauern, aber dann sollten Sie handeln, die Verantwortung für Ihr Tun übernehmen, sich entschuldigen und über die Möglichkeiten einer Wiedergutmachung nachdenken. Sich weiterhin, womöglich jahrelang schuldig zu fühlen, ist ziemlich sinnlos und hilft niemandem.

Dass viele Menschen dieses trotzdem tun, hat zum Teil auch Ausweich- und Entschuldigungscharakter. Vielleicht kennen Sie auch einen notorisch eifrigen Schuldbekenner und sind ihm sogar auf den Leim gegangen. Die Strategie ist ganz einfach:

Ich fühle mich doch schon verdammt schuldig, was willst du also noch von mir? So drücken sie sich durch ihr demonstratives schlechtes Gewissen vor den Konsequenzen ihres Verhaltens und wiederholen es gar munter – nach jedem Seitensprung bringt der treulose Ehegatte das obligatorische teure Entschuldigungsgeschenk samt der dazugehörigen Zerknirschung an. Er fühlt sich schuldig und trägt sein schlechtes Gewissen wie eine Trophäe vor sich her; von Verantwortungsübernahme, Handlungskonsequenzen und Verhaltensänderung fehlt allerdings jede Spur. Die Schuld und das schlechte Gewissen sind für ihn der Freifahrtschein für die nächste Verfehlung und dienen als Ausrede, über Wiedergutmachung und echtes Einstehen für seinen Fehler gar nicht erst nachzudenken.

Aber auch das andere Extrem ist durchaus gängig: sich viel zu viel ins Schuldgepäck zu stopfen. Mimosen fühlen sich nicht nur für ihren eigenen Beitrag schuldig, sondern lieber gleich für alles. Sie sortieren nicht mehr, was wirklich in ihrer Macht stand, was für externe Faktoren eine Rolle gespielt haben und was der Beitrag des anderen war. De facto gibt es aber nun einmal äußere Faktoren, die sich Ihrer Kontrolle entziehen und für die Sie daher auch keine Verantwortung übernehmen müssen – genauso wenig wie für das Verhalten anderer.

Dazu kommt noch, dass viele Mimosen bei einem schlechten Gewissen oder Schuldgefühlen oft nicht hinterfragen, welche Norm genau sie da eigentlich übertreten haben und ob diese Norm angemessen, realistisch und akzeptabel ist. Sind Sie wirklich eine schlechte Tochter, wenn Sie das Weihnachtsfest nicht bei Ihrer Mutter verbringen? Ist die dahinterstehende Norm über ideale Töchter eine, die Sie akzeptabel finden und die für Sie gelten soll? Oder gehört sie eher ins viktorianische Zeitalter und ist in dieser übertriebenen Form bereits längst überholt?

Überprüfen Sie also, ob Sie ewig in sinnlosen Schuldgefühlen schwelgen, anstatt tapfer für Ihren Fehler einzustehen und die Konsequenzen zu tragen – aber bitte nur für Ihren Fehler und nicht für die Launen des Schicksals oder anderer Menschen.

Schuldgefühle entsorgen

1. Analysieren Sie die Situation.

- Wer war beteiligt?
- Welche äußeren Umstände lagen vor?
- Was genau war Ihr Beitrag oder Fehler? Betrachten Sie die Situation wie der externe Coach von außen.
- Was genau hätten Sie selbst vermeiden oder beeinflussen können und was nicht?
- Was genau war der Beitrag oder Fehler des anderen Beteiligten? Behalten Sie die externe Perspektive bei.

2. Überprüfen Sie die Norm, die zum Tragen kommt.

- Welche Norm glauben Sie verletzt zu haben?
- Ist es Ihre Norm oder die anderer Personen?
- Ist diese Norm angemessen? Realistisch?
- Ist sie zwanghaft oder erlaubt sie auch Ausnahmen?
- Was sagen Sie innerlich zu sich? Sind Ihre inneren Kommentare hilfreich?

---

3. Übernehmen Sie die Verantwortung für Ihren Beitrag.

- Ist eine Entschuldigung notwendig?
- Können Sie etwas tun, um Ihren Fehler wiedergutzu-machen?
- Was müssen Sie vorbeugend tun, um diesen Fehler nicht zu wiederholen?

4. Vergeben Sie sich Ihren Fehler/ Ihre falsche Entscheidung.

- Was war die positive Absicht hinter Ihrem Verhalten?
- Was hat Ihnen damals gefehlt, um eine andere Entscheidung treffen zu können?
- Welchen unterstützenden Kommentar könnten Sie sich statt der Selbstvorwürfe sagen, der Sie konstruktiv handeln lässt?
- Akzeptieren Sie, dass Sie einen Fehler gemacht oder eine falsche Entscheidung getroffen haben. Vergeben Sie sich – Sie wissen ja, Sie haben das Ihnen damals Bestmögliche getan: Wenn Sie etwas Besseres hätten tun können, hätten Sie es getan.

Sie erinnern sich, Iris wird ja immer wieder von Schuldgefühlen und einem megaschlechten Gewissen geplagt, wenn sie jemandem einen Gefallen abschlagen muss. In ihr wirkt noch immer die Erfahrung mit ihrer kleinen Schwester nach, der sie damals nicht bei den Hausaufgaben geholfen hat und die daraufhin sitzengeblieben ist ... eine immer noch andauernde Schuldpein für Iris. Ihr ist klar, dass es niemandem mehr hilft, wenn sie immer noch deswegen Schuldgefühle hat, daher geht sie auch dieses Thema energisch an.

Beispiel: Iris entsorgt ihre Schuldgefühle

1. Analysieren Sie die Situation.

Wer war beteiligt?

Meine Schwester und ich.

Welche äußeren Umstände lagen vor?

Ihre entscheidende Klassenarbeit stand kurz bevor, und sie hatte wohl nicht viel Ahnung von dem Stoff. Mathe war noch nie ihre Stärke. Ich selbst war immer ganz gut in Mathe (aber nicht in Geografie!), hatte aber auch selbst einiges zu lernen.

Was genau war Ihr Beitrag oder Fehler? Betrachten Sie die Situation wie der externe Coach von außen.

Okay, ich hätte ihr schon ein oder zwei Nachmittage unter die Arme greifen können. Ich habe es nicht getan, weil ich damals total sauer auf sie war, weil sie immer so faul war und erst im allerletzten Moment daherkam, und ich sollte dann sofort alles stehen und liegen lassen, um die Feuerwehr zu spielen!

Was genau hätten Sie selbst vermeiden oder beeinflussen können und was nicht?

Ihre Faulheit habe ich offensichtlich nicht sehr beeinflussen können! Aber ich hätte mit ihr den prüfungsrelevanten Stoff pauken können.

Was genau war der Beitrag oder Fehler des anderen Beteiligten? Behalten Sie die externe Perspektive bei.

Wenn ich jetzt so darüber nachdenke, hat sie sich ja tatsächlich immer wieder selbst in diese schwierige Situation geritten. Sie war immer schon ziemlich faul beim Lernen und hat auf die Ermahnungen von mir und meinen Eltern nicht gehört. Und sie hat sich erst kurz vor Torschluss gemeldet, als sowieso nicht mehr viel zu machen war.

2. Überprüfen Sie die Norm, die zum Tragen kommt.

Welche Norm glauben Sie verletzt zu haben?

Man muss Freunden und Familienmitgliedern immer sofort helfen!

Ist es Ihre Norm oder die anderer Personen?

Nun, das ist natürlich in unserer Familie so, aber ich selbst glaube das auch.

Ist diese Norm angemessen? Realistisch? Ist sie zwanghaft oder erlaubt sie auch Ausnahmen?

Hmm, angemessen und realistisch. Wenn jemand einfach selbst zu faul ist, muss man ja wirklich nicht unbedingt seine Faulheit ausbaden. Und manchmal kann man aus äußeren Gründen einfach nicht helfen, zum Beispiel wenn man krank ist oder sich schon um irgendetwas anderes kümmern muss. Vielleicht sollte ich lieber sagen: Man sollte anderen helfen, wenn es notwendig und möglich ist.

Was sagen Sie innerlich zu sich? Sind Ihre inneren Kommentare hilfreich?

Nein, ich schimpfe natürlich mit mir und beschuldige mich selbst, egoistisch zu sein. Hilfreich ist das nicht, danach geht es mir nur noch viel schlechter!

3. Übernehmen Sie die Verantwortung für Ihren Beitrag.

Ist eine Entschuldigung notwendig?

Ich habe mich vor einiger Zeit bei meiner Schwester entschuldigt und sie hat einen Lachanfall bekommen, weil sie kaum glauben konnte, dass mich das immer noch beschäftigt! Außerdem hat sie mir gesagt, dass dieses Sitzenbleiben genau der Tritt war, den sie gebraucht hatte, um endlich ihre Faulheit zu überwinden.

Können Sie etwas tun, um Ihren Fehler wiedergutzumachen?

Bei ihr ja wohl kaum ... Aber ich glaube, dass ist mit ein Grund, warum ich den beiden Nachbarstöchtern geholfen habe. Für mich ist das eine Form der Wiedergutmachung. Na klar, mehr als genug!

Was können Sie vorbeugend tun, um diesen Fehler nicht zu wiederholen?

Ich werde beim nächsten Mal genauer überprüfen, ob jemand wirklich meine Hilfe braucht – und wenn, dann werde ich sie ihm so weit möglich gewähren, selbst wenn ich gerade sauer auf ihn sein sollte! Das eine muss ja nicht mit dem anderen vermischt werden, sonst verliert man sich in kleinlicher Rache.

4. Vergeben Sie sich Ihren Fehler/Ihre falsche Entscheidung.

Was war die positive Absicht hinter Ihrem Verhalten?

Ich könnte ja jetzt sagen, meine Schwester zu erziehen, aber in Wahrheit wollte ich mich nicht als die ausgenutzte Große fühlen – so eine Art Selbstschutz, nehme ich an.

Was hat Ihnen damals gefehlt, um eine andere Entscheidung treffen zu können?

Der Großmut, meinen Ärger über sie beiseitezustellen und ihr trotzdem zu helfen.

Welchen unterstützenden Kommentar könnten Sie sich statt der Selbstvorwürfe sagen, der Sie konstruktiv handeln lässt?

Es wäre hilfreicher, mir zu sagen: Okay, Iris, du bist offensichtlich nicht perfekt, was kannst du jetzt tun, um deinen Fehler wieder auszubügeln?

Akzeptieren Sie, dass Sie einen Fehler gemacht oder eine falsche Entscheidung getroffen haben. Vergeben Sie sich – Sie haben das Ihnen damals Bestmögliche getan: Wenn Sie etwas Besseres hätten tun können, hätten Sie es getan.

Ist eigentlich wahr, damals mit 17 war ich eben auch noch ziemlich unbeherrscht und unreif ... und wenn meine Schwester mir schon längst verziehen hat, warum sollte ich es dann nicht auch tun? Und selbst wenn sie mir nicht vergeben hätte, Fehler macht nun mal jeder.

Zögern Sie nicht, auch Ihren Mühlstein der Schuld endlich loszuwerden – stehen Sie für Ihre Fehler gerade (aber nur für Ihre eigenen!), aber entsorgen Sie das mittlerweile überflüssige Schuldgefühl! Und da Sie ja um die Hartnäckigkeit alter Gewohnheiten wissen, bleiben Sie am Ball, steuern Sie aktiv dagegen und stärken Sie das neue Pflänzchen, bis es stark genug ist, um sich allein durchzusetzen.

Etwas verloren und Neues gewonnen

Wohl jeden Menschen schmerzt ein Verlust, sei es der einer Sache oder der eines Menschen. Trauer und Schmerz brauchen je nach Wichtigkeit des Verlorenen ihre Zeit: Wir müssen den Verlust realisieren, akzeptieren und überwinden; und diese Zeit sollte man sich auch unbedingt nehmen. Sie ist jedoch nicht endlos, dann sollte man Trauer und Schmerz auch wieder loslassen und sich dem Leben und seinen spannenden Überraschungen wieder zuwenden.

Verluste verwinden

Manchen Menschen gelingt es jedoch erst nach übermäßig langer Zeit oder gar nie, einen Verlust zu verwinden. Sie verzehren sich auch noch nach Jahren nach dem Entschwundenen, sie wünschen sich, das Rad der Zeit zurückdrehen zu können. Sie nehmen all das Gute, was ihnen in der Zwischenzeit passiert, gar nicht richtig wahr, weil sie auf das Fehlende und nicht auf das Vorhandene starren. Wenn Sie Ihre langjährige Freundin, die einfach ohne Sie nach Australien ausgewandert ist, auch nach drei Jahren immer noch jeden Tag schmerzlich vermissen, haben Sie unter Umständen all die neuen wunderbaren Menschen, die mittlerweile Ihren Weg gekreuzt haben, gar nicht richtig wahrgenommen.

Selbstverständlich geht es nicht darum, eine geliebte Sache oder eine geschätzte Freundin durch eine andere zu ersetzen und zu erwarten, dass es mit dem »Ersatz« genauso wird wie mit dem »Original«. Es gibt jedoch so vielfältige Formen der Beziehung zu Dingen und Menschen, dass man sehr wohl eine neue, eben andere, aber genauso wertvolle eingehen kann. Kein plumper Ersatz, sondern ein neues Original. Wenn Sie immer nur vergleichen und das verlorene Alte suchen, verstärken Sie das Gefühl des Verlustes immer wieder neu.

Trauer und Kummer sind ichbezogene Gefühle, was sie auch

so kräftezehrend macht. Iris betrauert natürlich nicht ihren Hund, sondern sie beweint sich selbst, weil sie ihres treuen Gefährten so jäh beraubt wurde.

Kreisen unsere Gedanken und Gefühle aber zu lange um uns selbst und darum, wie schlecht es uns geht, so lähmt uns das und beraubt uns jeder Energie und Lebensfreude. Wir werden apathisch, antriebslos, depressiv und fühlen uns als hilfloses, gebeuteltes Opfer des Schicksals. Grund genug, auch an der Trauer über einen Verlust nicht ewig festzuhalten, sondern sie in einer angemessenen Zeit zu überwinden, damit die Vergangenheit, Gegenwart und Zukunft wieder zu einem Quell der Lebensfreude werden können.

Die folgenden Ansätze sind sehr hilfreich, einen schon zu lang betrauerten Verlust zu überwinden. Sie alle helfen, den Fokus nicht mehr auf das zu richten, was unwiederbringlich fort ist, sondern wieder auf das, was Sie trotz allem immer noch haben und in Zukunft haben werden. Immer wieder schmerzlich in der Wunde zu bohren, lässt sie nun wirklich nicht schneller verheilen – man muss sie auch einmal ruhen lassen.

Den Verlust akzeptieren. Ziehen Sie Ihren Kopf aus dem Sand und akzeptieren Sie, dass Sie etwas endgültig verloren haben. Solange Sie noch unrealistische Hoffnung auf Wiederkehr hegen, betrügen Sie sich selbst und reißen die Wunde immer wieder auf. Ihr Liebster hat Sie verlassen und eine neue Traumfrau gefunden – solange Sie sich immer noch vormachen, eines Tages käme er reumütig zu Ihnen zurück, werden Sie nie darüber hinwegkommen.

Vorteile auflisten. Listen Sie gezielt auf, welche Vorteile der Verlust Ihnen auch bringt: endlich wieder in Ruhe im Bett frühstücken, nie wieder Fußball gucken müssen, so viel Knoblauch beim Kochen, wie Sie wollen, schöne Wochenendtrips mit Ihrer besten Freundin, keine quälenden Streitereien mehr.

Den Verlust relativieren. Rufen Sie aber auch ganz bewusst schöne Erinnerungen an Ihren Verlust auf und bedanken Sie sich dafür, dass diese schönen Erinnerungen Ihnen auf ewig erhalten bleiben. Das relativiert den Verlust – nicht alles ist weg, in Ihrem Kopf haben Sie immer noch einen reichen Schatz an guten Erfahrungen. Denken Sie also nicht nur an die Streitereien, sondern auch an die schönen und romantischen Momente: die Gondelfahrt in Venedig, der erste Tanz im Mondschein, das tolle Konzert, das Sie gemeinsam besucht hatten. Selbst wenn er jetzt weg ist, hat es sie doch gegeben; und ein noch so perfides aktuelles Verhalten kann Ihnen diese schönen Momente nicht rauben.

Positives Vergangenes bilanzieren. Erstellen Sie eine Bilanz, was Ihnen sonst noch Schönes in Ihrem Leben widerfahren ist: eine wunderbare Freundschaft, Ihr beruflicher Erfolg, der Sieg im letzten Turnier Ihres Tennisvereins, der tolle Urlaub auf Kreta, die Liebe Ihrer Familie. Seien Sie ruhig genau, detailliert und ausufernd – je mehr Ihnen einfällt, desto besser. So schaffen Sie es, Ihre Vergangenheit wieder ausgewogener in einem rosigen Licht zu sehen.

Positives Aktuelles bilanzieren. Ziehen Sie auch eine Bilanz für Ihr aktuelles Leben und nehmen Sie wieder wahr, was Ihnen trotz des Verlustes an Schönem und Wertvollem geblieben ist. Ihr Interesse für Kultur, das Ihnen immer wieder schöne Momente beschert, die Unternehmungen mit Freunden und Familie, Ihr Hobby, in dem Sie immer besser werden, Ihre Gesundheit, Ihre schöne Wohnung, Ihr Humor.

Kleine Freuden bewusst machen. Notieren Sie täglich, was Ihnen heute Freude bereitet hat, worüber Sie lachen konnten, worüber Sie gerührt waren, was Sie Dankbarkeit empfinden lässt. Notieren Sie ruhig auch Kleinigkeiten – eine prächtig blühende und duftende Rose oder ein gelungenes Nudelgericht können genauso gut Momente der intensiven Freude schenken wie ein langer anregender Abend mit Ihren Freunden.

Spaß haben. Greifen Sie zu Ihren Antijammer-Notfallhilfen und beschäftigen Sie sich bewusst mit Dingen, die Ihnen grundsätzlich Spaß machen.

Neues zulassen. Überlegen Sie gezielt, wie Sie den Verlust durch etwas Neues ausgleichen können – wie Sie keinen Ersatz, aber ein neues Original finden können. Und dann werden Sie aktiv, um dieses neue Original zu finden! Ein neuer Verehrer wirkt Wunder für das Selbstbewusstsein und die Verarbeitung Ihres Verlustes – ziehen Sie also los und flirten Sie wieder unverbindlich ein wenig. Der Lauf der Zeit wird Ihnen, wenn Sie für die Gelegenheiten sorgen und nicht nur weinend in Ihrem Kämmerlein hocken, das nächste Prachtexemplar schon wieder über den Weg schicken.

Die Zukunft planen. Aktivieren Sie Ihren realistischen Optimismus und zählen Sie sich genau auf, was in der Zukunft an Positivem auf Sie wartet: der nächste Karriereschritt, die Geburtstagsfeier Ihrer Mutter, der Kurzurlaub mit Ihrer Freundin, ein schöner Herbst mit leuchtenden Farben, der Besuch einer spannenden Ausstellung, ein Einkaufsbummel zur Belohnung.

Und vertrauen Sie auf die Zeit – so abgedroschen manche Lebensweisheiten auch klingen mögen, so wahr ist doch oft ihr Kern. Und dass die Zeit alle Wunden heilt, wenn man sie lässt, diese Erkenntnis gehört sicherlich in diese Kategorie.

Wem gehört der Schuh?

Iris hat sich etlicher Mühlsteine der Vergangenheit entledigt und ist jetzt ganz neugierig, was denn die Gegenwart und die Zukunft noch alles so bringen werden. Mit Realismus und angemessenem Optimismus hat sie ja schon einen neuen Blick auf das Hier und Jetzt geworfen, hat ihrer Märtyrerstrategie Adieu gesagt und ihre Wahrnehmungsschalter umgelegt.

(Un)geschriebene Normen

Besonders interessiert sie jetzt daran, wie sie die Geißel der (un)geschriebenen Normen und der damit verbundenen Selbstvorwürfe loswerden kann, die ihr auch immer wieder empfindlich unter die Haut gehen. Aber nicht nur die Vorwürfe, die sie sich selbst macht, sondern auch die von anderen Personen würde sie gerne auf Berechtigung überprüfen und auch mal an sich abperlen lassen wie Felicitas. Gesunder Selbstschutz, angemessene Reaktionen auf Schuldzuweisungen, die Abwehr überzogener Kritik und das Stoppen zermürbender Selbstvorwürfe sind die weiteren Fragen des Hier und Jetzt, die es anzugehen gilt.

Wir hatten ja schon beim Thema Schuldgefühle gesehen, dass sie umso heftiger werden können, je erbarmungsloser und rigider die dahinterstehende Norm ist. Wieder haben wir mit den Mitteln der sanften Inquisition diese Normen abgeklopft, relativiert und auf ein realistisches Maß heruntergeschraubt.

Aber auch eine gemäßigte Norm ruft natürlich immer noch bei Übertreten Vorwürfe und neue Schuldgefühle hervor – und auch da neigen die Mimosen gerne zu mehr oder weniger heftiger Übertreibung. Sei es, dass sie sich selbst geißeln, was für ein abgrundtief schlechter Mensch sie doch wohl sein müssen, nur weil sie eine Viertelstunde zu spät gekommen sind; sei es, dass sie Vorwürfe und Kritik anderer viel zu schnell als berechtigt und angemessen akzeptieren und sich nicht genug dagegen verwahren, wenn es eigentlich nicht ihr Schuh ist.

Zerpflücken Sie also auch die eigenen und fremden Vorwürfe und Kritikpunkte, und überprüfen Sie, was davon in welchem Umfang berechtigt sein könnte, aber was auch völlig unangemessen ist.

Beantworten Sie sich die Frage, wessen Schuh es eigentlich ist, den Sie da anziehen sollen. Das Ziel dabei ist, von womöglich schwammigen, verallgemeinernden Anwürfen zu den ganz konkreten Punkten zu kommen, um die es wirklich geht. Zudem gilt es, das Bewertungssystem, das dahintersteckt, herauszufinden und auf Gültigkeit und Relevanz zu überprüfen.

Und nicht zuletzt sollten Sie sich auch immer die Frage stellen, ob es der betreffenden Person überhaupt zusteht, Ihnen etwas vorzuwerfen – das Recht dazu können Sie ihr nämlich einräumen oder auch nicht!

Vorwürfe und Kritik zerpflücken

Hier finden Sie den Fragenkatalog zum Entblättern und Zerpflücken der kleinen Vorwurfsmonster; die Reihenfolge der Fragen ist oft beliebig und ergibt sich aus dem – inneren oder äußeren – Dialog.

- Räumen Sie der Person überhaupt das Recht ein, Ihnen einen Vorwurf zu machen/Sie zu kritisieren?
- Was genau meint der andere? Worum genau geht's? Woran machen Sie/die Person das fest?
- Welche konkrete Verhaltensweise ist gemeint?

- Wie wird diese bewertet? Womit wird sie verglichen? Stimmt die Bezugsgröße?
- Gibt es noch weitere Einflussfaktoren außerhalb Ihrer Kontrolle?
- Welche Vorannahme steckt hinter der Kritik/dem Vorwurf? Ist diese Vorannahme akzeptabel?
- Ist die Schwere des Vorwurfs/der Kritik der Situation angemessen?
- Hat der Vorwurf irgendeine Berechtigung? Welchen Teil der Kritik/des Vorwurfs können Sie für sich als berechtigt akzeptieren?

Belauschen wir doch einmal Iris im Gespräch mit ihrem Kollegen Mark. Dieser wirft ihr vor, sie sei ziemlich unkollegial – ein Vorwurf, der Iris erst einmal heftig trifft! Bisher hätte sie sich in Mimosenart gekränkt zurückgezogen, sich bei Felicitas bitter über die Ungerechtigkeit der Welt und der Menschen beschwert und sich Mark gegenüber wochenlang in vorwurfsvolles Schweigen gehüllt. Aber sie ist ja jetzt schon ein kleines

Röschen mit ein paar zarten Dornen und beginnt mutig ihre sanfte Inquisition.

Mark grummelt also an seinem Schreibtisch vor sich hin, hackt auf seiner Tastatur herum, verflucht ab und an seinen PC und platzt dann unvermutet mit seinem Vorwurf heraus.

Mark (ziemlich genervt): »Mensch, Iris, ich muss schon sagen, du bist echt ziemlich unkollegial!«

Iris ist erschrocken und getroffen. Innerlich fragt sie sich aber als Allererstes, *ob es Mark überhaupt zusteht, sie zu kritisieren.* Sie kommt zu dem Schluss, dass er als Kollege grundsätzlich schon das Recht hat, etwas zu ihrer Zusammenarbeit zu sagen. Also rafft sie all ihren Mut zusammen und startet mit ihren Fragen.

Iris (vorsichtig): »*Was genau meinst du* mit unkollegial?«

Mark (vehement): »Na, dass du andere hängen lässt und nur auf deinen eigenen Vorteil guckst!«

Iris: »*Um welche konkrete Verhaltensweise geht es denn?*«

Mark (schon ruhiger): »Du warst doch als Einzige auf diesem Fortbildungskurs für die neue Software – und jetzt behältst du dein Geheimwissen für dich, damit bloß kein anderer davon profitieren kann! Und du stehst dann als die Superexpertin da, während wir wie die Trottel aussehen!«

Iris: »*Woran machst du das fest,* dass ich mein Wissen als Geheimwissen für mich behalten will?«

Mark (etwas weinerlich): »Na, hast du mir oder einem der anderen auch nur ein einziges Mal angeboten, diese blöde Software zu erklären? Das sagt doch schon alles! Wenn du schon das

Privileg hast, zu diesem Kurs zu gehen, könntest du den weniger vom Glück Begünstigten wenigstens unter die Arme greifen.«

Iris bemerkt scharfsinnig, dass Mark da wohl die *Vorannahme und Erwartung versteckt* hat, man müsse immer freiwillig anbieten, sein Wissen zu teilen. Und die *Interpretation*, wenn man das nicht tue, horte man Geheimwissen zum eigenen Vorteil, verweigere seine Hilfe und sei somit unkollegial. Mark *vergleicht* dieses unterlassene Informationsangebot offensichtlich mit in böser Absicht zurückgehaltener Information – *also vergleicht er eigentlich Äpfel mit Birnen.*

Iris *überdenkt kurz die Fakten. Fakt ist,* sie war tatsächlich als Einzige bei diesem Kurs; und *Fakt ist ebenfalls,* dass sie nicht von sich aus angeboten hat, den anderen das Gelernte weiter zu vermitteln. *Das könnte ihr Schuh sein:* Vielleicht wäre es wirklich kollegialer gewesen, dieses Angebot zu machen!

Fakt ist aber auch, dass alle Kollegen unterschiedlich häufig mit dieser Software arbeiten, manche sogar sehr selten – Iris jedoch am häufigsten, deshalb war sie auch bei der Weiterbildung. *Und Fakt ist ebenso,* dass andererseits keiner der Kollegen sie explizit um Hilfe gebeten hat, auch Mark nicht. Und da alle in der Firma immer ziemlich viel zu tun haben, ist Iris stillschweigend von der Vorannahme ausgegangen, dass diejenigen, die es wirklich betrifft, sich schon rühren werden – offensichtlich in Marks Fall eine trügerische Vorannahme.

Dass Mark ihr so *pauschal und umfassend* Unkollegialität und zudem noch hinterlistige, egoistische Absichten *vorwirft*, findet sie *der Situation nicht angemessen* – das ist *eindeutig übertrieben und nicht ihr Schuh!* Das wird sie ihm jetzt auch sagen:

Iris (versöhnlich): »Mark, es stimmt, dass ich nicht von mir aus angeboten habe, euch die Software zu erklären. Vielleicht hätte ich das tun sollen – auf jeden Fall werde ich es beim nächsten Mal tun. Verletzend finde ich allerdings, dass du mir sofort ziemlich hinterlistige Motive unterstellst – *wie kommst du darauf?*«

Mark (ziemlich zerknirscht): »Okay, okay, ich gebe zu, ich war eben so sauer über dieses verflixte Programm, dass ich da wohl über das Ziel hinausgeschossen bin. Tut mir echt leid, ich weiß ja eigentlich, dass du nicht so bist. Aber ich wäre dir echt dankbar, wenn du mir einen Crash-Kurs für dieses blöde Programm geben könntest!«

Iris (munter): »Na klar, wenn du willst, sogar sofort.«

Mark (dankbar und erleichtert): »Oh, super! Und nichts für ungut wegen eben ... soll nicht wieder vorkommen!«

Gratulation an Iris! Sie hat es durch ihr hartnäckiges Fragen geschafft, aus einem heftigen, emotionalen Vorwurf den eigentlichen Kern herauszufischen, zu überprüfen, was davon für sie relevant ist, und die knifflige Situation zu einem guten Abschluss zu bringen.

Mark hat übrigens so reagiert, wie sehr viele Menschen das tun: Er hat seinen eigenen Frust unbewusst an Iris auslassen wollen. Im Grunde genommen war er ja über sich und seine Schwierigkeiten mit dem Programm so sauer, hat das aber leider auf Iris übertragen. Es ist natürlich menschlich, dass man lieber auf andere sauer ist als auf sich selbst, trotzdem bedeutet das nicht, dass Sie jetzt klaglos das Opferlamm spielen sollten. Diese kleine menschliche Schwäche macht es umso wichtiger, Vorwürfe und Kritik genauer unter die Lupe zu nehmen.

Iris ist zu Recht schon ziemlich zufrieden mit sich. Sie nimmt sich vor, in Zukunft nicht mehr nur gekränkt zu reagieren, sondern ihren kleinen Sherlock Holmes zum Verhör zu bitten, um gelassener und konstruktiver mit Vorwürfen und Kritik umzugehen. Aber sicherheitshalber möchte sie diesen neuen Umgang gerne noch ein wenig festigen, damit es auch wirklich gut funktioniert.

Negative Auslöser knacken mit dem Bildertausch

Wo sie auch noch ein wenig Hilfe brauchen könnte, ist bei dieser Sache mit den externen Auslösern: die hochgezogene Augenbraue, der arrogante Tonfall, die vorwurfsvolle Stimme. Zwar ist sie beim letzten Telefonat mit ihrem Ex-Mann tatsächlich viel gelassener geblieben als bisher, aber sie hat gemerkt, dass die erste automatische Reaktion auf seinen arroganten Tonfall sie doch erst mal wieder verunsichert hat. Gelernt ist gelernt! Daher möchte sie das Umlernen gerne noch irgendwie unterstützen und festigen.

Da kommt das mentale Training wie gerufen! Ehemals sehr skeptische Psychologen und Neurobiologen haben dieses Phänomen mal etwas genauer unter die Lupe genommen, gerade weil sie erst nicht so recht dran glauben mochten und es am liebsten widerlegt hätten. In vielen Versuchen, Experimenten und Beobachtungen haben sie allerdings zweifelsfrei bewiesen, dass das mentale Training in vielen Bereichen fast genauso wirksam ist wie echtes Training. Auch geistige Bemühungen und Übungseinheiten hinterlassen nämlich ihre Spuren im Gehirn und festigen so das, was man lernen möchte. Eine tolle Sache – so können Sie mit wenig Zeitaufwand so viel üben, wie Sie wollen, wann und wo Sie wollen!

Eine besonders schnelle und wirksame Technik aus diesem Bereich ist der sogenannte Bildertausch. Das Einzige, was Sie dazu mitbringen müssen, sind ein paar Ihrer inneren Bilder, die Sie dann auf ganz bestimmte Art verknüpfen und austauschen.

1. Identifizieren Sie das problemauslösende Bild. Nehmen Sie einen Ihrer negativen Auslöser aus Ihrer Selbstbeobachtung. Rufen Sie sich eine Erinnerung an eine typische dazugehörige Situation auf. Sehen Sie sich den Film an: groß, hell und so, als würden Sie es gerade aktuell erleben – Sie sehen sich selbst nicht von außen, sondern Sie schauen sozusagen wieder durch Ihre Augen wie damals. Lassen Sie den Film ganz bis zum Anfang zurücklaufen und halten Sie ihn an der Stelle an, wo der Auslöser gerade auftaucht, direkt bevor die unerwünschte Reaktion in Gang kommt. Frieren Sie dieses Anfangsbild als Standbild ein. In Iris' Beispiel wäre das der Moment, in dem sie den Mund öffnen will, um »Nein« zu sagen, und ihre inneren Kommentare über ihren Egoismus starten würden.

2. Entwerfen Sie Ihr gewünschtes Verhalten. Mit welchen Ihrer Fähigkeiten würden Sie in Zukunft gerne dem negativen Auslöser begegnen? Drehen Sie einen Film von sich, wie Sie in einem guten emotionalen Zustand auf eine genau richtige, von Ihnen gewünschte Art statt der alten Verhaltensweise auf den Auslöser reagieren möchten. Seien Sie Ihre eigene Regisseurin, sehen Sie sich von außen auf der Leinwand agieren und optimieren Sie den Entwurf so lange, bis Sie absolut zufrieden sind. Schauen Sie sich den Film mit sich selbst als Hauptdarstellerin ein paarmal an, und fragen Sie sich, ob irgendetwas dagegen spricht, auf diese neue Weise mit Ihren Fähigkeiten zu reagieren. Wenn ja, ändern Sie Ihren Film noch einmal, bis alles in Ihnen rundum zufrieden ist. Machen Sie ihn strahlend, hell, attraktiv und absolut verführerisch, sehen Sie sich noch einmal mit den kritischen Augen Ihres Coaches von außen an; genau so wie Ihr Selbst im Film würden Sie gerne reagieren!

Iris sieht sich selbst gelassen, ruhig und ohne schlechtes Gewissen dem allzu bequemen Kollegen den Gefallen abschlagen. Und selbst auf seine beleidigte Reaktion hin schafft sie es, konsequent bei ihrem Nein ohne Schuldgefühle zu bleiben.

Dann nehmen Sie das Anfangsbild Ihres neuen Filmes, lassen es schrumpfen und dunkel werden, bis es klein und dunkel auf Ihrem inneren Bildschirm steht.

3. Tauschen Sie die Bilder aus. Platzieren Sie das neue, kleine, dunkle Bild in die untere linke Ecke Ihres alten, großen, hellen Bildes. Nun sagen Sie »Wuschsch!!!« und lassen in dieser Sprechzeit das kleine, dunkle, neue Bild schlagartig groß und hell und gleichzeitig das alte Bild klein und dunkel werden, sodass das neue Bild das alte vollkommen überdeckt.

Putzen Sie Ihren inneren Bildschirm blank und wiederholen

Sie diesen Schritt. Am besten, Sie machen den Bilderaustausch mit dem »Wuschsch!!!« vier- oder fünfmal in sehr schneller Folge; der Bildertausch sollte nicht länger als ein oder zwei Sekunden brauchen. Sie merken, dass der Tausch endgültig vollzogen ist, wenn Sie entweder den Prozess nicht mehr bewusst machen müssen, sondern er schon automatisch abläuft, oder aber Sie das alte Bild gar nicht mehr so richtig herholen können.

Iris hat fünf Durchgänge gemacht, bei ihrem sechsten Versuch tauchte das Anfangsbild nur ganz kurz und verschwommen auf und wurde sofort automatisch durch das neue Bild ersetzt.

4. Testen Sie den erfolgreichen Bildertausch. Stellen Sie sich die nächste Situation vor, in der Sie Ihrem negativen Auslöser wieder ausgesetzt sein werden: Wenn bei dem Auftauchen des Auslösers Ihr neues Bild kommt, ist die Verknüpfung stabil. Falls nicht, wiederholen Sie den Schritt drei noch einmal. Sie können den Test natürlich auch als echten Test fahren, wenn Sie sich sofort Ihrem Auslöser aussetzen können.

Iris' zweiter Test nach dem gedanklichen passierte sehr bald in der Realität: Tatsächlich wollte Kollege Mark sie mit einer seiner ironischen Bemerkungen wieder dazu bringen, das Protokoll bei der nächsten Besprechung zu schreiben, obwohl er an der Reihe war. Und sie hat es wirklich geschafft! Mark hat ganz schön verdutzt, aber auch irgendwie anerkennend geguckt.

Dieses mentale Training können Sie für alle Verhaltensweisen nutzen, die quasi automatisiert oder gar zwanghaft auf ei-

nen Reiz hin immer wieder gleich ablaufen und die Sie kna-
cken möchten. Ob es Ihre Sucht nach Pralinen ist, ob Sie bei
bestimmten Themen zu nah am Wasser gebaut haben und immer wieder anfangen zu weinen, ob Sie sich sofort selbst zerflei-
schen, wenn Sie jemandem einen Gefallen abgeschlagen haben,
oder ob Sie gekränkt sind, wenn Sie jemand berechtigt kritisiert – jegliches automatische Verhalten ist geeignet.

Die Wirksamkeit dieses mentalen Trainingsprozesses beruht
übrigens auf dem Ausnutzen der Tatsache, dass wir ein bisschen den berühmten Hunden Pawlows ähneln. Auch Menschen sind durchaus auf gewisse Reize konditioniert, und der
Bildertausch unterbricht den automatischen Ablauf der Kon-
ditionierung direkt nach dem Auftauchen des Reizes und stellt
eine neue Verknüpfung dieses Reizes mit einer anderen, konstruktiveren Reaktion her.

Deshalb ist es so wichtig, dass Sie mit dem Bild arbeiten, das
direkt vor dem Start Ihres unerwünschten Verhaltens präsent
ist, und nicht eines nehmen, wo Ihre alte negative Reaktion
schon läuft. Sie wissen ja, nichts fürchten unsere lieben alten
Gewohnheitsmaden so sehr wie das helle Licht des Bewusstseins. Kaum fühlen sie sich beobachtet und entlarvt, sind sie in
ihrem heimlichen Ablauf auch schon enorm gestört. Ade, ihr
Schädlinge …

Auf zu neuer Blüte

Die Vergangenheit und die Gegenwart blühen schon rosig vor sich hin – jetzt gilt es, auch den Umgang mit der Zukunft unter dem Aspekt der Selbstverantwortung und des Selbstschutzes noch mit neuen üppigen Knospen und einigen wehrhaften Dornen zu versehen.

Sie erinnern sich, im Kapitel über die optimistischen Wahrnehmungs- und Denkgewohnheiten der Rosen haben wir festgestellt, dass diese sich als Kapitän auf ihrem Lebensschiff betrachten, die Mimosen hingegen eher als Passagier, der es anderen überlässt, die Route zu bestimmen.

Leider kann das natürlich dazu führen, dass Sie dauernd zähneklappernd um das Nordkap herumschippern, obwohl Ihnen die warmen Gefilde der Karibik viel lieber wären, in denen Sie Ihrem Luxuskörper cocktailschlürfend die angemessene sonnengeölte Bräune gönnen könnten.

Wenn Sie jedoch immer nur passiv abwarten, was mit Ihnen passieren wird, müssen Sie natürlich auch mit mehr unliebsamen Überraschungen rechnen, als Ihnen lieb ist. Ein klarer Blick auf die Chancen und Risiken der Zukunft hilft Ihnen, die Chancen auch zu ergreifen und prophylaktische Schutzmaßnahmen zu ergreifen, wenn am Horizont ein Gewitter dräut. Also nehmen Sie das Ruder in die Hand und geben Sie den Kurs in wärmere Gegenden vor!

»Gut und schön, wenn man weiß, wohin man will!«, sagen Sie vielleicht etwas verzagt. Nun, dann sollten Sie es erst einmal herausfinden. Manchmal ist das gar nicht so einfach. Deshalb werden wir jetzt einmal den wirklich Erfolgreichen auf die Finger und in den Kopf schauen, die eine starke Vision hatten, genau wussten, was sie wollten, und dann gezielt nach Wegen gesucht haben, um das auch zu erreichen.

Erfinden Sie Mickey Mouse!

Ein besonders erfolgreicher Mensch auf diesem Gebiet ist Ihnen durch seine Kreationen im Laufe Ihres Lebens schon oft begegnet: In der Kindheit hat Sie vielleicht *Bambi* verzückt, auch als Erwachsene konnten Sie sich eventuell beim *Dschungelbuch* amüsieren. Die Rede ist von dem unvergesslichen Walt Disney und seiner unvergleichlich wirksamen mentalen Strategie, kreative Visionen zu entwerfen und diese dann Wirklichkeit werden zu lassen. Seine Denkgewohnheiten hebeln wirksam etliche Visions- und Kreativitätsbremsen aus. Sie wurden in der Praxis schon oft erprobt und funktionieren immer wieder exzellent.

Wahrscheinlich gehören Sie zu der überwältigenden Anzahl an Menschen, die glauben, sie wären nicht kreativ und könnten sich schon gar nicht irgendeine verlockende Vision für sich ausdenken. So etwas können nur Charismatiker und kreative Genies, ist die gängige Meinung.

Falsch, Gott sei Dank ganz falsch! Es liegt nicht an mangelndem Charisma oder dem fehlenden Kreativgen, sondern an einer unseligen mentalen Strategie und – mal wieder! – selbstsabotierenden madigen Denkgewohnheiten. Kommen Ihnen einige der folgenden irgendwie bekannt und altvertraut vor?

- Ich habe keine Zukunftsträume oder Visionen – ist doch eh nutzlos und zudem viel zu anstrengend.
- Ich bin nicht kreativ! Und auch nicht visionär!
- Man kann doch nicht einfach so herumspinnen – man muss doch vernünftig bleiben.
- Sobald ich doch mal eine Idee oder gar Vision für meine Zukunft habe, kritisiere ich sie sofort heftig, bis sie mir ziemlich blöd erscheint.
- Ich habe gar keine Zeit, mich mit Visionen und so etwas abzugeben – der Alltag ist schon stressig genug.
- Sobald jemand anderes einen meiner Zukunftspläne für verstiegen hält, bin ich verunsichert und gebe ihn schnell auf.
- Ich suche nach der perfekten Vision für meine Zukunft – und die gibt es doch sowieso nicht!
- Und was ist, wenn ich zwar Pläne und Visionen für meine Zukunft habe, aber dann doch scheitere? Das ist mir viel zu unsicher.
- Ich weiß nie, ob es auch der richtige Zukunftsplan ist – könnte doch auch ein großer Fehler sein!
- Ich möchte doch eigentlich, dass alles so bleibt, wie es ist – warum dann Pläne für die Zukunft machen?

Madig, madig! Hinter diesen Gedanken verbergen sich die munteren und leider sehr wirksamen Selbstsabotagestrategien vieler Menschen: Angst vor Veränderung und Neuem, aber auch Angst vor Fehlern, kein Mut zum Risiko, etwas Faulheit und Bequemlichkeit, zu frühe und zu heftige Kritik, Unsicherheit und Selbstzweifel, Überbetonung der Vernunft. Kein

Wunder, dass sie auf die Frage nach einer Vision keine Antwort finden, kein Wunder, dass sie auch vielen Problemen des Alltags relativ hilflos gegenüberstehen, wenn die bekannten Problemlösungsansätze einmal nicht funktionieren – so fällt ihnen auch bestimmt nichts Neues ein.

Schalten Sie um und befreien Sie Ihr kreatives und visionäres Potenzial von diesen Fesseln. Begeben Sie sich auf die mentalen Spuren von Walt Disney, und brechen Sie auf in eine blühende, rosige Zukunft.

Träumen, Realisieren, Optimieren

Das Geheimnis von Walt Disneys Denkstrategie bestand in der strikten Trennung dreier wichtiger Rollen: des Visionärs oder Träumers, des Umsetzers oder Realisten und des Optimierers oder Kritikers. Alle drei haben wichtige Aufgaben, aber sie können sich gegenseitig stören, wenn sie sich in den jeweiligen Bereich des anderen einmischen. Lernen Sie zuerst die drei Rollen kennen, trainieren Sie sie, und lassen Sie sie dann konstruktiv im Spitzenteam miteinander arbeiten.

Visionär/Träumer. Der Träumer/Visionär hat einzig und allein die Aufgabe, zu spinnen, was das Zeug hält. Am besten und schnellsten gelingt das mit farbenprächtigen Bildern und Filmen im visuellen System. Ideal ist es, zum Träumen immer einen bestimmten Platz aufzusuchen, gar in unterschiedlichen Zimmern für die drei Rollen. Walt Disney hatte tatsächlich

drei Büros, aber drei verschiedene Plätze in Ihrer Wohnung funktionieren genauso gut. Ein bequemes Sofa, der träumerische Blick an die Decke, Tagträumen zur Entspannung, all das hilft, den Zugang zu seinen inneren Filmen zu bekommen und neue zu drehen.

Trainieren Sie Ihren visuellen Träumer, indem Sie sich möglichst täglich auf Ihr Sofa kuscheln und zehn Minuten einfach nur in bunten inneren Bildern schwelgen. Sie können gerne mit schönen Erinnerungen anfangen, die Sie in Ihrer Fantasie noch toller gestalten können. Variieren Sie sie sukzessive; bald werden Sie auch bei völlig neuen Szenarien angekommen sein!

Geben Sie sich ganz der Lust am Sehen hin, genießen Sie die Gelegenheit, verrückt sein zu dürfen – erst mal müssen Sie mit Ihren Bildern ja überhaupt gar nichts tun, außer Spaß an ihnen zu haben! Null Risiko, keinerlei Verpflichtung! Ihr Training war dann erfolgreich, wenn Sie sich nur noch auf Ihr Sofa werfen müssen, um fast automatisch die innere Kinovorstellung in Gang zu setzen. Und wenn Ihr Visionär von den anderen beiden ungestört arbeiten kann!

Wichtig beim Spinnen und Träumen ist nämlich, dass der

innere Träumer absolut vor Kritik und Realisierungseinwänden geschützt ist, sonst zieht er sich sehr schnell zurück und verweigert die weitere Zusammenarbeit. Zu frühe Kritik und Bewertung der Ideen ist der Kreativitäts- und Visionskiller Nummer eins und hat schon unendlich viele Träumer hingemeuchelt! Das bedeutet, dass Sie mit sanfter Hartnäckigkeit und Geduld alle inneren Einwände, alles Herumkritteln und alles Genörgel erst einmal wegschieben – die Zeit zur realistischen und kritischen Begutachtung der Ideen und Visionen kommt später.

Dies erfordert sicher ein wenig Selbstdisziplin, denn in der heutigen Zeit sind wir mit Kritik und Ja-aber-Bedenken sehr schnell zur Hand. Und Sie wissen ja schon längst um die Hartnäckigkeit unserer Denkgewohnheiten – also bleiben Sie am Ball, bis Sie die kritischen Nörgelstimmen von Ihrem Sofa vertrieben haben; da gehören sie nämlich absolut nicht hin. Geben Sie sich innerlich wieder die Erlaubnis zum Spinnen, haben Sie Spaß an Ihren verrückten Ideen, genießen Sie Ihren Ausflug in eine unbeschwerte Welt der bunten Bilder und Visionen!

Umsetzer/Realist. Suchen Sie sich einen anderen Ort als Ihr träumerisches Sofa, krempeln Sie die Ärmel hoch und werfen Sie den Realisierungsblick auf Ihre Ideen. Der Umsetzer hat einzig die Aufgabe, tüchtig in die Hände zu spucken und herauszufinden, wie man die Vorschläge des Träumers verwirklichen kann.

Spüren Sie nach, welche der Ideen Ihnen besonders vielversprechend zu sein scheinen. Entwickeln Sie ein Gefühl für die unterschiedlichen Ansätze. Was braucht es an Zeit, Geld, Fähigkeiten, Unterstützung, weiteren Ressourcen, um aus einer Idee ein erreichbares Ziel zu machen? Trainieren Sie Ihren Umsetzer ruhig wieder mit kleineren Aufgaben, damit auch diese Rolle sich stabilisiert und zur neuen Denkgewohnheit wird.

Und auch hier gilt für den Optimierer / Kritiker noch ganz rigoros: Klappe halten! Auch in diesem Bereich hat er leider nichts zu suchen, denn hier geht es noch um die Suche nach Möglichkeiten der Realisierung, noch nicht um deren kritische Bewertung. Üben Sie also, sich ganz auf lösungsorientierte Fragen zu konzentrieren, ohne Wenn und Aber.

Optimierer/Kritiker. Jetzt schlägt endlich seine große Stunde! Weisen Sie auch ihm räumlich einen eigenen Platz zu – an diesem (und nur an diesem) darf er endlich mit allem herausplatzen, was ihm so aufgefallen ist. Seine Aufgabe ist, die Ideen des Träumers und die Vorschläge des Realisten zur Umsetzung einer kritischen Prüfung zu unterziehen, aber dabei immer Optimierungsvorschläge zu machen.

Lassen Sie seine mahnende Stimme zu Wort kommen: Pro und Contra diskutieren, Kosten-Nutzen-Relationen aufstellen und begutachten, Risiken einschätzen, Verbesserungspotenzial aufzeigen, Lücken und logische Brüche entdecken sind seine wichtigen Aufgaben. Er muss nicht für die entdeckten Probleme auch schon konkrete Lösungen präsentieren: Das ist wieder der Job der beiden anderen.

Viele Menschen fühlen sich übrigens in dieser Rolle oft am

schnellsten zu Hause. Der Optimierer / Kritiker wird in unserem Alltag sehr viel trainiert! Allerdings ist es nützlich, nicht nur sein destruktives Kritikpotenzial zu fördern, sondern ganz bewusst auch die Fähigkeiten zur Optimierung zu stärken.

Und auch er hat das Recht auf ungestörtes Arbeiten – dieses Mal müssen sich also die anderen beiden in vornehmer Zurückhaltung üben.

Wenn Sie Ihre drei inneren Protagonisten ausreichend trainiert haben und sie sich gegenseitig nicht mehr ins Gehege kommen, sind Sie fit für die Teamarbeit, eine verlockende Vision zu erarbeiten und die Schritte zu ihrer Realisierung in Angriff zu nehmen!

Die Disney-Strategie zur Lebensvision

Dieser Ansatz von Walt Disney mit seinen drei geistigen Rollen und der strikten Trennung zwischen den Prozessschritten ist äußerst erfolgreich, wenn es darum geht, sein kreatives und visionäres Potenzial zu heben. Durch die konsequente Konzentration auf die jeweilige Thematik werden die meisten der madigen Selbstsabotagestrategien ausgehebelt: Die Verhinderung von zu früher und zu destruktiver Kritik unterbindet die Selbstzweifel und Ideenlosigkeit; das behutsame Herantasten und optimierende Überarbeiten beseitigt Ängste und minimiert Risiken, der organische Entwicklungsprozess schützt vor Überforderung und Scheitern, eine Fülle von guten und machbaren Ideen hebelt den Perfektionismus mit seinem engen Fokus nach der einen perfekten Lösung aus.

Allein die Zeit müssen Sie sich noch gönnen ... aber Sie wissen ja, dass es Sie viel mehr Zeit kostet, wieder auf den Weg zurückzufinden, nachdem Sie sich verirrt haben, anstatt vorher einen kurzen Blick auf die Karte zu werfen – diese Zeit macht sich mehr als bezahlt. Der Weg zurück vom kalten Nordkap in die warme Karibik ist ganz schön weit ...

Die Disney-Strategie

1. Spinnen Sie und sammeln Sie Ideen.
Aktivieren Sie Ihren träumerischen Visionär auf Ihrem Sofa und entwerfen Sie eine verlockende Zukunft für sich. Fragen Sie sich, was Sie gerne täten, wären oder hätten, wenn es keinerlei Restriktionen gäbe. Spüren Sie nach, ob vielleicht alte Träume aus Ihrer Jugend immer noch relevant und attraktiv sind und vielleicht nur im Alltagstrott etwas verschüttet wurden. Spielen Sie geistig mit Ihren Hobbys, Talenten und Begabungen bei dem Erträumen einer attraktiven Vision der Zukunft!

Schreiben Sie Ihre Ideen auf, erstellen Sie eine bunte Collage, malen Sie selbst ein Bild, suchen Sie sich ein schönes Symbol – halten Sie Ihre Ideensammlung in irgendeiner Form fest, um sie weiterbearbeiten zu können.

2. Sichten Sie Ihre Ideen.

Stehen Sie auf, gehen Sie auf Ihren Umsetzerplatz und begutachten Sie die Ideen des Visionärs. Welche organisatorischen, technischen, finanziellen oder zeitlichen Themen müssen Sie klären? Was brauchen Sie und wie können Sie es bekommen? Beschaffen Sie, wenn nötig, mehr Informationen, suchen Sie Unterstützung, fragen Sie um Rat. Erstellen Sie konkrete Pläne zur Umsetzung, definieren Sie konkrete Ziele.

3. Optimieren Sie Ihre Pläne.

Suchen Sie den Kritikerplatz auf und begutachten Sie die Pläne des Umsetzers. Welches scheint der vielversprechendste zu sein? Sind sie machbar? Gibt es einen Haken? Ist wirklich alles stimmig? Stimmt die Relation zwischen Aufwand und Nutzen? Ist der Plan auch wirklich rundum attraktiv? Was könnte man noch besser machen? Wo steckt noch ungenutztes Potenzial? Welche Ergänzung ist sinnvoll oder notwendig? Gibt es Risiken zu bedenken? Führen Sie alles auf, was es zu bedenken gilt, listen Sie die Probleme auf, die es zu lösen gilt.

4. Fahren Sie eine/mehrere Optimierungsschleife(n).

Gehen Sie die Schritte erneut durch, bis Sie die aufgetauchten Fragen und Probleme zu aller inneren Zufriedenheit gelöst haben. Gerade bei umfassenderen Themen ist es ganz normal, dass man den Prozess zwei- oder dreimal durchläuft, bis man eine rundum stimmige Lösung gefunden hat. Und eine attraktive Vision Ihrer Zukunft ist sicher eine umfassende und wichtige Sache.

Auch Iris ist die Kälte des Nordkaps leid und möchte in ihre persönliche Karibik. Sie konzentriert sich erst einmal auf den ihr momentan wichtigsten Bereich, den sie in Zukunft schöner gestalten möchte: ihr Privatleben. Sie hat gemerkt, dass sie bisher durch ihre mimosenhafte Überempfindlichkeit ihre Freunde wohl wirklich arg strapaziert hat und dass auch ihre Lebensfreude darunter gelitten hat. Allzu oft und allzu lange hat sie sich einsam zu Hause bedauert oder Felicitas und anderen Freunden etwas vorgejammert. Damit ist jetzt Schluss! Nun ist sie so weit, ihre Zukunft aktiv zu gestalten: Ab aufs Sofa!

Beispiel Iris: Die Disney-Strategie

1. Spinnen Sie und sammeln Sie Ideen.

Iris träumt vor sich hin: Wochenendausflüge mit Felicitas in eine kulturell interessante Stadt, ein Tangotanzkurs, ein Kochzirkel, ganz neue Leute kennenlernen, Abendessen mit Peter und ein neuer Hund! Diese Aktivitäten erscheinen ihr sehr verlockend.

2. Sichten Sie Ihre Ideen.

Als Erstes stürzt sie sich in der Rolle des Umsetzers auf die einfacheren Themen: Mit Felicitas muss sie Lust, Zeit, Reiseziel und Budget abstimmen; im Stadtmagazin findet sie sicher Adressen von Tanzschulen, der Kochzirkel ... das ist schon schwieriger.

Ihre bisherigen Freunde sind da größtenteils nicht so inte-

---

ressiert – aber sie kann diesen Punkt ja mit dem nächsten verbinden und nach neuen Leuten Ausschau halten. Auch da könnte der Anzeigenteil des Stadtmagazins nützlich sein, außerdem hat sie von einer Internetseite gehört, auf der Menschen Gleichgesinnte für die verschiedensten Freizeitaktivitäten suchen. Dort wird sie auch einmal stöbern.

Abendessen mit Peter – natürlich geht es ihr nicht nur um das Abendessen, sondern um etwas mehr. Er hat sie in letzter Zeit immer nur als empfindliche, angewelkte Mimose erlebt, ganz zu schweigen von ihrem Partyauftritt. Sie wird ihn fragen, ob er bei dem Kochzirkel mitmachen möchte, genau! Dann kann sie sich wiederholt in ihrer neuen rosigeren Verfassung präsentieren.

Einen Hund wird sie aus dem Tierheim nehmen. Rasse und Alter sind ihr egal, es muss nur zwischen ihnen »funken«!

3. Optimieren Sie Ihre Pläne.

Iris' Optimierer ist nun an der Reihe. Okay, bei den Städtetrips mit Felicitas sollten sie sicherheitshalber einen beinharten Shopping-Limit-Pakt schließen. Leider neigen sie beide dazu, sich im Überschwang der Urlaubslaune gegenseitig zu ziemlich unvernünftigen Käufen anzustacheln.

Tangotanzen und Kochen passt so weit, je einmal die Woche ist für sie auch zeitlich in Ordnung.

Der schwierige Fall Peter ... Sie muss ihm erst einmal demonstrieren, dass die welke Iris aufgeblüht ist. Und dann ist es wohl auch nötig, sich ihrer Flirtfähigkeiten wieder zu erinnern – als Mimose war sie dazu viel zu empfindlich, schüchtern und zu wenig risikofreudig!

Und ihr innigster Wunsch, der Hund! Das ist nicht so einfach. Mittlerweile arbeitet sie ja ganztägig. Der arme Hund säße die ganze Zeit allein in der Wohnung, und sie hätte nur abends und am Wochenende Zeit für ihn. Das kann sie ihm nicht antun! Und was soll sie mit ihm machen, wenn sie auf eine Dienstreise muss, wie es öfter der Fall ist? Nein, da braucht sie noch ein paar Ideen, so passt das noch nicht!

4. Fahren Sie eine/mehrere Optimierungsschleife(n).

Iris befragt noch einmal ihren Visionär und ihren Umsetzer, die tatsächlich mit einigen neuen Ideen und Vorschlägen zur Realisierung aufwarten: Wegen Peter und des Flirtthemas wird sie Felicitas konsultieren – die ist in solchen Themen eine ausgezeichnete Ratgeberin und Mentorin! Und sie wird mit der Einladung Peters zum Kochzirkel abwarten, bis sie sich auf dem Gebiet sicherer fühlt.

Ja, und ihr innigster Wunsch mit dem Hund ist auch machbar! Sie ist auf die Idee gekommen, sich den Hund sozusagen mit ihrer Nachbarin zu teilen – die ist nämlich selbstständig, arbeitet viel zu Hause und hat zudem einen Garten. So kann er tagsüber und auf den Dienstreisen bei der Nachbarin sein, und sie übernimmt ihn abends und am Wochenende.

Iris ist schon auf dem Weg in eine blühende Zukunft. Machen auch Sie sich auf! Träumen Sie voller Optimismus, werfen Sie einen realistischen Blick auf Ihre Ideen, und überprüfen Sie, ob es einen Haken gibt, den Sie bewältigen müssen.

Weg mit den Steinen im Gartenbeet

Die Vision ist die eine Seite der Medaille Zukunft – die glänzende, funkelnde, attraktive. Auch auf die andere, dunkle Seite sollten Sie im Sinne des vorausschauenden Selbstschutzes der Rosen natürlich einen Blick riskieren und mit der bewährten Hilfe der drei Disney-Protagonisten geeignete Maßnahmen finden, wie Sie sich prophylaktisch wappnen können. Künftige wahrscheinliche Probleme aus Angst zu ignorieren ist eine nicht sehr zielführende Strategie der Mimosen – die Rosen blicken dem Übel tapfer ins Auge und überlegen, wie sie es abwenden oder zumindest seine Folgen mildern können.

Disney-Strategie zur Problemprophylaxe und zum Selbstschutz

1. Erstellen Sie eine Liste möglicher Probleme und Schwierigkeiten. (Siehe Tabelle Seite 297.) Lassen Sie Ihren inneren Kritiker und Unkenrufer mal so richtig von der Leine: Jetzt darf er ungehemmt alles an Schwierigkeiten zusammentragen, was ihm bloß so einfällt. Katastrophendenken erwünscht! Spielen Sie in der Fantasie Murphys Gesetz durch: Was schiefgehen kann, wird auch schiefgehen! Notieren Sie alle möglichen Worst-Case-Szenarien, die Ihrem Kritiker in den Sinn kommen.

2. Beurteilen Sie die Szenarien realistisch. Jetzt gehen Sie auf den Platz Ihres Realisten und werfen einen objektiven Blick auf die Horrorszenarien Ihres Kritikers. Prüfen Sie die Entwürfe auf Wahrscheinlichkeit und Realismus: Murphy hatte ja Gott sei Dank nicht wirklich Recht, und nicht alles, was an denkbar Schlimmem möglich ist, ist gleichzeitig auch (gleich) wahrscheinlich. Natürlich könnten Sie morgen von einem Meteoriten erschlagen werden, denkbar ist das – aber ist es auch wahrscheinlich? Nach Meinung der Astronomen derzeit nicht.

Notieren Sie Ihre realistische Einschätzung der Eintrittswahrscheinlichkeit in Prozent von 0 bis 100 hinter Ihren kritischen Szenarien. Schreiben Sie auch eine prozentuale Einflusseinschätzung dazu: Wie groß und möglicherweise beeinträchtigend wäre der Einfluss dieses negativen Ereignisses auf Ihre Lebensgestaltung und Lebensfreude?

Notieren Sie die realistische Variante des Problems. Beurteilen Sie dann bei jedem Thema, welche der drei Lebensbewältigungsstrategien zum Einsatz kommen könnte: *Love it, Change it* oder *Leave it.* (*Suffer it* ist für Sie ja schon längst passé!) Priorisieren Sie nun die Liste zu erwartender Probleme und bringen Sie sie in eine Rangfolge. Die Probleme mit geringer Wahrscheinlichkeit und geringer Beeinträchtigung können Sie getrost erst einmal beiseitelassen – konzentrieren Sie sich auf die einflussreichen wahrscheinlicheren Themen!

3. Suchen Sie nach Lösungen für die erwarteten Probleme. Übergeben Sie Ihre priorisierte Liste Ihrem inneren Träumer und lassen Sie ihn der Reihe nach Lösungsideen zur Verhinderung oder Milderung der Konsequenzen dieser erwarteten Schwierigkeiten finden.

4. Lassen Sie Ihren Realisten aus den Ideen konkrete Pläne und Maßnahmen entwickeln. Wie zuvor schon ist jetzt wieder der Umsetzer dran, ganz gezielt aus Ideen umsetzbare Handlungsansätze und Strategien abzuleiten.

5. Prüfen Sie die erarbeiteten Pläne noch einmal kritisch. Zur abschließenden Beurteilung ist wieder der Optimierer gefragt: Kein Haken mehr an der Sache? Nichts übersehen? Wenn doch, fahren Sie noch einmal eine Optimierungsschleife mit Träumer und Umsetzer, bis wirklich alle Kritikpunkte ausgeräumt sind.

Sehen wir uns einmal das Formular auf den Seiten 255–256 an, mit dem Iris eine Betrachtung ihres beruflichen Lebens vorgenommen hat. Sie ist dabei durch den oben beschriebenen Prozess gegangen und hat einen Ausschnitt ihrer Erkenntnisse beispielhaft in die Tabelle von Seite 297 eingetragen.

Iris ist sehr froh und zufrieden: Bisher hat es ihr öfter schon un-
ruhige und gar schlaflose Nächte bereitet, wie es mit ihr wohl
beruflich weitergehen soll. Immer wenn in den Nachrichten
pauschal über die schlechte Konjunktur gejammert wurde, hat
sie sich gleich panisch kurz vor der Arbeitslosigkeit und lebens-
langem Hartz IV gesehen! Und dabei absolut hilflos gefühlt –
wie viel sie selbst dazu beitragen kann, um ihre Zukunft aktiv
mitzugestalten, war ihr gar nicht mehr klar gewesen.

Pflanzen Sie Ihre Blüten der Zukunft, gießen Sie sie ein wenig und düngen Sie sie immer wieder einmal – und entwickeln
Sie ein paar nützliche Dornen zur Abwehr von bösen Überraschungen.

Disney-Strategie zur Problemprophylaxe und zum Selbstschutz, Beispiel Iris

Aspekt	Thema/Problem	Thema/Problem	Thema/Problem
Worst-Case-Szenario	Ich werde arbeitslos, weil meine Firma Pleite macht!	Immer fährt Mark auf den internationalen Kongress und nicht ich!	Ich bekomme nie einen Teamleiterposten.
Beeinträchtigung	Na, so gut wie 100 Prozent! Das wäre für mich der Super-GAU!	Es ist nicht lebenswichtig – aber doch wichtig, um Kontakte zu knüpfen und sich mit wichtigen Leuten bekannt zu machen: 50 Prozent.	80 Prozent – auf Dauer würde es mich echt frustrieren, wenn sich gar nichts täte!
Wahrscheinlichkeit	Ich gebe zu, derzeit eher gering – Softwarebranche hin oder her, unsere Firma steht sehr gut da. Also, sagen wir mal 10 bis 15 Prozent Wahrscheinlichkeit.	Leider recht hoch, weil ich mich nicht aktiv darum gekümmert, sondern wie üblich beleidigt geschmollt habe! 95 Prozent.	Bei unserer Firmenpolitik der internen Förderung von Mitarbeitern und meinem Chef – der setzt sich eigentlich schon sehr für das Fortkommen seiner Leute ein! Und er hat ja eine sehr gute Meinung von mir! Also ebenfalls eher geringer: 20 Prozent.
Realistisches Szenario	Realistisch ist wohl eher, dass mein Arbeitsplatz die nächsten Jahre erst mal sicher ist.	Tja, es ist wohl auch realistisch, dass er fährt und ich nicht. Und dass wir beide fahren können, ist nicht so wahrscheinlich – vielleicht 25 Prozent.	Ich muss mich vielleicht noch ein oder zwei Jahre gedulden.

Aspekt	Thema/Problem	Thema/Problem	Thema/Problem
Priorität	3	2	1
Bewälti-gungsstra-tegie	Vielleicht eine Mi-schung aus Love it – es ist, wie es ist – und vo-rausschauendem Change it.	Hauptsächlich Love it – ich muss die selbsterzeugte Kröte wohl schlu-cken! Und ein bisschen Change it.	Change it!
Konkrete Aktionen	1. Ich suche mir einige Netzwerke heraus und gehe auf die Veranstal-tungen, um schon mal Kontakte auf-zubauen. 2. Zusätzlich küm-mere ich mich um den Aufbau eines finanziellen Pols-ters, damit ich im Fall der Fälle ei-nige Monate über die Runden käme. Ja, Montag schaue ich mal bei meiner Bank vorbei ...	1 Ich rede mit meinem Chef, ob es eine Möglich-keit im Budget gibt, dass wir bei-de fahren. 2. Ich frage Mark, ob es ihm auch so wichtig ist oder er mir seinen Platz überlässt. 3. Ich besorge die Daten für den Kon-gress im nächsten Jahr und hole die Zustimmung mei-nes Chefs, mich dafür anzumelden.	1. Ich schlage dem Chef vor, bei dem anstehenden grö-ßeren Projekt die Leitung zu über-nehmen – dann kann ich ihm mei-ne Erfahrung und meine Fähigkeiten beweisen. 2. Ich erarbeite mit ihm und viel-leicht der Perso-nalabteilung zu-sammen einen Ent-wicklungsplan, wie ich mich weiter-qualifizieren kann. 3. Fall-back-Lö-sung: Sollte es trotz al-lem mit dem Team-leiterposten nicht klappen, mache ich mich schon mal über diese fachliche Laufbahn und ihre Möglich-keiten schlau!

6. Faktor Echte Freundschaften: Gemeinsam gegen Blattläuse

Gehen wir noch einmal zurück zu unserer Gartenschau der üppig blühenden Rosen. Meistens stehen sie nicht allein da, sondern ranken sich an- und umeinander oder nutzen weitere Rankhilfen. Die kluge Gärtnerin weiß zudem, dass sich manche Pflanzen wunderbar ergänzen und sogar gegenseitig schützen können: In die Nähe vieler Pflanzen setzt sie gerne eine stark duftende wie zum Beispiel den Lavendel. Da die Blattläuse einen sehr schlechten Geschmack haben und Lavendel auf den Tod nicht ausstehen können, meiden sie diese Bereiche des Gartens. So sind die Lavendelnachbarn bestens geschützt gegen etliche Schädlinge.

Die klugen menschlichen Rosen wissen das auch sehr gut

und pflegen ihre Beetnachbarn liebevoll und aufmerksam. Nicht immer muss man sich allen Wechselfällen des Lebens allein stellen, sondern vieles steht man gemeinsam viel besser durch!

Sie blühen nicht allein

So wie jede Pflanze etwas Besonderes hat, so haben auch die menschlichen Gewächse ihre besonderen Stärken. Nicht jeder kann alles gleich gut, aber das ist ja auch gar nicht nötig – es reicht, wenn man weiß, wer was besonders gut kann. Sie haben eine ganz einzigartige Kombination von Stärken, und das gilt für Ihre Freunde, Kollegen und Familienmitglieder natürlich auch. Und da der kluge Mensch nicht ausgerechnet den Freund mit den zwei linken Händen bittet, extrem komplizierte Bohrungen für einen Küchenoberschrank vorzunehmen, ist es sehr sinnvoll, einmal eine ganz explizite Bestandsaufnahme all der Ressourcen vorzunehmen, die sich in Ihrem Umfeld vorfinden lassen. Verschaffen Sie sich einen Überblick, von wem Sie welche emotionale und sachliche Hilfe bekommen können – und natürlich auch, was Sie so zu bieten haben!

Zaudern Sie nicht, Ihre Freunde einmal unter pragmatischen Aspekten zu sehen. Sie tun es nämlich ohnehin – wenn Sie bei Ikea ein Regal kaufen möchten, fragen Sie sich ja auch, welcher Ihrer Freunde oder Bekannten ein Auto besitzt, das genug Stauraum hat, und düsen nicht mit einem Smart los. Wenn Sie

Liebeskummer haben, rufen Sie ganz gezielt eine bestimmte Freundin an, zum Joggen hingegen verabreden Sie sich mit einer ganz anderen Person.

Warum sollten Sie sich dann nicht einmal systematisch einen allgemeinen Überblick verschaffen, was Sie schon an tollen Fähigkeiten und Ressourcen in Ihrem Bekanntenkreis haben und wie Sie sich gegenseitig das Leben erleichtern können? Im Gegenzug bieten Sie ja auch Ihre Unterstützung in den Bereichen an, die Sie besonders gut beherrschen! Dazu sind Freunde auch da – gemeinsam Spaß haben, sich aneinander erfreuen, aber eben auch gegenseitige Hilfe und Unterstützung.

Stöbern Sie also in Ihrem Adressbuch und erstellen Sie eine Übersicht zu all den Menschen, die Sie kennen: Familie, Freunde, Kollegen, Nachbarn, entferntere Bekannte, Sportkollegen, weitere berufliche Kontakte. (Siehe Tabelle auf Seite 298.) Sie werden überrascht sein, wie viele Leute Sie eigentlich kennen und wie wenig Sie dieses Potenzial zur gegenseitigen Vereinfachung Ihres Alltags bisher genutzt haben!

Iris war schon wieder fleißig und stellt uns einen Auszug aus ihrer Bestandsaufnahme zur Verfügung.

Bestandsaufnahme Unterstützungspotenzial

	Person 1: Felicitas	**Person 2: Mark**	**Ich biete selbst:**
Art der Beziehung	Enge Freundin	Guter Kollege	Entfällt
Kontakthäufigkeit	Mehrmals die Woche	Täglich	Entfällt
Praktische Unterstützung	Packt immer sofort mit an, wenn es um Alltagserledigungen geht. Und sie würde mir auch mit Geld leihweise unter die Arme greifen, wenn es nötig wäre; hat sie bei meinem letzten Autokauf schon gemacht.	Er kann sehr gut organisieren.	Ich kann gut kochen, bin auch sehr gut im Dekorieren, Ordnen, Aufräumen, stehe auch als Babysitter zur Verfügung. Und mit verschiedenen Programmkenntnissen helfe ich gern.
Spezielles Know-how	Fällt mir jetzt tatsächlich nichts ein! Kann ja wohl nicht sein, muss sie unbedingt fragen!	Er beherrscht Powerpoint fantastisch gut.	Ich kann wohl wirklich sehr gut kommunizieren, außerdem bin ich gut in Englisch, Wort und Schrift.
Emotionale Unterstützung	Sie ist immer für mich da, sehr ruhig und gelassen, wenn ich mich mal wieder zu sehr aufrege. Sie ist auch sehr geduldig und aufbauend.	Na ja, er verunsichert mich eher ein wenig.	Ich bin eine sehr gute Zuhörerin, kann mich gut in andere hineinversetzen und so brauchbare Ratschläge geben.
Analytische Fähigkeiten	Sie kann viel besser als ich verstehen, was in manchen Situationen abgeht.	Ich glaube, strategische Karriereplanung ist seine Stärke.	Lerne ich gerade erst.

	Person 1: Felicitas	Person 2: Mark	Ich biete selbst:
Kreativer Kopf	Sie hat oft tolle Ideen zu meinen beruflichen, aber auch privaten Beziehungsfragen.	Was berufliche Probleme angeht, auf jeden Fall – der findet immer noch eine Hintertür!	Ich glaube, ich bin gut im Improvisieren bei Überraschungen.
Kontaktvermittler	Sie kennt schon sehr viele Leute, deutlich mehr als ich.	Im Unternehmen kennt der, glaube ich, jeden!	Bin ich eher weniger.
Berufliche Tipps	Mehr so allgemein, wie man selbstbewusst auftritt und so.	Der kann sich bestens selbst vermarkten, aber er ist auch wirklich kompetent.	Da bin ich gut, was den Umgang mit schwierigen Kunden angeht.
Freizeitpartner	Ja, für unsere Städtetrips, Einkaufsbummel, Kino und Kneipe auch. Und einfach klönen. Sport ist nicht so ihr Ding.	Ab und an ein Bier nach der Arbeit reicht.	Da ich viele Interessen habe (Sport, Kochen, Tango, Lesen, Kino und Kultur), könnte ich mit verschiedensten Leuten etwas unternehmen.
Fazit/Maßnahmen	Ich bitte Felicitas, mich zum Thema Flirten und dickes Fell die nächsten drei Monate zu coachen. Und ich werde ihr öfter ehrlich erzählen, was so mit mir los ist – aber nicht mehr nur jammern!	Ich frage Mark nach einer Idee, wie ich auch auf den Kongress komme! Dem fällt bestimmt noch was ein. Und ich bitte ihn, mich beim Thema Selbstmarketing im Beruf zu beraten, speziell zum Auftreten in Besprechungen und Präsentationen.	Ich werde in Zukunft viel öfter per E-Mail oder Telefon rumfragen, wenn ich etwas anzubieten habe, eine Begleitung für eine Aktivität suche oder aber sonst etwas brauche!

Pflegeprogramm für tragfähige Zweige

Diese erste Bestandsaufnahme ist nur ein Anfang. Jetzt gilt es, die kleinen Triebe zu stärken und stabile, tragfähige Zweige und Stämme daraus zu machen. Ein vielfältiges Pflege- und Düngeprogramm hilft Ihnen dabei.

Erzählen Sie mehr von Ihren Stärken, Begabungen und Vorlieben, Ihren Hobbys und anderen Freunden. Übermäßige Bescheidenheit ist fehl am Platz! Fragen Sie auch öfter genauer nach und hören Sie aufmerksam zu, viele Menschen wissen selbst über ihre Freunde erstaunlich wenig.

Wie sollen Sie sich gegenseitig unterstützen, wenn Sie gar nicht genau wissen, was Ihr Bekanntenkreis alles zu bieten hat? Und vor allem: Merken Sie sich die Aussagen der anderen oder schreiben Sie sie sich interessante Punkte sogar auf! Klingt trivial, aber viele Menschen haben ein Gedächtnis, das sie im entscheidenden Moment leider im Stich lässt. »Wer war das noch-

mal mit diesem Bekannten im Bauamt ... Franz? Michaela?? Oder doch Andy????«

Machen Sie sich das Leben leichter. Gemeinsam bügeln und plaudern ist viel netter, als einsam vor sich hin zu leiden. Absolvieren Sie den wöchentlichen Großeinkauf zu zweit, und gehen Sie hinterher zur Belohnung einen Kaffee trinken. Machen Sie eine Anstreichparty, wenn Sie nicht mehr drumherum kommen, Ihre vergilbte Raufaser mal wieder in den weißen Bereich des Farbspektrums zu bringen.

Selbst das Entrümpeln von Keller und Garage kann im Kreise der Freunde sogar richtig Spaß machen. Und wenn es reihum geht, ist es für jeden Beteiligten eine tolle Einrichtung, die Belastungen des Alltags zu reduzieren oder ihnen sogar noch eine spaßige Seite abzugewinnen. Sie müssen sich ja nicht allein mit mehr belasten als absolut unumgänglich.

Richten Sie eine Tauschbörse ein. Tauschen Sie besonders ungeliebte Tätigkeiten oder Themen gegen etwas ein, dass jemand anders hasst, Ihnen jedoch nichts ausmacht oder sogar Spaß bereitet. Ihnen macht es nichts aus, Papierkram zu sortieren, und Ihr unordentlich-chaotischer Freund mit der Papierflut liebt es sogar, den Wagen innen und außen auf Hochglanz zu bringen? Besser geht's doch nicht – tauschen Sie, was das Zeug hält. Nur gut, dass wir nicht alle die gleichen Vorlieben und Abneigungen haben; Sie finden bestimmt sogar jemanden, den es nicht stört, das Bad zu putzen, wenn Sie dafür die Knöpfe annähen und die losgetretenen Säume wieder anheften.

Auch Tauschbörsen für Gegenstände können das Leben sehr erleichtern. Und sie machen möglicherweise langwierige Suchprozesse und aufwendige Beschaffungsaktionen überflüssig. Die meisten Leute haben in ihrer Wohnung, im Keller oder auf dem Speicher eine Unzahl von Gegenständen, die sie nicht mehr brauchen. Warum sollten Sie nicht zuerst einmal im Freundeskreis herumfragen, ehe Sie Ihre Nächte rotäugig in Ebay verschwenden?

Auch eine Flohmarktparty kann sehr lustig und nützlich sein, überraschende Funde bringen und gleichzeitig eine Gelegenheit darstellen, etliche seiner Freunde wiederzusehen. Sehr viel Stress wäre gar nicht nötig, wenn wir das Potenzial unseres Freundes- und Bekanntenkreises besser nutzen würden!

Erfüllen Sie sich Wünsche. Wenn Ihnen derzeit noch irgendetwas anderes im Leben fehlt, überlegen Sie, ob Sie es nicht vielleicht auch mit der Hilfe Ihrer Freunde bekommen können. Sollten Sie zum Beispiel gerade Single sein und sich schrecklich bedauern, dass Ihnen keiner das Frühstück ans Bett bringt – etablieren Sie mit einer guten Freundin oder einem guten Freund den Single-Frühstücksservice! Reihum schleicht sich einer am Sonntag, bewaffnet mit frischen Brötchen, in die Wohnung der Freundin und bereitet still und leise das Frühstück vor, serviert es mit der Sonntagszeitung am Bett und entschwindet wieder wie einst die Heinzelmännchen.

Leihen Sie sich die Kinder Ihrer Freundin für ein Wochenende, wenn Sie gern einmal Mama oder Tante spielen möchten. Richten Sie einen gegenseitigen Flughafen-Abholdienst ein, um der Rückkehr von einer Dienstreise oder einem Urlaub den Frust der Einsamkeit zu nehmen und sie herzlicher zu gestalten. »Mieten« Sie Ihr eigenes Beet im Garten Ihres Freundes, der so ein hübsches Häuschen im Grünen hat, und züchten Sie dort Ihre Lieblingsrosensorte – nur weil Sie noch nicht in Ihrem Eigenheimtraum wohnen, müssen Sie ja nicht zwingend auf die Freuden des Gärtnerns verzichten.

Holen Sie sich emotionale Unterstützung und moralischen Rückhalt, wenn Sie ihn brauchen. Niemand, auch die Rosen nicht, steckt all die unliebsamen Begebenheiten des Lebens einfach so weg; jeder braucht ein wenig Zeit und manchmal etwas Trost und Aufmunterung.

Nein, nein, Sie sollen nicht wieder ins haltlose Jammern verfallen – aber sich etwas von der Seele zu reden, die richtige Perspektive zu finden und dann gemeinsam nach Bewältigungsansätzen zu suchen hat auch nichts mit endlosem Jammern zu tun.

Pflegen Sie die Pflänzchen der Freundschaft, Bekanntschaft oder kollegialen Zusammenarbeit! Niemand mag es, wenn Sie sich nur bei ihm melden, weil Sie etwas von ihm wollen. Gerade in unserer Zeit des Individualismus, der exzessiven Selbstverwirklichung und der beruflichen und zeitlichen hohen Auslastung scheint es aus der Mode gekommen zu sein, den Menschen, die einem wichtig sind, genügend Zeit und Aufmerksamkeit zu widmen. Sich immer nur mit jemandem treffen zu wollen, weil Sie ohnehin gerade in der Gegend sind und ein halbes Stündchen Leerlauf haben, zeugt nicht von großer Wertschätzung.

An den Geburtstag zu denken, sich für eine Gefälligkeit nett zu bedanken, eine interessante Information weiterzugeben, einfach so ein Zeichen der Wertschätzung oder Zuneigung zu übermitteln, sollte trotz aller Alltagshektik zur Selbstverständlichkeit werden. Auch einmal ungefragt seine Hilfe anzubieten, als Treffpunkt ein neues Lokal nach dem Geschmack des anderen vorzuschlagen, einem armen leidenden Grippekranken eine Freude zu machen, sich Zeit für ein Treffen zu nehmen, ein spannendes Buch weiterzugeben ... alles, was Ihre Wertschätzung und Dankbarkeit ausdrückt, ist Dünger für das empfindliche Gewächs der guten Beziehung.

Und seien wir ehrlich und realistisch: Wenn Sie nicht das asketische Gemüt eines Eremiten haben oder unter einer ausgeprägten Menschenallergie leiden, dann kommen Sie ohne gute Beziehungen und Freundschaften nicht sehr glücklich durchs Leben ... Freunde sind nicht selbstverständlich, aber existenziell wichtig, also sollte man sie auch wie die Kostbarkeit behandeln, die sie darstellen.

Vergessen Sie das Unkrautjäten nicht!

So wie es im Garten Eden die böse Schlange gab, so gibt es leider auch in Ihrem Garten das ein oder andere Unkraut, das die anderen gesunden Pflanzen am Wachstum hindert. Damit Ihr gemeinsamer Garten ungestört wachsen und gedeihen kann, ist es notwendig, befallene Pflanzen auszurupfen. Kappen Sie daher die verdorrten oder gar schädlingsbefallenen Triebe.

Ein harter Schnitt, zugegeben – vielleicht haben Sie aber auch schon einmal mitgelitten, wenn eine versierte Gärtnerin einen Baum oder Busch rigoros beschnitten hat und Sie sich nicht vorstellen konnten, dass das kümmerliche verbliebene Etwas jemals wieder Blätter und Blüten bekommt. Und im nächsten Frühjahr ist es dann geradezu explodiert!

Gönnen auch Sie sich und Ihren Freunden ungehemmtes Wachstum! Für Ihren menschlichen Garten bedeutet das: Trennen Sie sich von Menschen, die weder für Sie noch für die anderen in Ihrem Freundeskreis irgendwie eine Bereicherung sind, sondern im Gegenteil einen negativen Einfluss ausüben.

Notorische Nassauer, die Sie und den Rest Ihrer Freunde nur ausnutzen; leidenschaftliche Intriganten, die sich an Problemen und Konflikten anderer hämisch erfreuen und sie deshalb gern erzeugen; überzeugte Unken, die alles schlechtmachen; Kleingeister, die sich nur dann gut fühlen, wenn sie andere schlechtmachen können – dies alles sind schädliche Blattläuse und Maden, die die gesunden Pflanzen schwächen und anstecken können.

Aber auch die erstarrten Beziehungen, die man seit Jahren irgendwie mit durchschleppt, weil man sich ja schon so lange kennt, gehören auf den Prüfstand. Na klar, irgendwie mag man sich oder mochte sich zumindest einmal in grauer Vorzeit, aber in der Zwischenzeit hat man sich auseinandergelebt und sich nichts mehr zu sagen. Man verabredet sich, weil man es eben schon so lange tut. Die Unterhaltungen gleiten schnell in Schwärmereien vom Typ »Weißt du noch, damals …« ab –

über die heutige Lebenssituation und die aktuell bewegenden Themen weiß man fast gar nichts mehr. Im Grunde genommen hat man sich auseinanderentwickelt, hat sich nichts mehr zu sagen. Nur noch die schiere Routine und die Macht langer Gewohnheit halten die Beziehung am Leben.

Diese Beziehungen können auch deshalb schädlich sein oder werden, weil die andere Person von Ihnen ein festgefügtes Bild hat, dass sich möglichst nicht verändern soll. Sie sollen bitte schön auf ewig so bleiben, wie Sie waren! Sie wird alle Veränderungen bei Ihnen negativ und abwertend wahrnehmen und Sie möglichst darin behindern. Und einen solchen Druck von außen sollte man nicht unterschätzen.

Falsche Freunde erkennen

Beobachten Sie die Begegnungen ein wenig und beantworten Sie sich folgende Fragen:

- Freuen Sie sich noch auf ein Zusammentreffen mit dieser Person oder bewegen Sie eher gemischte bis schlechte Gefühle?
- Haben Sie nach der Begegnung irgendwie ein schlechtes oder sonderbares Gefühl?
- Raubt die Person Ihnen Energie? Sind Sie hinterher immer ganz erschlagen?
- Zieht die Person Sie emotional herunter? Ist Ihre Stimmung am Ende schlechter als vorher?

- Interessiert sich die Person nie für Ihre Themen, sondern erzählt sie nur von sich?
- Langweilen Sie sich mittlerweile nur noch? Bestehen Ihre Unterhaltungen überwiegend aus den ewig gleichen verklärten Erinnerungen an vergangene Zeiten?
- Spricht die Person hämisch oder überkritisch über andere Menschen? Lässt sie an niemandem ein gutes Haar?
- Wirkt sie neidisch und missgünstig?
- Bringt sie auch etwas ein oder nutzt sie andere nur aus? Ist sie geizig und egoistisch?
- Hat sie auch für Sie Zeit, wenn Sie sie einmal brauchen? Oder nur dann, wenn es ihr in den Kram passt oder sie sich etwas davon verspricht?
- Ermuntert sie Sie oder ist sie destruktiv? Unterstützt sie Sie verbal oder aktiv bei Ihrer persönlichen Weiterentwicklung?

Wenn Sie mehrere oder gar alle Fragen bejahen müssen, sollten Sie sich von dieser Person distanzieren. Sie ist nicht nur für Mimosen schädlich, auch den Rosen tut sie nicht gut. Natürlich ist es nicht so leicht, sich von jemandem zu trennen, aber im Interesse Ihres eigenen Wohlergehens sollten Sie es dennoch tun. Machen Sie sich noch einmal deutlich klar, dass Sie selbst für Ihr Leben verantwortlich sind, aktiv werden können und nicht alles bis an Ihr Lebensende passiv erdulden müssen.

Sollte Ihnen die fragliche Person nichtsdestotrotz einfach leidtun, überlegen Sie dennoch, ob Sie genug Energie haben, mit den negativen Effekten einer solchen Beziehung locker umzugehen. Sie können nicht aus Mitleid allen armen Menschen auf diesem Planeten zur Verfügung stehen, so schön das vielleicht wäre – auch Sie müssen mit Ihren Kräften haushalten.

Ausstiegsstrategien

Wenn Sie sich für einen Abbruch der Beziehung entschlossen haben, gibt es unterschiedliche Ausstiegsstrategien:

- Lassen Sie den Kontakt von Ihrer Seite aus einschlafen: Rufen Sie nicht mehr an, melden Sie sich nicht, laden Sie sie nicht mehr ein. Manchmal ist das bei solchen Personen schon ausreichend, da sie selber oft nicht viel in Beziehungen investieren.
- Sagen Sie der Person, dass Ihre Lebensmittelpunkte sich verschoben hätten, momentan wären Sie mit anderen Themen extrem beschäftigt.
- Erfinden Sie Ausreden, warum Sie gerade keine Zeit haben und sich daher auf absehbare Zeit nicht mit ihr treffen können.
- Und dann gibt es natürlich den direkten Weg: Sagen Sie der Person ganz offen und ehrlich, warum Sie sie nicht mehr sehen möchten. Allerdings müssen Sie damit rechnen, dass die Person verletzt, gekränkt oder wütend sein wird. Wer hört auch schon gerne, er tue einem nicht gut? Oder man habe sich auseinandergelebt und sei nun nicht mehr bereichernd für den anderen?

• Was trotzdem für eine solche Offenheit spricht, ist für Sie selbst das Bewusstsein, ehrlich gewesen zu sein und damit dem anderen eine Chance gegeben zu haben, in sich zu gehen und eventuell an sich zu arbeiten. Ob der andere diese Chance erkennt und wahrnimmt, steht auf einem anderen Blatt. Überlegen Sie es sich, ob Ihnen diese Person noch diese Mühe wert ist; Sie müssen das Geschenk einer offenen Rückmeldung nicht jedem machen.

Nützliche Rankhilfen

Gerade neu wachsende, zarte Triebe sind zu Beginn ein wenig schwach und bedürfen der liebevollen Unterstützung. Die neuen Gewohnheitspflänzchen müssen sich ja gegen die starken, knorrigen Zweige der alten Gewohnheit durchsetzen, und das ist manchmal nicht so leicht. Helfen Sie Ihnen dabei, so gut es geht – suchen Sie sich zu bestimmten Themen ganz gezielt einen Mentor oder Coach.

Mentor oder Coach

Keine Angst, Sie brauchen jetzt nicht Ihren prall gefüllten Sparstrumpf aufzuschnüren, um einen hoch bezahlten professionellen Coach zu engagieren. Eine gute Mentorin oder ein passender Coach findet sich nämlich bestimmt auch in Ihrem

Freundeskreis. Eine gute Freundin oder ein guter Freund, denen Sie vertrauen und die Ihre Bemühungen um ein dickeres Fell auch aktiv unterstützen wollen, sind sehr geeignet. Es gibt ein paar wenige, aber wichtige Anforderungen, denen dieser gute Geist im Idealfall genügen sollte:

- Er oder sie sollte selbst schon ein recht rosiges Gemüt haben – es ist nicht sehr hilfreich, wenn Sie sich in Ihren negativen, überempfindlichen Denk- und Wahrnehmungsgewohnheiten nur gegenseitig bestärken.
- Er oder sie sollte die Fähigkeit haben, eine Situation distanziert und eher analytisch betrachten zu können.
- Die Person sollte voll hinter Ihnen stehen und dafür auch genügend Zeit zur Verfügung haben. Das heißt nicht, dass Sie tägliche Mammutsitzungen einplanen sollten, aber für ein Telefonat hier oder da, für ein Treffen zur Vorbereitung auf ein wichtiges Gespräch, für aktive Bewältigungsunterstützung, wenn Ihnen doch noch einmal etwas zu sehr unter die Haut gegangen ist, sollte im Leben Ihrer Mentorin oder Ihres Coaches schon Raum sein.
- Sie oder er sollte auch die Fähigkeit besitzen, auf der einen Seite einfühlsam und verständnisvoll, auf der anderen Seite aber auch mit dem nötigen sanften Druck zu reagieren. Nur Kuscheln bringt Sie nicht weiter, dafür gibt es Teddybären.

Haben Sie jemanden gefunden, der in etwa dem Anforderungsprofil entspricht, erklären Sie der Person, für welchen Bereich Sie sie gerne als Mentorin hätten und was Sie von Ihr erwarten. Wenn Sie Ihnen aufrichtig zugetan ist, wird sie gerne ihre Unterstützung zusagen. Nehmen Sie die Hilfe in Anspruch und denken Sie daran, sich regelmäßig zu bedanken und auch Ihrerseits Ihrer Mentorin oder Ihrem Coach zu Gefallen zu sein, wenn möglich oder notwendig.

Sie sollten sich auch über die wichtigsten Regeln und Aufgaben verständigen, die Sie beide beachten sollten:

- Sie sollten gemeinsam konkrete Ziele vereinbaren und natürlich regelmäßig kontrollieren, wie weit Sie gekommen sind und ob Änderungen notwendig sind. Diese Ziele können ruhig etwas ehrgeizig sein – Sie sollten dabei auch einmal Herausforderungen durchstehen und Ihre sogenannte Komfortzone verlassen. Das bedeutet, dass Sie nicht nur das tun, was Sie sowieso schon ganz gut können und bei dem Sie sich wohlfühlen – komfortabel –, sondern gerade die Dinge angehen und ausprobieren sollten, die Ihnen noch nicht ganz so leichtfallen.
- Eine ganz wichtige Regel: Offenheit und Ehrlichkeit. Eine Mentorin, die Ihnen nicht ehrlich sagt, was ihr aufgefallen ist, ist nicht sehr hilfreich. Für Sie bedeutet das natürlich, dass Sie bei kritischen Anmerkungen nicht sofort in Tränen ausbrechen sollten oder aber sich in Ihren Schmollwinkel verziehen. Das führt sehr schnell dazu, dass Ihre Mentorin sich nicht mehr die Mühe machen wird, ehrlich mit Ihnen zu reden – warum auch!
- Tauschen Sie regelmäßig Ideen aus, was Sie noch besser machen könnten. Gerne können Sie bei Bedarf auch Ratschlä-

ge von Ihrer Mentorin erbitten. Allerdings tragen Sie immer noch die Verantwortung, ob Sie sich an die Ratschläge halten oder nicht – daher sollten Sie Ihrer Mentorin keine Vorwürfe machen und ihr die Schuld geben, wenn einmal etwas nicht so funktioniert hat. Kein Ratschlag hat eine 100-Prozent-Garantie auf Richtigkeit! Und Sie hätten ihn ja nicht ausprobieren müssen.

- Wenn Sie irgendetwas wieder einmal sehr empfindlich getroffen und mitgenommen hat, können Sie gerne bei Ihrer Mentorin Trost suchen. Sie sollten jedoch keine ausschließlichen Jammersessions mehr veranstalten, sondern den Fokus der Lösungsorientierung schnell wieder ins Zentrum rücken.

- Das große Ziel sollte es natürlich sein, dass Sie zunehmend Ihre rosige Selbstverantwortung übernehmen und bald allein blühen können. Eine Vereinbarung mit Mentorin oder Coach ist immer eine auf Zeit. Wenn Sie zu dem bestimmten Thema genügend Fortschritte gemacht haben, kehren Sie zu der ganz normalen Freundschaft zurück, in der man sich selbstverständlich auch gegenseitig mit Rat und Tat zur Seite steht, aber nicht mehr als »Expertin« und »Novizin«.

Sie werden sehen, dass Sie mit der konstruktiven Unterstützung Ihrer Mentorin oder Ihres Coaches viele Dinge schneller und konsequenter umsetzen können, als wenn Sie sich als Einzelkämpferin einsam durchbeißen und gar ein und denselben Fehler immer wieder machen, weil es Ihnen an Rückmeldung oder Ideen fehlt. Und zu einem anderen Thema können Sie ja dann die Mentorenrolle übernehmen.

Auch an Ihnen rankt sich's gut

Ein weitere rosige Strategie ist die des aktiven Engagements für andere Menschen oder Themen, die der Unterstützung bedürfen. Das hat neben der Hilfe für eine gute Sache auch einen ganz pragmatischen, positiven Effekt auf die helfenden Menschen. Wer anderen hilft oder eine größere gute Sache unterstützt, selbst wenn es ihm selbst gerade nicht so gutgeht, kommt viel schneller wieder aus seinem Tief heraus.

Aktive Hilfe zu leisten ist sinnspendend, trägt zur Befriedigung über sich selbst und zu einem positiven Selbstbild bei, holt die Betreffenden sehr schnell aus der Opferrolle. Sich mit etwas Sinnvollem zu beschäftigen, verringert das Gefühl der Hilflosigkeit – mag der Beitrag auch ein kleiner sein, so lässt er doch erleben, dass man in der Welt etwas bewirken kann. Das erhöht die Lebensfreude und lässt einen vielleicht auch noch das Geschenk aufrichtiger Dankbarkeit erleben.

Es ist auch völlig in Ordnung, für sein Engagement bei einer guten Sache nicht nur ideelle Motive, sondern auch persönliche zu haben. Warum sollte man sich nicht über eine Zwei-Gewinner-Situation freuen, von der beide Seiten profitieren? Der guten Sache dient es so oder so, und es schmälert nicht Ihre Leistung, wenn Sie sie auch für sich persönlich als wohltuend erleben.

Überlegen Sie, welches Thema Ihnen am Herzen liegt und wie viel Zeit und Energie Sie ohne Stress dafür aufbringen können. Sie müssen ja nicht jedes Wochenende freiwillig im Waisenhaus mit den Kindern anstrengende Ausflüge unternehmen; vielleicht passt es bei Ihnen nur ein- oder zweimal im Monat.

Suchen Sie sich dann eine Institution, die gerne ehrenamtliche Mitarbeiter beschäftigt, sehen Sie sich in der Nachbarschaft um (so wie Iris mit den beiden türkischen Nachbarstöchtern, denen sie beim Deutschlernen geholfen hat), stöbern Sie im Internet, studieren Sie Ihre regionale Zeitung oder starten Sie selbst eine Aktion.

Es gibt die unterschiedlichsten Formen und Möglichkeiten für so ein Engagement, sodass Sie Ihre individuellen Präferenzen mit einbringen können. Liegt Ihnen der Kontakt mit Menschen, arbeiten Sie lieber allein für sich, möchten Sie im Verborgenen tätig werden oder stehen Sie auch gern einmal im Rampenlicht – Sie finden bestimmt etwas Passendes, wenn Sie sich ein bisschen umhören und informieren.

Bringen Sie Ihre Stärken mit ein, leisten Sie Ihre Unterstützung mit etwas, das Sie ohnehin gerne tun. Sind Sie gut im Organisieren, helfen Sie bei der Planung für einen wohltätigen Basar; mögen Sie Kinder, unterstützen Sie eine Kinderbetreuungsstätte oder schließen Sie sich einem ehrenamtlichen Nachhilfekreis an … eine Fülle von sinnvollen, interessanten und bereichernden Aufgaben wartet nur auf Sie und wird Ihnen zu noch üppigerer Blüte verhelfen!

7. Schutz vor Mehltau

Seien wir realistisch: Wir sind nicht mehr im Garten Eden – und selbst dort gab es ja diese perfide Schlange. Und in einem ganz normalen Garten gibt es leider auch sehr giftige Schädlinge, gegen die die üblichen Abwehrmittel nicht so gut helfen. Gott sei Dank sind sie relativ selten, aber im Laufe unseres Lebens begegnet uns doch die ein oder andere Giftspritze.

Neidische Nachbarn, mobbende Kollegen, missgünstige falsche Freunde, notorische Nörgler, Pessimisten reinsten Wassers, ungehobelte Kerle, bissige Kritiker, unendlich schlechte Launeverbreiter – auch hier ist die Vielfalt leider groß. Diese armen Menschen brauchen es für ihr eigenes Selbstbewusstsein, andere zu verletzen und kleinzumachen, damit sie sich etwas größer fühlen. Sie sind mit sich und ihrem Leben so unzufrieden, dass sie es nicht ertragen, wenn andere vor Glück und Zufriedenheit nur so strahlen und sich in ihrer Haut offensichtlich wohlfühlen.

Und dann gibt es natürlich auch die ansonsten netten Menschen, die einfach einen wahrhaft lausigen Tag haben und in einer mörderischen Stimmung sind. Sie können ebenfalls heftig um sich schlagen und Gift verspritzen, aber im Gegensatz zu den echten Giftspritzen ist dieses Verhalten bei ihnen die Ausnahme und tut ihnen hinterher meistens leid. Daher sollten Sie bei der Abwehr der Attacken vielleicht eher zu den sanfteren Maßnahmen greifen und sich die knallharten Geschütze für die Dauergiftigen aufsparen.

Der innere Schutz

Oft kommen die Angriffe unserer Giftspritzen ziemlich überraschend und gehen erst mal unter die Haut. Damit das Gift dort nicht zu lange wirkt und sich ausbreitet, ist es gut, wenn man sofort die innere Immunabwehr mit ihren Killerzellen darauf ansetzt. In so einem Fall bedeutet das, zum einen eine innere mentale und emotionale Distanz zu schaffen und zum anderen alle heilsamen Gegenkräfte in sich zu mobilisieren. Üben Sie beide Methoden am besten ein wenig, damit Sie sie dann im Ernstfall auch sicher zur Verfügung haben!

Distanzieren Sie sich

Jemand beleidigt oder beschimpft Sie – als Allererstes distanzieren Sie sich innerlich sofort. Gehen Sie an die Decke: Stellen Sie sich vor, Sie würden die Szene aus der Vogelperspektive betrachten und Ihrem Klon da unten zusehen, wie er gerade eine Ladung Gift abbekommt. Tun Sie einfach gedanklich und emotional so, als hätte das mit Ihnen nicht das Geringste zu tun – hat es ja auch nicht.

Wenn Sie merken, dass Sie immer noch viel zu nah am verletzenden Geschehen sind, vergrößern Sie die Distanz noch einmal und stellen Sie sich einfach vor, Sie flögen in einem Ballon in angenehmem Abstand über die Szene und könnten sie nur noch winzig klein wahrnehmen. Sie wissen ja noch, dass die Parameter unserer Wahrnehmung unser gefühlsmäßiges Erleben stark beeinflussen; und eine größere Distanz der Beobachtung hat meistens eine abnehmende Intensität des Gefühls zur Folge.

Etablieren Sie einen emotionalen Schutzwall um sich

Zusätzlich zur mentalen Distanzierung von der giftigen Situation sollten Sie auch einen stabilen emotionalen Schutzwall aufbauen. Am besten tun Sie das in einer ruhigen Stunde, in der Sie ganz gelassen und entspannt Zugriff auf all Ihre Fähigkeiten und Ressourcen haben. Wenn Sie nämlich diesen Schutzwall einmal gebaut haben, können Sie ihn in kritischen Situationen immer wieder sehr schnell aktivieren.

Der folgende Prozess unterstützt Sie bei Ihren Baumaßnahmen:

1. Suchen Sie ein schönes Wort als Namen für Ihren emotionalen Schutzwall. Dieses Wort wird Ihnen dann in der entsprechenden Situation als Auslöser dienen, um Ihren Schutzwall zu aktivieren. Es kann irgendein Stichwort sein, das inhaltlich gar nichts damit zu tun haben muss: Ob Sie also *Eusebius* nehmen, den Schutzwall *Trutzburg* nennen oder aber *Herztresor* ist völlig egal, es sollte nur einen angenehmen Klang für Sie haben und Ihnen gut im Gedächtnis haften.

2. Sammeln Sie die Fähigkeiten, die Ihnen helfen würden, Sie vor einer Giftspritze zu schützen. Das kann so etwas sein wie Ruhe, Gelassenheit, Unempfindlichkeit, Selbstbewusstsein, Überlegenheit, Wehrhaftigkeit ... was auch immer für Sie hilfreich wäre, um die Giftpfeile nicht so tief eindringen zu lassen.

3. Stellen Sie sich auf dem Fußboden einen farbigen Kreis oder Schutzwall vor.

4. Aktivieren Sie Ihre Ressourcen. Treten Sie in Ihren farbigen Schutzwall hinein und versetzen Sie sich in eine oder mehrere Situationen, in denen Sie die Fähigkeiten und Ressourcen aus dem zweiten Schritt ganz stark erlebt haben. Rufen Sie die Erinnerung ganz lebendig auf, springen Sie in den Film hinein und erleben Sie die Situationen noch einmal, als wäre es hier und jetzt.

Sehen Sie sich in Ihrem inneren Film genau um, hören Sie auch genau zu, was Sie sich innerlich sagen. Spielen Sie mit Ihren inneren Reglern, um das Gefühl noch intensiver werden zu lassen. Spüren Sie Ihren Empfindungen nach, und wenn Sie sie ganz intensiv wahrnehmen können, sagen Sie sich Ihr Stichwort für den Schutzwall.

Gehen Sie so nacheinander die Situationen durch, in denen Sie die gewünschten Fähigkeiten und inneren Zustände erlebt haben, die Sie für Ihren Schutzwall brauchen.

5. Treten Sie wieder aus Ihrem Schutzwall heraus. Suchen Sie sich in der Zukunft eine Situation, in der Ihnen der Schutzwall helfen soll, nicht so verletzt zu werden. Wenn innerlich nichts dagegen spricht, in Zukunft mit Ihrem Schutzwall dieser Person zu begegnen, fahren Sie mit dem nächsten Schritt fort.

Sollten irgendwelche Bedenken auftauchen, warum Sie der Person gegenüber nicht Ihren Schutzwall aktivieren sollten, so fragen Sie Ihren inneren kreativen Träumer, was noch in den

Schutzwall gehört, damit es in Ordnung ist, ihn in solchen giftigen Situationen zu aktivieren. Wiederholen Sie mit diesen Ergänzungen Schritt vier.

6. Treten Sie wieder in Ihren Schutzkreis. Denken Sie an die zukünftige Situation mit der Giftspritze, treten Sie wieder in Ihren Kreis und sagen Sie sich dazu Ihr Stichwort. Erleben Sie ganz lebendig, um wie viel geschützter Sie jetzt so eine giftige Begegnung überstehen. Treten Sie zum Abschluss wieder aus Ihrem Kreis heraus.

Wenn Sie einmal Ihren Schutzwall gebaut haben, dann üben Sie ein paarmal, in ihn einzutreten. Das können Sie rein mental machen, Sie müssen dazu nicht wirklich einen Schritt vorgehen. Sitzen Sie zum Beispiel in der U-Bahn und jemand pöbelt Sie unfreundlich an, denken Sie an Ihren Schutzwall und sagen sich das Stichwort, das Sie ihm gegeben haben. Je öfter Sie ihn aktivieren, desto schneller bauen sich die hilfreichen inneren Gegenmittel auf und schützen Sie vor dem Gift der anderen.

Nach dem inneren Schutz müssen Sie sich natürlich auch noch um die äußere Abwehr kümmern. Probieren Sie zuerst die sanfteren Methoden aus, ehe Sie zu den rigoroseren Maßnahmen gegen die ganz toxischen Fälle greifen.

Die sanfte Abwehr

Jetzt sind wirksame Schutz- und Abwehrmittel auch nach außen gefragt! Selbst wenn Ihre Haut schon ganz schön dick und rosig geworden ist, das Gift dieser Menschen vermag sie dennoch zu durchdringen, wenn man außer dem inneren keinen geeigneten äußeren Hautschutz aufträgt. Immunisieren Sie sich gegen die Verletzungsgefahr und verteidigen Sie Ihr schönes glänzendes Fell!

Schutz und Abwehr bei bösartigen Angriffen

Nicht jede dieser Maßnahmen funktioniert übrigens immer oder ist für jede Situation geeignet – darum hat die kluge Gärtnerin auch etliche verschiedene Werkzeuge im Repertoire. Wenn eines nicht wirkt oder anwendbar ist, greifen Sie einfach zum nächsten, bis Sie das passende gefunden haben.

Beenden Sie die Beziehung. Wenn nötig und möglich, beenden Sie die Beziehung zu dieser Person. Auch wenn Sie sie einmal als Ihre beste Freundin betrachtet haben, vor der Wahrheit sollten Sie die Augen nicht verschließen: Nunmehr ist sie vielleicht verbittert und neidet Ihnen Ihre Lebensfreude. Lesen Sie noch einmal das Kapitel über das Unkrautjäten, um sich Anregungen für den Ausstieg aus so einer Beziehung zu holen.

Wenn Sie sich aus äußeren Gründen nicht von der Person

trennen können, weil es zum Beispiel ein Kollege ist, dann greifen Sie zu den weiteren Schutz- und Abwehrmaßnahmen.

Lassen Sie Beleidigungen an sich abprallen. Machen Sie sich klar, dass selbst die größte Beleidigung Sie nur treffen kann, wenn Sie dem Gesagten ein Körnchen Wahrheit zugestehen und im Zweifel sind, ob es nicht doch irgendwie zutreffen könnte.

Wohlgemerkt, es geht hier um Beleidigungen und absichtliche Bosheiten, nicht um echte Kritik. So wunderbar Sie sind, werden auch Sie dennoch ab und zu tatsächlich einen kleinen Fehler machen und Anlass zur Kritik geben. Und da sollten Sie aufmerksam zuhören und prüfen, ob die Kritik für Sie nachvollziehbar ist und was Sie daraus lernen können.

Ignorieren Sie boshafte Bemerkungen. Geben Sie vor, sie nicht gehört zu haben. Seien Sie sicher, normalerweise ziehen Sie den Kürzeren, wenn Sie auf ein boshaftes Beleidigungsspiel einsteigen. Die echten Giftspritzen sind üblicherweise durch ihr langes Training wahre Meister in dieser Disziplin, die Sie wegen Ihres rosigen Gemüts nicht so leicht besiegen können. Manchmal reicht das Ignorieren aus, weil die Giftspritze gemerkt hat, dass ihre Strategie bei Ihnen nicht funktioniert. Sollte sie jedoch fortfahren, müssen Sie zu anderen Maßnahmen greifen.

Und wenn es sich nicht um eine echte Giftspritze, sondern nur um einen normalen Zeitgenossen in Höllenlaune handelt, ist das Ignorieren häufig sehr erfolgreich. Den normalerweise liebenswerten Menschen ist es nämlich meistens ziemlich peinlich, wenn sie verbal entgleist sind – und sind Ihnen dann sehr dankbar, wenn Sie einfach ruhig darüber hinweggehen und keinen Elefanten daraus machen. Häufig entschuldigen sie sich sogar etwas zerknirscht und reißen sich zukünftig mächtig zusammen.

Werden Sie energisch. Ignorieren eines einmaligen Ausrutschers hat nicht geholfen – dann verbitten Sie sich energisch einen aggressiven Ton und beschimpfende Ausdrücke. Kein Mensch auf dieser Welt hat das Recht, Sie mit hässlichen Schimpfworten zu bewerfen – und das sollten Sie auch deutlich äußern. Wenn Sie nämlich bei Wiederholungstätern schweigen, gestehen Sie ihnen dadurch insgeheim doch das Recht zu, mit Ihnen so zu verfahren.

Sagen Sie daher klar und deutlich etwas wie: »*Ich erlaube dir nicht, in diesem Ton und mit diesen Ausdrücken mit mir zu sprechen! Wenn du dich über etwas beschweren möchtest, dann kannst du das in gemäßigtem Ton und neutralen Ausdrücken tun. Andernfalls breche ich das Gespräch sofort ab!*« Und halten Sie Ihre Versprechen. Hört der andere mit der giftigen Kommunikation auf, dann reden Sie mit ihm über das strittige Thema; tut er es nicht, dann gehen Sie oder legen Sie den Hörer auf!

Halten Sie dem anderen einen Spiegel vor. Gerade die unechten Giftspritzen sind vielleicht einfach nur ein wenig trampelig und sich der Wirkung ihrer bösartigen Bemerkungen nicht bewusst. Sagen Sie ihnen also klar, dass eine solche Bemerkung verletzend und beleidigend ist – wenn wirklich keine böse Absicht dahinterstand, werden sie sich wahrscheinlich beschämt entschuldigen.

Und auch den echten Giftspritzen zeigen Sie so, dass Sie ein paar schöne Dornen haben, mit denen Sie sich wehren werden. Zudem demonstrieren Sie ihnen so, dass Sie genau bemerken, was sie beabsichtigen – und ihr Gift daher nicht mehr so richtig wirken kann.

Spiegeln Sie auch noch auf andere Art und Weise. Sagen Sie Ihrem Gegenüber, was Ihr Eindruck seiner momentanen Gefühlslage ist. *Ihr Kollege wirft Ihnen an den Kopf, Sie seien ja dumm wie Bohnenstroh – sagen Sie ihm, er sei momentan wohl extrem genervt.* So eine Rückmeldung über die eigene Wirkung bringt manche Menschen oft wieder zur Besinnung.

Lassen Sie die Bemerkung mit einem kurzen Kommentar einfach so stehen. Der Freundin oder dem Kollegen könnten Sie auch einfach sagen: »*Aha, das ist also deine Meinung.*« Wenn Sie dann nicht weiter darauf eingehen, signalisieren Sie damit, dass das eben eine Meinung von vielen möglichen ist – und Sie diese nicht teilen.

Stimmen Sie grundsätzlich zu, dass es vielleicht so sein oder man es so sehen könnte. Das ist ja auch der Fall: jeder hat das Recht auf eine wie auch immer geartete Meinung. Und bestimmt gibt es auch immer Menschen, die das Ihnen Vorgeworfene anders oder besser machen; schließlich sind Sie ja nicht perfekt.

Mit so einer Form der grundsätzlichen Zustimmung lassen Sie Ihren Angreifer ins Leere laufen – wo kein Widerstand, da verpuffen alle Energien in der Weite des unendlichen Raumes. *Ihrem Kollegen mit dem »Dumm wie Bohnenstroh« könnten Sie also auch erwidern, dass es sicherlich stimmt, dass Sie nicht alles wissen oder sofort begreifen. Und dass Sie auch glauben, dass es klügere Menschen als Sie gibt. Basta.*

Stöbern Sie in Ihrem humoristischen Arsenal. Dort finden Sie einige Empfehlungen, die noch eins draufsetzen in Richtung Schlagfertigkeit (zum Beispiel die hemmungslose Zustimmung mit Übertreibung).

Aber manchmal reicht auch das noch nicht aus. Jetzt müssen Sie zu den großen Dornen und dem Juckpulver greifen, um die Schädlinge abzuwehren!

Wirksame Gegengifte mit kleinen Nebenwirkungen

Etwas wehrhafter wird es jetzt, wenn Sie zu den Mitteln der Ironie und Schlagfertigkeit greifen. Sehr wirksam, aber nicht ganz ohne Nebenwirkungen! So etwas ist eher dann zu empfehlen, wenn die Giftspritze trotz allem grundsätzlich über einen Sinn für Ironie und Humor verfügt und imstande ist, auch bei sich den lächerlichen Aspekt einer Verhaltensweise wahrzunehmen. Bei humorlosen Zeitgenossen stachelt Ironie die Aggressivität eher noch an. Diesen Aspekt sollten Sie bedenken, ehe Sie zu den Waffen der Schlagfertigkeit greifen. Auf der anderen Seite kann so ein Duell auch sehr viel Spaß machen.

Natürlich ist der Einsatz von Ironie und Schlagfertigkeit auch eine Sache der Persönlichkeit, des individuellen Stils und der kommunikativen und geistigen Schnelligkeit. Sie sollten idealerweise selbst einen gewissen Hang zur Ironie haben, um dann souverän mit einer ironischen und schlagfertigen Bemerkung reagieren zu können. Aber auch wenn Ihnen Ironie nicht so liegt, können Sie trotzdem etliche Abwehrwaffen wirksam einsetzen – so getan, als ob, wirkt auch.

Sie haben sich zur massiven Verteidigung entschlossen und schlagen ab jetzt unbarmherzig zurück. Wichtig dabei ist, dass Sie genau das dann auch tun und demonstrieren – unbarmherzig zurückschlagen. Halbherzigkeit, zögerliche Unentschlossenheit, ein Mitleidsanfall und mangelnder Mut sind bei der Schlagfertigkeit leider ein tödlicher Bumerang. Wenn schon, dann feuern Sie auch mit voller Kraft aus allen Rohren! Führen Sie sich vor Augen, dass Sie nur zu diesen Mitteln greifen, weil der andere eine böse und tückische Attacke gegen Sie reitet und Sie sich dagegen schützen wollen.

Zwar ist die Schlagfertigkeit manchen Menschen in die Wiege gelegt worden, aber dahinter stecken viele durchaus trainierbare Muster, sodass Sie diese Verteidigungskunst mit etwas Übung dennoch sehr gut erlernen können! Stöbern wir doch im Folgenden mal ein wenig im Angebot der ironischen und schlagfertigen Gegengifte für den Sofortgebrauch.

Freche Standardantworten. Für Ihren Einstieg in die Schlagfertigkeit können Sie einige allgemeine Standardantworten vorbereiten, die auf fast jede Beleidigung oder kränkende Bemerkung passen. So sind Sie in der aktuellen Situation nicht auf die Schnelligkeit Ihres Gehirnes angewiesen, das durch die Beleidigung vielleicht erst mal wie gelähmt ist … Fast jede Beschimpfung können Sie mit einer der folgenden Repliken kontern:

»Das muss ich unbedingt meinem Analytiker erzählen!«

»Was sagt denn dein Therapeut dazu?«

»Kannst du das auch auf Englisch sagen?«

»Ich bewundere deine Eloquenz!«

»Dass du so etwas auswendig hinkriegst! Ich müsste es mir aufschreiben.«

»Und – geht es dir jetzt besser?«

Bedanken Sie sich herzlich für die Beleidigung. Eine weitere ironische, schlagfertige Reaktion ist, sich für die Beleidigung artig zu bedanken, als sei sie ein tolles Kompliment gewesen. Auch die meisten der jeweils folgenden Beispielsätze können Sie übrigens für viele verschiedene Angriffe nutzen. Und wenn Sie erst ein bisschen geübt haben, fallen Ihnen selbst immer mehr dieser kleinen Abwehrjuwelen ein.

»Dumm wie Bohnenstroh – danke, so elegant formuliert hat mir das noch keiner gesagt! Welch plastische Metapher!«

»Wie Madonna – oh, danke, mit so einer tollen und berühmten Frau wollte ich immer schon mal verglichen werden!«

»Danke, dass du dir so viel Mühe mit mir gibst!«

»Wie schön, so etwas Ausgefallenes von dir zu hören!«

»*Das freut mich jetzt aber wirklich!*«
»*So schöne Worte – extra für mich!*«

Überspitztes Gekränktsein. Ebenso können Sie eine Reaktion der sanfteren Abwehr ironisch überspitzen. Statt ehrlich und ernsthaft zu sagen, dass Sie eine Bemerkung getroffen hat, fassen Sie sich mit einer übertriebenen Geste ans Herz und sagen mit vor Ironie triefender Stimme und einem theatralischen Augenaufschlag:

»*Oh, das bricht mir ja das Herz!*«
»*Von dem Schlag werde ich mich aber nie wieder erholen!*«
»*Gott, bin ich jetzt getroffen!*«
»*Peng! Damit hast du mich aber abgeschossen!*«
»*Wie genau soll ich mich jetzt umbringen?*«
»*Na, das trifft mich ja bis ins Mark!*«

Gegenangriff. Jetzt wird's wirklich hart und giftig, aber manchmal muss man einer Giftspritze deutlich zeigen, dass man selbst auch ein paar sehr wehrhafte Dornen hat und nicht so einfach niederzumachen ist. Manche Menschen, die in der Kommunikation auf (verbale) Gewalt setzen, verstehen nur diese Sprache. Sie ziehen sich erst zurück und stellen die Angriffe ein, wenn sie glauben, dass sie auf einen ebenbürtigen Gegner gestoßen sind. Also lassen auch Sie verbal kurz Ihre Muskeln spielen, ehe Sie wieder auf einen konstruktiveren Kurs einschwenken!

»*Glaubst du ernsthaft, du hast die Kompetenz, um das zu beurteilen?*«

»Wenn du offen über unsere Fehler reden willst, bedenke, dass du dabei nicht sehr gut wegkommen wirst …«

»Ich halte deinen IQ nicht für ausreichend, um dazu qualifizierte Aussagen zu machen!«

»Derart unhöfliche Menschen disqualifizieren sich leider selbst!«

»Glaubst du wirklich, nach dieser Bemerkung zöge ich noch in Erwägung, dich ernst zu nehmen?«

»Bist du echt der Meinung, durch diese Aussage hättest du dich positiv profilieren können?«

Positive Eigenschaft. Entnehmen Sie der bösartigen Bemerkung irgendetwas, was man bei Ihnen als positive Eigenschaft oder Verhaltensweise verbuchen könnte, die dem anderen fehlt. Zucken Sie lässig mit den Schultern und demonstrieren Sie gelassene Überlegenheit. Auch da gibt es einige Sätze, die Sie für sehr viele Beleidigungen als Abwehr hernehmen können:

»Tja, ich habe immerhin ein wahrnehmbares Profil!«

»Da siehst du mal – ich löse wenigstens heftige Emotionen aus!«

»Nun, ich bin eben nicht langweilig!«

»Besser irgendeine Eigenschaft als völlig farblos!«

»Ja, ich tue zumindest überhaupt etwas!«

»Lieber lebendig mit kleinen Fehlern als scheintot!«

Absurde Anschlussbitte oder Frage. Wenn Sie so tun, als sei die bösartige Bemerkung eine ganz normale Aussage gewesen, demonstrieren Sie auch deutlich, dass die Giftspritze Sie so nicht fertigmachen kann. Kontern Sie also mit einer Frage oder Bitte, die in einer normalen Konversation durchaus möglich wäre, hier aber die Absurdität der Bemerkung betont.

»Wie war das noch im Mittelteil?«

»Ist das wirklich sicher? Garantiert?«

»Bitte nochmal langsamer, ich komme nicht so schnell mit.«

»Moment, ich muss erst Stift und Papier holen.«

»Würdest du mir das bitte auch in mein Poesiealbum schreiben?«

»Oh, ich bin schon total gespannt auf deine wasserdichten Beweise!«

Nutzen Sie hinterlistig den Nebeneingang. Zeigen Sie dem anderen deutlich, dass Sie zumindest nicht auf einem solchen Niveau operieren wollen und tun Sie es durch die Hintertür einfach doch. Durch den Zitat-Trick oder den Beinahe-hätte-ich-Trick weisen Sie elegant jegliche Eigenbeteiligung von sich und behalten Ihre strahlend weiße Weste, während Sie sich natürlich mit der gleichen Waffe der Beleidigung wehren.

»Ein Kollege von mir hätte jetzt ›Sie Knallcharge!‹ erwidert.«

»Wie gut, dass mich meine gute Erziehung davon abhält, ›Vollidiot!‹ zu dir zu sagen!«

»Jetzt lag mir doch fast schon ein ›blöder Hammel‹ auf der Zunge …«

»Mein Vater pflegte auf so etwas immer ›hirnamputiert‹ zu sagen – aber ich bin ja nicht er.«

8. Ankunft im Rosengarten

Nun sind Sie also glücklich angekommen! Rosig strahlend bewundern Sie wie Iris Ihr glänzendes dickes Fell. Die Reise durch Ihren Kopf und die Zeit hat Ihnen viele Ihre geistigen Maden gezeigt, die Sie wirksam bekämpft und ausgerottet haben, Sie haben sich bewaffnet mit Abwehrmitteln gegen weitere Schädlinge und die Fährnisse des Lebens, Ihr Blick auf die Welt zeigt sie Ihnen bunt, vielfältig und spannend. Ihre Beete sind sorgfältig gedüngt und mit vielen anderen Pflanzen bestückt, alles blüht üppig und kräftig vor sich hin.

Blühen Sie weiter! Seien Sie aber auch darauf gefasst, dass die Maden noch weitere kleine Eier versteckt haben, aus denen erst im Lauf der Zeit neue Maden schlüpfen werden. Es kann also anfangs immer wieder einmal passieren, dass Sie einen kleinen Rückfall in die alte Überempfindlichkeit der Mimosen haben werden. Das ist sogar völlig normal und macht Gott sei Dank gar nichts! Kein Grund, sich selbst wieder zu beschimpfen; Sie sind nun einmal der Dynamik des Lebens ausgesetzt, die immer wieder Überraschungen in petto hält.

In so einem Fall stoppen Sie sofort die alte Denk- oder Fühlgewohnheit! Was Sie jetzt brauchen, ist ein kurzes Innehalten, um festzustellen, was genau sich hinterrücks wieder eingeschlichen hat. Beobachten Sie Ihre Wahrnehmungen, Gedanken, Interpretationen, Hypothesen und Gefühle, um eine klare Diagnose stellen zu können. Ah, die Schuldgefühlraupe kriecht wieder in Ihr Gewissen? An Ihrem Selbstbewusstsein knabbert die Blattlaus der Generalisierung von kleinen Misserfolgen oder Fehlern? Der hungrige Käfer der Jammerei kriecht Ihnen über die Leber?

Werfen Sie also einen geübten und kritischen Blick auf den kleinen Schädling, blättern Sie dann in Ihrem Katalog der rosigen Hilfsmaßnahmen und rücken Sie ihm prompt erneut damit auf den Pelz. Manchmal ist das mehrfach nötig, weil sich die kleinen Biester in den paradiesischen Zeiten ohne Beobachtung und Aufsicht teuflisch vermehrt haben.

Seien Sie liebevoll, geduldig und hartnäckig mit der neuen Rose. Sie braucht wie alle Gewächse Zeit, um zu wachsen; und wie alle anderen Gewächse übersteht sie problemlos einen kräftigen Regenguss, sogar eine längere Regenperiode macht ihr nichts aus. Mit zärtlicher Pflege wird sie sich zu einem wunderschönen blühenden Busch entwickeln.

Fühlen Sie sich in Zukunft einfach wohl in Ihrer rosigen Haut!

Und Iris hatte wirklich schon ein sehr romantisches Rendezvous mit Peter. Er hat ihr einen dicken Strauß roter Rosen mitgebracht.

Anhang

Selbstbeobachtung bezüglich vergangenheitsbezogener Emotionen

Kategorie	Aggressive Gefühle	Schuld-gefühle	Verlust-gefühle
Anlass: In welcher Situation/bei welchem Thema taucht das Gefühl immer wieder auf?			
Auslöser: Ist es eine bestimmte Verhaltensweise, eine gleich gelagerte Situation, die Ähnlichkeit zu einer Person?			
Gefühl: Welches Gefühl genau taucht auf?			
Gedanken: Was haben Sie unmittelbar vorher gedacht? Woran fühlten Sie sich erinnert? Gibt es einen typischen Gedanken-kreislauf?			
Bewertungen/Regeln/Normen: Welche Bewertungen tragen zu Ihrem Gefühl bei? Welche Regeln und Normen sind für Sie verletzt? Notieren Sie Sätze wie: Man sollte aber ..., gerecht wäre, wenn ... Es ist unfair, zu ..., Man darf doch nicht einfach ...			

Disney-Strategie zur Problemprophylaxe und zum Selbstschutz

Aspekt	Thema/ Problem	Thema/ Problem	Thema/ Problem
Worst-Case-Szenario			
Beeinträchtigung			
Wahrscheinlichkeit			
Realistisches Szenario			
Priorität			
Bewältigungsstrategie			
Konkrete Aktionen			

Bestandsaufnahme Unterstützungspotenzial

	Person 1:	Person 2:	Ich biete selbst:
Art der Beziehung			
Kontakthäufigkeit			
Praktische Unterstützung			
Spezielles Know-how			
Emotionale Unterstützung			
Analytische Fähigkeiten			
Kreativer Kopf			
Kontaktvermittler			
Berufliche Tipps			
Freizeitpartner			
Fazit/Maßnahmen			

Register

Irene Becker
Kein Angsthasenbuch
Warum sich Risikofreude
für Frauen lohnt

2009, 232 Seiten
ISBN 978-3-593-38706-2

No risk, no fun!

Kennen Sie das? Sie sitzen lieber in Ihrer Stammkneipe, als die neue schicke Bar im Viertel auszuprobieren, haben im Job Versagensängste, wenn man Ihnen mehr Verantwortung bietet, und statt ein neues Urlaubsziel auszuprobieren, reisen Sie zum wiederholten Mal an den gleichen Ort. Gerade Frauen scheuen sich oft, mal etwas Neues zu wagen und Risiken einzugehen, und bleiben lieber bei Erprobtem und Altbewährtem – leider verpassen sie dadurch viele Chancen. Irene Becker zeigt in ihrem neuen Buch, wie Frauen spielerisch lernen können, ihre Hemmschwellen zu überwinden, Risiken vernünftig einzuschätzen und auch mal etwas zu wagen.

**Mehr Informationen unter
www.campus.de**

Frankfurt · New York

Ursula Nuber
Lass die Kindheit hinter dir
Das Leben endlich selbst gestalten

2009, ca. 224 Seiten, gebunden
ISBN 978-3-593-38816-8

Vergangenheit hat keine Zukunft

Die Kindheit ist prägend – doch entgegen einer weit verbreiteten
Meinung ist sie nicht ausschlaggebend für das Glück oder
Unglück eines Erwachsenen. Ursula Nuber zeigt: Es gibt keine
schicksalhafte Entwicklung der eigenen Biografie. Stattdessen
plädiert sie für einen versöhnenden Blick zurück und zeigt
anhand von zahlreichen Beispielen, wie die Auseinandersetzung mit der Vergangenheit neue Kraft geben kann. Ein hoff-
nungsvolles Buch, mit dem es gelingt, ungeahnte Fähigkeiten
zu entdecken und sein Leben in die eigenen Hände zu nehmen.

Mehr Informationen unter
www.campus.de

Frankfurt · New York

Eva Wlodarek
Wunscherfüllung für
Selbstabholer
Wie Ihre Wünsche
Wirklichkeit werden

2009, ca. 224 Seiten
ISBN 978-3-593-38936-3

Mit einem
Vorwort vom
Universum!

Wünsch dir was!

Mal eben den Mann fürs Leben beim Universum bestellen oder
den Traumjob herbeiwünschen? Viele Bücher versprechen sofor-
tige Wunscherfüllung – doch so einfach ist das nicht!
Die Bestsellerautorin und Psychologin Eva Wlodarek stellt die
gängigen Wunschbücher auf den Prüfstand und zeigt ihren
Lesern, wie sie ihre eigenen Wünsche tatsächlich erfüllen. Sie
liefert hier das erste Wunschbuch mit seriösen und wirklich
wirksamen Tipps aus der Psychologie. Unterhaltsam, fundiert
und garantiert ohne esoterischen Beigeschmack!

Mehr Informationen unter
www.campus.de

Frankfurt · New York

Guter Rat für mehr Gelassenheit und Selbstbewusstsein

272 Seiten
ISBN 978-3-442-17051-7

Wer immer und überall perfekt sein will, ist am Schluss nur gestresst und unzufrieden. Hier findet sich das perfekte Programm, um das Leben entspannter zu meistern.

272 Seiten
ISBN 978-3-442-17066-1

Schluss mit dem Verleugnen eigener Bedürfnisse, dem Hereinfallen auf Manipulationen! Die richtige Balance zwischen Harmoniebedürfnis und Auseinandersetzung schafft Selbstbewusstsein und Respekt.

Überall, wo es Bücher gibt und **Mosaik bei GOLDMANN** unter www.mosaik-goldmann.de